看盘口做短线

盘口语言解密：图形、数字、短期走势分析

曹明成 谭文◎著

立信会计出版社

图书在版编目（CIP）数据

看盘口做短线 / 曹明成, 谭文著. -- 上海：立信会计出版社, 2017.12

（擒住大牛）

ISBN 978-7-5429-5656-9

Ⅰ.①看… Ⅱ.①曹… ②谭… Ⅲ.①股票投资—基本知识 Ⅳ.①F830.91

中国版本图书馆CIP数据核字（2017）第316997号

策划编辑　蔡伟莉
责任编辑　何颖颖
封面设计　久品轩

看盘口做短线
KANPANKOU ZUODUANXIAN

出版发行	立信会计出版社			
地　　址	上海市中山西路2230号	邮政编码	200235	
电　　话	（021）64411389	传　　真	（021）64411325	
网　　址	www.lixinaph.com	电子邮箱	lxaph@sh163.net	
网上书店	www.shlx.net	电　　话	（021）64411071	
经　　销	各地新华书店			
印　　刷	固安县保利达印务有限公司			
开　　本	720毫米×1000毫米	1/16		
印　　张	13.5	插　　页	1	
字　　数	197千字			
版　　次	2017年12月第1版			
印　　次	2021年11月第3次			
书　　号	ISBN 978-7-5429-5656-9/F			
定　　价	45.00元			

如有印订差错，请与本社联系调换

序一　我为什么不讲价值投资[①]

《理财一周报》记者/林奇

"对于中国的资本市场，我从来不讲价值投资。所谓的价值，不过是给庄家炒作的理由而已。我选股思路是跟庄，操作理论讲究趋势为先。"

——曹明成

私募大鳄曹明成是私募圈内资深的操盘手，曾在多家咨询公司及投资机构任职，直接参与过多次大资金的操盘。

1999年"5·19"行情中，曹明成因成功狙击网络科技股而一战成名。

在互联网行情中，曹明成亲身领教了亿安科技的庄家李彪、海虹控股的庄家蔡明等人的狠辣操盘手法。

在股海中摸爬滚打十年的老曹，博客名为"十年股灰"，在东方财富网的财经博客中排名第十四位。

从湘财证券的一名普通经纪人做起，再到操盘手、主操盘手、私募基金经理，曹明成经过十多年的实战，总结出"曹氏八线"，并著有《吃定庄家》《擒庄实战技法》《庄家内幕揭秘》《K线实战技术精要》和《庄股经典出货模式》等书。

"11月还有两本书出版，今年可能还有两本书稿，有出版社约稿了，但还没写完。"曹明成如是介绍。

2009年10月26日，曹明成接受《理财一周报》专访，揭露了许多不为人知的坐庄、跟庄内幕。

[①] 2009年11月7日，《东方早报》旗下《理财一周报》对曹明成先生的人物专访，刊登在"资本大亨"版面。原文标题为《私募大鳄曹明成：坐庄岁月里的那些往事》。

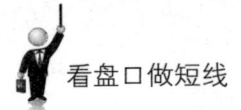

狙击网络股一战成名

《理财一周报》：像许多私募基金经理一样，您也是从经纪人做起的？

曹明成：差不多，早年和李华（第二代操盘手）是一批，最早是在湘财证券，离开湘财证券后，跟老板做操盘手，后来干脆出来单干了。

《理财一周报》：是不是因为操盘手的待遇都不太高？

曹明成：操盘手要看是什么样级别的，资深的主操盘手负责决策，与老板有分成，待遇还可以。

《理财一周报》：当时您做操盘手都经历过哪些比较大的战役？

曹明成：最早是狙击网络科技股的那一年了，狙击网络科技股不是自己坐庄，是跟庄。当时发现有大批私募资金成堆地扎入了网络科技概念类的股票，不少同类题材的股票都在底部放量，大资金入驻明显，就开始关注这个题材。

《理财一周报》：发现此类股票后，您是直接跟进吗？还是后来跟进的？

曹明成：先是试探性跟进。后来网络科技概念股开始成为当时的热点。与以往的概念炒作不同，这次很意外的是：炒作之后，入驻的庄家资金不见撤退，这在以往的概念炒作中是很少见的。当时经过考虑之后，就把所有的资金全线投入该类题材股。

《理财一周报》：您这样追题材股会不会很冒险？

曹明成：这是很大胆的做法，当时受到其他辅助操盘手的非议。因为这样做风险大，概念股炒作成热点后，一般都开始进入高位，这个时候介入，弄不好就成了庄家出货的牺牲品。

《理财一周报》：那为什么您还决定满仓追进，当时是怎么考虑的？

曹明成：当时我是依据庄家的操盘手法判断的。大量的庄家资金入注了该类题材股，而在第一轮炒作之后，还在高位加仓。显而易见，目标不在短期。

《理财一周报》：当时网络科技股您跟的是哪只？

曹明成：做了很多只，蔡明的海虹控股就是其中的一只。

《理财一周报》：这波互联网炒作海虹控股也是龙头，您觉得这波互联网会

不会像当初的互联网一样爆炒起来？

曹明成：这波互联网入驻的庄家资金还远远不够，暂时没有那种可能。但庄家的炒作计划可能会因为行情的变化而变化。就像当年的网络科技股，开始并不是大家都看好的，后来"5·19"井喷，人气被完全带动，大量的私募资金也进入了。因此，就出现了炒作一波后新资金大量入驻的情况，造就了一轮两年的行情。

亲身领教李彪跌停板洗盘法

《理财一周报》：当时最有名的应该是罗成操控下的亿安科技，您跟的是这只吗？

曹明成：网络科技股的行情从1999年5月开始，直到2001年，经历了1年多时间，这轮题材股的炒作，只要与网络科技挂边的都被炒作起来了。其中的龙头亿安科技、海虹控股、四川湖山都被炒作到了非理性的高度。亿安科技是第一个百元股，由罗成坐庄，主要由郑伟和李彪负责操盘。海虹控股是蔡明坐庄。去年李彪去世的时候我知道消息的。

《理财一周报》：李彪总感觉对不起自己的弟弟，您知道具体是为什么吗？

曹明成：他弟弟是李彬，当时坐庄亿安科技的是金易投资公司，郑伟是控制人，法人代表写的是李彬的名字，但李彬是圈外人，后来被牵扯进去了，被搞得很惨。据说李彪没有办法救无辜的弟弟，导致了李彬的破产，并且差点入狱。

《理财一周报》：李彪是什么样的人？

曹明成：现实中的李彪长得比较斯文，光头戴眼镜，但行事泼辣，脾气有些暴躁。郭庆、李彪、蔡明，这些都算是第一代操盘手，他们比我早一代，我那时候是小字辈。李彪操盘非常凶悍，他当时发明了跌停板洗盘法，鬼神莫测。

《理财一周报》：连续跌停，只要是看盘操作的无一幸免，当时亿安科技启动前就是连续3个跌停板。

曹明成：这种手法在当时很难判断。

《理财一周报》：为什么很多早年的庄家都不得善终？

曹明成：早年的操盘手生活都不太好，心理压力大，真正功成名就的极少。一部分人是被查了或逃亡了，另一部分人在后来的4年熊市（2001年至2005年）中又赔进去了。

《理财一周报》：那4年熊市够惨的，2008年也很惨。

曹明成：2008年的大熊市也是套了很多的庄家。

《理财一周报》：当时为什么没有跟进亿安科技？

曹明成：亿安科技不敢跟。开始完全是逼空。强势股就是这样，一开始逼空，散户不跟进，继续逼空，开始震荡，散户眼红了，进去了，再拔高，出货了。亿安科技当年也是被逼上去的，前期的计划肯定没想要炒那么高。股价拉到40元的时候，没有人敢买了，怎么办，接着拉。亿安科技控盘最后达到90%以上。其实玩到那个时候已经算失败了，最后出货比较艰难。

《理财一周报》：有个庄家跟我讲过，说很多筹码是在跌破100元后卖给了抢反弹的人。

曹明成：平均没有那么高。出货的平均价格，我们那时候判断应该在40元左右。60元左右制造假反弹，结果还是很少有人买。市场信心没有了，下跌趋势形成了。最大的抢反弹成交价在27元左右。平均出货价位在40元至50元。

《理财一周报》：庄家要出货一般都要先跌很多吧？

曹明成：一般庄家拉到离谱的位置，出货的价位定在下跌一半的位置，通过做假反弹出货。

信奉自己的操盘理念

《理财一周报》：您信奉价值投资吗？

曹明成：在中国的资本市场，我从来不讲价值投资。所谓的价值，不过是给庄家炒作的理由而已。我选股的思路是跟庄，操作理论讲究趋势为先。

《理财一周报》：看来您是趋势派。

曹明成：我自己有一套操盘理念，即在趋势形成、形势明朗之后才操作。但这又不等同于右侧交易，我的买入点在次低点或次次低点，卖出位在次高点或次次高点。

《理财一周报》：那您的这些东西是跟谁学的呢，还是自己悟的？

曹明成：自己悟出来的。早年是受一位老股民的启发，一位比较执著的老股民。他完全依据10日线买卖，获利很稳定。

《理财一周报》：线上持股，线下持币？

曹明成：是的。简单地说，可以用这八个字来概括。

《理财一周报》：这方法最厉害，化繁为简了，但很多人不经过多年的实战可能永远不理解。可是只看一个10日线会不会有点片面？

曹明成：我当时研究这个10日线很长时间，也发现很多弊端。首先，如果不判断趋势，依据10日线买卖会在平衡市里不知所措。其次，10日线经常被庄家当作洗盘的工具。实战中操作纪律最重要，比如下降通道就是线下持币，需要放弃所有的诱惑和机会。

《理财一周报》：您现在主要看些什么指标？

曹明成：都是一些我自己的指标。帮我写指标的有一个工作室，我提供我的思路，他们帮我完成。我有个学生叫谭文，他是这方面的高手。现在计算机信息技术太发达了，把传统技术分析与计算机分析相结合，真的是事半功倍。我们原来为了总结一个形态，要自己画图，花大量的时间统计，再分析和总结，现在计算机可以在很短的时间内全部做完。

序二　我认识的"小曹"与"老曹"

李　华[①]

近年来，市场上的股票类书籍渐有泛滥之势，且良莠不齐，多有鱼目混珠之作，真正能指导投资者实战应用的作品可谓少之又少。然最近读曹明成先生主笔的"擒住大牛"系列丛书，感觉甚好。细读之下，书中不乏作者多年实战的经验心得与"不传之密"，实为"用心之作"，相信读者阅后当有所裨益。

我与曹明成先生相识已久。初识其人，还是1997年在湘财证券的营业部。当时因本人虚长几岁，故称他为"小曹"。其时的"小曹"瘦瘦小小，貌不惊人，书生气十足，亦没有什么名气。后常有散户打听"曹明成"，又逐渐发展到不断有大户托我的关系来约"曹先生"吃饭，这才让我刮目相看。再到其1999年的狙击网络科技股一战成名，早年的"小曹"已经成为当时湘楚一带赫赫有名的"老曹"。

几年后，我们也相继开始了单干，都有了自己的事业，与曹明成先生联系渐少。偶闻他的消息也只是在报纸杂志上见到他的跟庄理论文章。这次，接到他的电话让我为丛书写序，颇感意外。在我的印象中，他身体并不太好，甚至可用"体弱多病"四个字来形容，又常沉溺于股票实战之中，写书这种耗时耗力之事，以他一人之力怎能办到？

见面后我才知道，原来他这几年收了一个得意门生——谭文。谈论间他的得意之色溢于言表："已得我九成功力。"

小谭属于新时代的复合型人才，精通计算机编程，自行钻研了传统技术分析与计算机海量数据模拟测试相结合的分析方式，丛书在写作过程中就曾大量使用计算机模拟测试，纠正了许多人力所无法发现的错误，使书中的理论更趋于完美，大有"青出于蓝，更胜于蓝"之势，真是后生可畏！"曹氏八线理论"是曹

[①] 作者原为湘财证券高层管理人员，现为广东某私募基金总裁。

明成与谭文师徒两人多年实战理论研究的结晶,曾被股民朋友冠以"零风险操作理论"的美誉。该理论我个人觉得至少有两点值得推崇:一是最大限度地回避了风险,二是几乎不会错过任何一波有价值的行情。炒股不是纸上谈兵,能在实战中真正做到稳定获利的理论才是好理论。我了解曹明成先生的实力,更了解曹明成先生的为人。他不会忽悠人,他主笔的丛书更不会忽悠人!

鉴于此,我愿为此丛书作序,并向全国的广大股民朋友们推荐。

前　　言

每当我走进证券营业部，看到人们盯着电脑屏幕上跳动的股价时，或者每当我走进各大书店，看到摆放整齐、一字排开的股票书籍时，内心深处总会泛起一种既开心又担忧的复杂情感。让我开心的是，日益庞大的股民群体的投资意识被时代唤醒了；而让我担忧的是，由于缺乏足够的心理准备和知识储备，股民表现出来的更多的是盲目，很多人在股市挣扎多年，伤痕累累，依旧无法实现稳定获利。股民的投资过程演绎着人生的悲悲喜喜，起起伏伏。经过几轮的牛熊，我看到更多的是股市悲剧，一些股民或有苦难言，或妻离子散，或倾家荡产，或亡命天涯，这些现实对我自己亦形成了很强的心理冲击。

这是我写书的原因之一，希望能将自己多年的投资心得和个人经验汇集成册，供有缘人参考，尽可能地解决无数股民想通过炒股增加财产性收入，却苦于技术和经验不足的困扰，尽量让投资者能够学到更多的知识，走更少的弯路，避免在股票市场中受到伤害，尽快地打开股票市场的正确之门，更多地体会到交易带来的乐趣。如果此书能帮助股民少走一点弯路，则是本人最大的荣幸。

经过多年的深入了解和研究，我发现很多投资者缺乏基础的盘口知识。凡是涉及交易领域的，无论是买入还是卖出，无论是大盘还是个股，最终还是要落实在盘口上。盘口是基本功，如果基本功不扎实，战术和方法在实际运用当中就会走形，有时候甚至会导致重大的错误。

比如说，开盘为什么会低开？为什么会高开？如何看盘呢？如何读懂盘口的各种信息呢？

又如，股价为何突然异动放量？是建仓，还是抛货？为什么要在这个时间放量？

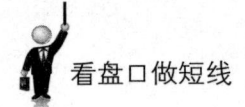

再如，分时图出货有哪几种走势？各代表了什么市场含义？

本书正是基于这样一个思路和出发点，通过对即时盘口语言的分析和理解，快速判断主力的操盘意图，准确分析股价的未来趋势，及时做出正确的操盘策略，从而指导读者正确地分析、解读盘口语言信息的真正含义，用最简单、最直白的表达方式，解读复杂的盘口技术特征。

本书从实战的角度出发，书中没有烦琐的理论文字，更多的是大量的案例分析，用图解的方式娓娓道来，读者无须花费多少心思便能轻松读懂案例中所表达的含义和操盘意图。读完本书后，你会突然发现，股票的行情在你眼里变得明明白白，买卖股票成为一件轻松的事。本书深入浅出，为读者拨开了交易的层层面纱，让读者能快速掌握短线交易的方法，在实战中准确地把握买卖点，从而实现利润最大化。

最后我想说的是，股市永远不缺乏机会，缺乏的是把握机会的能力。希望读者朋友们能将本书所学到的知识运用于实战之中，攫取股市所带来的利润，从此登上财富的直通车。

目 录

第一章 深入理解短线交易

第一节 为什么要做短线操作 2

第二节 短线与长线有什么区别 5

第三节 哪些人适合做短线 8

第四节 短线炒股有什么特点 11

第五节 短线操作的正确理念 13

第六节 短线炒股的几大禁忌 19

第二章 深度解读盘口分时波形

第一节 解析推升股价的攻击波 22

第二节 解析瞬间异动的脉冲波 24

第三节 解析快速抛筹的出货波 26

第四节 解析无庄控盘的心电波 29

第五节 解析上蹿下跳的刀刃波 31

第六节 解析诱杀结合的钓鱼波 38

第七节 解析向下突袭的裂缝波 43

第三章　盘口买卖点研判，提升短线交易功力

　　第一节　破解盘口分时买入玄机 50
　　第二节　破解盘口分时卖出玄机 79

第四章　盘口分时看盘技巧

　　第一节　波动角度分析 90
　　第二节　反弹力度和量能分析 99
　　第三节　调整分析 107
　　第四节　波长分析 116

第五章　盘口分析技巧解读

　　第一节　解密分时图出货的几种走势 120
　　第二节　有上涨潜力的分时走势 136
　　第三节　大概率下跌的分时走势 144

第六章　深度解读盘口分时量能

　　第一节　解析多功能的对倒型量能 150
　　第二节　解析无庄的散乱型量能 153
　　第三节　解析吸货的攻击型量能 154
　　第四节　解析出货的密集型量能 157
　　第五节　解析"上天"的封板型量能 159

第七章　正确认识短线交易的秘密

　　第一节　短线操作的绝佳买点 162
　　第二节　短线操作的绝佳卖点 188

第一章

深入理解短线交易

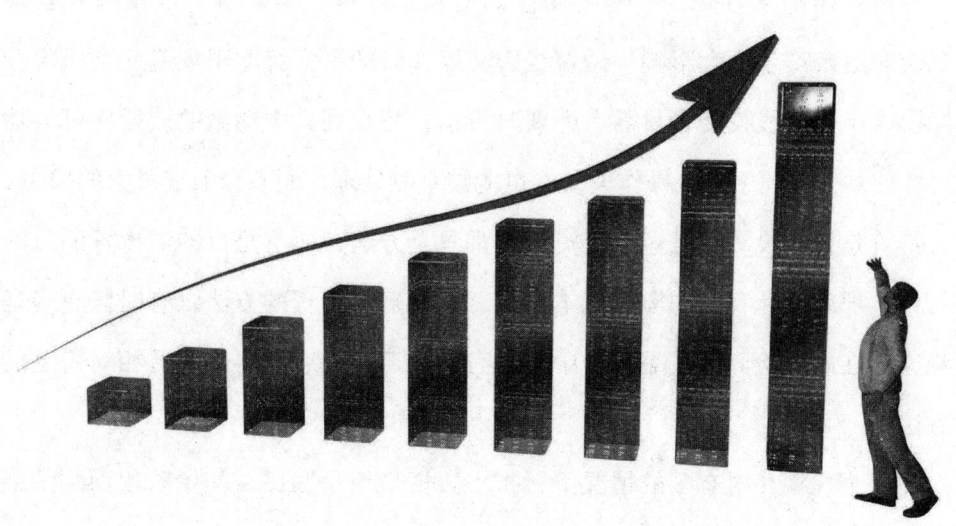

第一节　为什么要做短线操作

股市的投资周期有短线、中线、长线之分，那为什么多数人要做短线，而不太愿意做中长线呢？因为对于大多数散户而言，他们不能像大型机构、战略投资者或者基金那样有信息优势、有投研团队，且缺乏对整个宏观经济形势的把握，所以大多数散户都会选择短线来更有效地利用短期资金获取收益。与中长线比较而言，短线操作的优势有以下几点。

一、降低炒股风险

股市行情瞬息万变，一些突发性的消息、政策、意外事件以及国外股票走势都会对股市产生巨大影响。做短线因其操作时间短，有助于规避此类风险。在实际操作中，短线投资者只需考虑即时行情，捕捉到其中细微的波段便可大功告成。即使炒作过程中出现操作失误，也能够及时处理，而不会酿成过大的损失。

不管是长线投资还是短线投资，这都只是方法，而不是目的。投资的目的只有一个，那就是让我们的原始资本增值。采取短线投资的方法，有时候更多是为了规避存在的风险。短线是投资中能够有效规避风险、取得的收益相对稳定的一种方法。

在资金规模相对有限的情况下，扩大投资规模是股民在初始阶段面临的最主要任务。在控制风险的前提下，不断进行短线操作，将成本逐渐降低甚至归零，是我们进行短线操作所要达到的一个重要目标。下面我们以上证指数走势图为例说明短线操作的必要性，如图1-1所示。

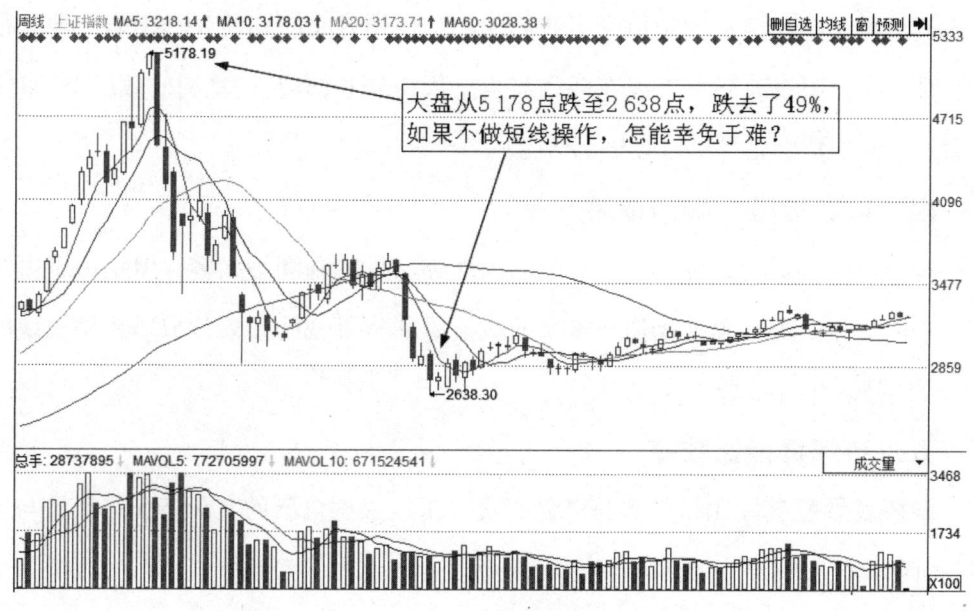

图1-1　上证指数走势

客观来讲，短线炒股的风险主要来自在某种股票价格形成向上趋势后，股价会朝上方运动很大一段距离，短线炒股者经常会将原本持仓不动即可轻松赚取的利润变成一小段一小段的小盈利，从而大大降低了收益率。

二、短线可以提高我们的操作水平

短线操作可以很快地产生结果，一旦知道错误就可以立刻调整操作思维，及时改正，进一步改善自己的交易系统。

短线对于操作技巧的要求，对于反应能力的要求，对于把握行情波动的要求等，要比长线操作高很多，适当进行短线操作可以提高我们这些方面的能力，为长线操作打下更好的基础，对我们的操作技巧提升有很大帮助。

三、提高资金的利用效率

短线交易的最大目的在于提升资金的利用效率，力求在最短的时间内用同样的本金获取同样的回报或是更高的回报，使资金处于一种高度灵活的运作状态。可以试想一下，如果摆在我们面前的有两种选择：一种是我们可以通过持有一只长线个股，在1年后获取30%的利润；另一种是我们可以通过买进卖出一只短线个股，在一周之内即获得10%的利润。那么，这两种方案哪一种更诱人呢？很明显，第二种选择最大限度地提升了我们的本金使用效率，即使我们不能一周获得10%的利润，假设我们只可以在两周甚至三周内获利5%，在复利的效应下，1年之后，我们的资金也是可以轻松翻倍的。

四、以量取胜，聚沙成塔

对于短线投资者来说，也许短时间内能够获得的利润不太多，但是由于短线可以来回操作，那么累计操作所带来的收益是非常可观的，聚沙成塔才是短线的核心。

五、可选择性比较高

做短线炒股就好比投资者自己做买卖，可以根据自己的实际情况选择做与不做，所承受的心理压力比较小，这在某种程度上也将有利于投资者进行实战操作。

六、灵活，便于利用投资机会

在某几天内行情的波幅可能很窄，而短线波段却很丰富，即反复震荡几次，这对于短线投资者来说，增加了数个投资机会。

七、小结

任何事情都不是完美无缺的，投资者在认识短线炒股优势的时候，还需要了解以下内容：短线炒股有可能损失因价格跳空上涨而带来的利润，也要承担更多的手续费。从心理因素上说，不利于形成良好的定力和耐性。尽管有这些不利因素客观存在，但从结果上说，这只是利润的减少，而不是对本金的重创。

作为理性的投资者，在利用短线优势进行炒股时，也不能忽视股票买卖背后的成本风险，在保本的基础上求利才是最稳妥、最有效果的；否则，盲目贪多，就会适得其反、欲速不达。

第二节　短线与长线有什么区别

短线是指在几天左右的一个时间跨度内完成买卖操作的行为，此方式不太注重基本面好坏，从本质上看属于投机行为。而长线的投资周期较长，需要分析企业的赢利状况、管理团队、市场占有率、估值水平等，对上市公司的未来发展前景看好，不在乎股价一时的升跌，是看好股价、等待升值、获取利润的过程。

短线投资与长线投资无优劣之分，在有风险控制方法的前提下，短线投资积少成多，在一轮行情中能取得超额收益；而在选对股票的前提下，长线投资则能取得非常稳健的收益，如图1-2所示。

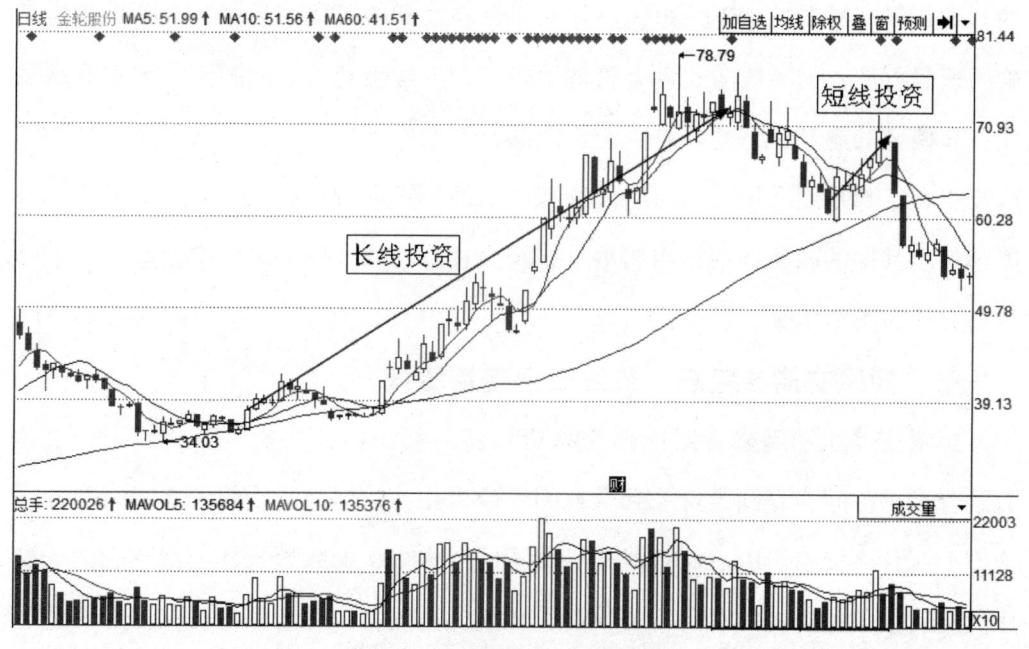

图1-2　短线投资与长线投资

长线投资有长线的稳妥，短线操作有短线的灵活。到底是做短线还是做长线投资，需要投资者根据自身的特点和性格，选定适合的投资方法，从而发挥自己的优势。

一、短线重技术，长线重基本面

短线主要看的是技术形态，基本面的分析可以暂时搁置；而长线投资必须了解股票的基本面、上市公司未来的成长潜力等因素，因为从长期来看，个股的价格仍然是与其实际价值相对挂钩的。如果翻看一下贵州茅台、云南白药、万科A等成长性突出的个股，我们就可以发现这样一个规律：虽然股市的走势呈牛熊交替状态，但是这些个股却处于一个总体上升的通道之中，如果在若干年前买入这样的个股并一直持有不动，那么它所产生的收益是远远高于股市的整体回报的。

二、短线瞬间收益高，长线瞬间收益不确定

短线交易之所以能够吸引众多的散户参与其中，主要原因就是短线投资有长线投资不具备的丰厚的投资收益。如果短线投资者能够顺利地把握住股价波动，获利是非常容易的事情。并且对于短线操作高手而言，获取相当于长线投资几倍的利润是很容易的。真正的短线操作高手是在长期的股票交易中，不断地摸索正确的选股方法、交易技巧、资金管理手段等，在亏损与盈利之间不断波动，最后才进入稳定的盈利状态的。可以说，能够在市场中长期生存，并且稳定盈利的短线投资者，都是用大量时间与金钱磨炼出来的。投资者只有长时间买卖股票，才能摸索出其中的高超技巧，当然也只有经历过不断的亏损与盈利的波动，才能够找出交易的操作真谛。

三、短线交易费用高，长线交易费用极低

短线交易次数越多，对应的交易费用就越高。而长线投资者会长期一直持有到合理的时间，直到股价涨到合理的价位为止。这样，长线投资买卖行为几乎谈不上有什么交易费用。而短线交易就不同了，多次的频繁操作会面临较大的费用负担。如果投资者的水平不是很高，长期的短线费用对盈利的侵蚀是非常严重的。事实上，市场中有很多的短线投资者出现亏损的情况，不是因为某一次交易

亏损了较多资金，而是长期频繁的交易积累的交易费用实在是太高了，盈利根本不能够弥补长期积累的交易费用所带来的损耗。

四、短线操作水平高，长线选股水平高

短线操作要求快进快出，只要某只股票在短时期内能获得不错的收益，就要进行买卖操作，并不留恋某只股票，哪里能赚钱就到哪里去。

长线投资虽然不需要具有像短线操作那样高的买卖股票技巧，但是在选择股票的时候是要精益求精的，其更加注重企业的实际运行情况以及宏观经济环境的变化，那些受到政策支持、发展前景良好、处于成长期的行业和公司，经常受到长线投资者的青睐。虽然市场中好股票是不少的，但能够为投资者带来超过市场平均收益的股票，寻找起来还是有一定难度的。

五、获利期望不同

短线操作主要是为了赚取差价，一般是快进快出，对收益要求不高，只要有收益就行。而长线则不同，投资者要有20%以上的收益，否则就没有持股的必要了。

短线操作的目的是在最短的时间内追求利润的最大化，我们参与短线操作完全是为了从股票的短期波动中快速获取差价利润，这是一种纯粹的投机行为，而长线投资则是通过买股的方式来间接地分享上市公司高速成长所带来的收益，因而短线与长线是两种截然不同的投资方式。

六、小结

长线投资有长线的优势，短线投资也有短线的便利，如何选择关键还是要看投资者的个人能力、水平、资金和投资风格等情况。长线投资与短线投资并不是绝对对立的，因为即使是短线操作也要选择长期走好的个股，即使是长线投资者也需要注意学习短线投资的技能。

看盘口做短线

第三节　哪些人适合做短线

短线操作虽然见效快，机会多，但是赔钱的也大有人在，不是什么人都可以做短线投资的。投资者要想做短线并且做好，要看自己是否具备以下条件。

一、收入多且稳定

对一个人的投资决策行为产生最大影响的就是他收入和积蓄的多寡及稳定性程度，这和平常说的"钱多底气足"的道理是一样的。

一般有稳定的高收入的人可按月拿出一笔资金购买股票，进行短线操作，即便因为股价下跌被套牢，下月也会有稳定的收入加以弥补。而对于那些收入不稳定的人，不适合拿现有全部资金做短线，这些人可能有时有闲钱买卖股票，有时收入减少就没有资金投资，但当发生损失时，不能保证未来能有收入弥补这项损失。

一些收入高且具有持久性的人也可把大部分收入用于股市，而且完全可用于短线炒股。因为这类人可以承受损失，不需要以股市赢利来维持生计，将来的收入有保障。

二、时间、精力多

有时采取何种入市策略，空闲时间的多少也是很重要的考量因素。若空闲时间多，可经常关注股市大盘变化又方便寻找各种消息，在资金允许的前提下，可做短线；那些有繁重职务在身，很少有机会抽身关注股市行情变动的人若做短线，当留意到自己所持有股票的行情并做出相关决策时，可能已错过最佳时刻。没有过多空闲时间和精力的人最好不要将自己定位在短线。

边上班边进行交易，不但工作做不好，短线交易也一样做不好，所以建议上班一族进行中长线的交易，不要垂涎短线交易。

三、性格果断

盘面瞬息万变，短线机会常常稍纵即逝，当机会来临时，要果断出击，大胆买进。若投资者遇到机会时优柔寡断，不能快速决策，那么机会往往不等人，因此做短线的人的性格必须是果断型的，这样才能适应股市变化的速度，才能快速进行判断并做出决策。当股市买卖信号出现后，犹犹豫豫下不定决心是该买还是该卖，只会耽误最佳时机。总之，优柔寡断是短线炒股的大忌。

四、家庭负担小

家庭负担主要考虑的是需要赡养的人口因素。若计划为十年后孩子上大学的费用而从现在开始投资，选择优良股票做长线投资不失为最稳妥的方法；若投资者根本没有赡养家庭老少的负担，选择短线炒股则也无后顾之忧。

五、对风险的偏好程度

不同的人对风险的偏好不同，有的投资者对风险十分敏感而且承受力极低，一旦股价下跌就辗转难眠，这样的人不适合购买波动剧烈、投机性较强的股票；有些人喜欢冒风险，或者对风险采取激进态度，为获得回报，宁愿冒很大的风险，这样的人就适合做短线。总之，对同一种股票，风险偏好不同的人感受便会不同。对于投资者来讲，认清自己对风险的偏好程度和承受力有助于正确决策。

一般情况下，厌恶风险、追求安全保障的投资者最好选择长线投资，舍弃眼前的利益、赚取较长远的收益；偏爱风险、总是渴望从市场中寻找机会的人，最好采取短线操作。投资者要明白，在股市中，任何操作都需要承担一定的风险，如果投资者只是一味地避免风险，就难以获得投资的回报。投资冒的风险越大，获得报酬的可能性也越高。

六、能严格地遵守交易纪律

在很多情况下，交通事故的发生并不是因为司机的驾驶技术不过关，而是因为司机不遵守交通规则。在股市中，多数投资者常怀有侥幸心理，该买的时候犹

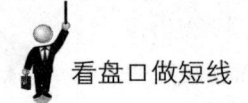

豫，该卖的时候也犹豫，从而错过了最佳时机。除此之外，一部分投资者常为一时操作失误带来的损失而懊悔，后悔自己没有按照盈利的方式进行操作。懊悔心理常常会使投资者陷入一种连续操作失误的恶性循环。所以，投资者要努力尽快摆脱懊悔心理的阴影。实际上，避免投资者总是陷入懊悔与痛苦之中最好的办法就是严格遵守纪律。

　　没有规矩，不成方圆。投资者如果将交易纪律抛在脑后，那日后一定会为自己的行为付出惨痛的代价。投资者要想成功，必须坚定不移地遵守交易纪律，才有希望实现短线炒股成功。

第四节　短线炒股有什么特点

短线、中线和长线作为股票交易买卖的三种不同类型，各有各的特色，就短线炒股的特点而言，可以归纳为以下几点。

一、时间短

时间短是短线炒股最大的特点。一般情况下，持股一周以内的短线操作就是狙击正在高速行进中的股票，通常以正在启动暴涨的股票为主。对于一些持股时间比较长的中长线操作，通常选择已经明确出现上升通道的股票，逢低吸纳，滚动操作。

二、不关心基本面

基本面包括宏观经济运行态势和上市公司的基本情况。宏观经济与上市公司及相应的股票价格有密切的关系，良好的宏观经济运行态势为上市公司进一步的发展奠定了基础。

上市公司的基本面包括财务状况、盈利状况、市场占有率、经营管理体制和人才构成等各个方面。

一般而言，依据基本面进行操作，实质上是因果逻辑在市场和操作中的运用，但短线炒股依据的不是因果逻辑。客观地讲，从时间上来看，较大时间跨度的基本面变化对日内操作根本无意义。

三、快进快出

做短线的目标顾名思义就是短时间内达到理想的收益，如果变成了长线就失去了短线本身的意义。短线操作要干净利落，快进快出，注重效率。

快进快出强调不提前介入某只股票，以免因过早进场空空等待而耽误时间，影响资金使用效率，因为时间也是钱。在实际操作中，投资者应尽量只在某只股票已起涨，而且预计会连续大涨时才介入，快进快出，不参与波段之中幅度较大的调整。

第五节 短线操作的正确理念

短线投资者要想长期盈利，成为一名真正的短线高手，必须要掌握好以下理念。

一、重势不重价

短线炒股必须密切关注趋势，包括大势和个股走势，而不过分注重股票的价格，如图1-3所示。这也就是说，即便是已经涨得很高的股票，如果其势能分析显示还有继续上攻的能力，则短线仍然可以买进；反之，即便是价格很低的股票，如果没有上涨的能力，也不能买。

股市有"强者恒强，弱者恒弱"的规律。一些股票之所以能够持续上涨，是由于上涨本身已经把它的股性激活了，因此，只需要一点力就可以继续走强。而另一些股票之所以不上涨，恰恰是因为其股性呆滞，非得要很大的成交量才能够打破，不是水平特别高超的短线高手切不可逆市而为。

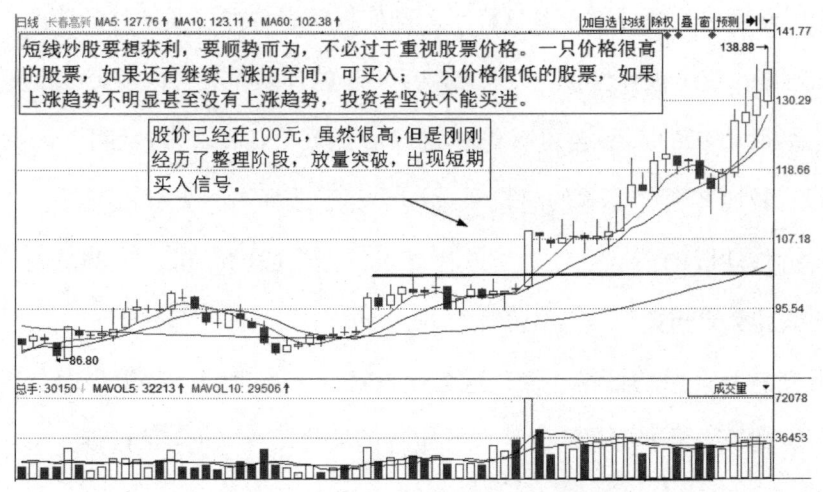

图1-3　短线炒股出现买入信号

在实战中,短线高手一旦判断出大趋势来临,就会赶紧捕捉行情的领头羊,因为此类股票主力介入较深,主力手法上往往十分凶悍,该类股拉高幅度也必然惊人。

强势股能够实现短线操作的最终目标——在最短时间内获取最大收益。有些股票的基本面很好,技术形态也不错,但却处于盘整蓄势之中,这样的个股虽然后市上涨的可能性非常大,但并不适合短线操作,因为股价启动的时间难以把握,短线介入这些个股会浪费很多时间,违背了做短线交易快进快出的原则。另外,有部分投资者总是喜欢抄底那些阴跌不止的个股,但是,对于这些股票,你很难判断出它什么时间会反弹,而且即使反弹,力度和持续性也不强,可操作性很差。总之,短线操作要坚决回避那些阴跌不止的股票和那些处于盘整期蓄势的股票,只操作那些强势上攻状态的股票。

二、选时第一,选股第二

短线买入的时机非常重要,这是因为短线追求的是参与股票盘整之后的拉升,尽量降低参与后回调的可能性。这一点与长线不同,做长线的原则是选股第一,选时第二,这是因为对于一个长线投资者来说,只要选择的股票素质好,即股票的业绩、成长性、行业背景等优良,即使介入的时间不好,短期被套,只要长期看好仍然可以获利。从这个角度来讲,长线操作中对于股票基本面分析的要求较高,而对于技术面分析的要求并不高,只要判别出底部形态就可以介入了。但是从短线角度讲,情况就不是这样了。即使投资者选择了质地好的股票,如果买入的时间不好,资金被套住了,就会影响下一步的计划,失去许多短线投资机会。

真正炒股多年的人不会再有像"这只股到底好不好"的疑问,因为这些短线高手们清楚地知道,买卖的时机要远远重要于选择一只怎样的股票。"重在选时"是告诉你炒股的关键之处在于选择介入目标个股的时机,也就是说"什么时候买,比买什么更重要"。

短线交易的大忌是心浮气躁,这会使投资者失去理智,决策失误。所以,投资者做短线交易一定要有耐心,要能气定神闲地等待介入时刻的到来。

三、勿把短线做成长线

在实战中，我们经常见到一些投资者在短线被套的时候就转为做长线，其实这种做法是非常不理智的，是十分错误的。因为，短线与长线是完全不同的两回事，短线就是短线，长线就是长线。它们不仅表现为持股时间上的不同，更表现为选股方式与建仓成本上的很大不同。因此，说做短线的股票就只能做短线，而不能因为被套住了就转为做长线，这样做的结果只能使自己被套得更牢，陷入更被动的境地。对于短线投资者而言，有两点应切记：一是要适可而止，应见好就收，以免坐回头车，甚至被套牢；二是要设好止损位，发现行情不对时应及时出逃，以免自己被下跌的行情越套越牢。

四、不在股价的两端做短线

当一只股票处于底部时，其上下波动的空间是有限的，因此做短线很难有差价可赚；至于顶部区域不做短线，是因为顶部区域风险太大，是一件风险大于收益的事情，因此在顶部区域做短线实在是火中取栗的事情，不是短线高手是不宜在这一区域做短线的。普通投资者应选择处于上升过程中的股票或经过暴跌之后的股票做短线，后者属于抢反弹性质，应作为超短线来处理。

五、要设置止盈与止损

1.要学会止盈

短线炒股就是赚取差价，差价当然越大越好，但投资者很难把握股价何时到达顶点，因此不能妄想赚足行情，买个地价卖个天价。所谓止盈，就是在投资者的目标价位挂单出货，止盈的概念在于见好就收，而不是卖到最高。也就是说，切莫贪心，贪心是股市投资的大忌，常常令本来赚了钱的投资者亏损，投资者坚决按照设置的止盈点操作才是上策。

2.要严格止损

短线的波动比长线更加难以把握，其失误率要比长线高很多，进行短线操作必须严格止损。不严格止损会使利润和风险不对称，违背了投资学的基本原理：让风险尽量缩小，让利润尽量扩大。

在股市中，谁都不可能每次都做到确保盈利，唯一能做到的是减少损失。在一个受无数变量左右，短线根本不可能找到确定规律的市场中，投资者自己确立一个止损的目标就显得极为重要。当判断失败，要做到当机立断，及时止损出局，不让错误的判断造成更大的损失，如图1-4所示。

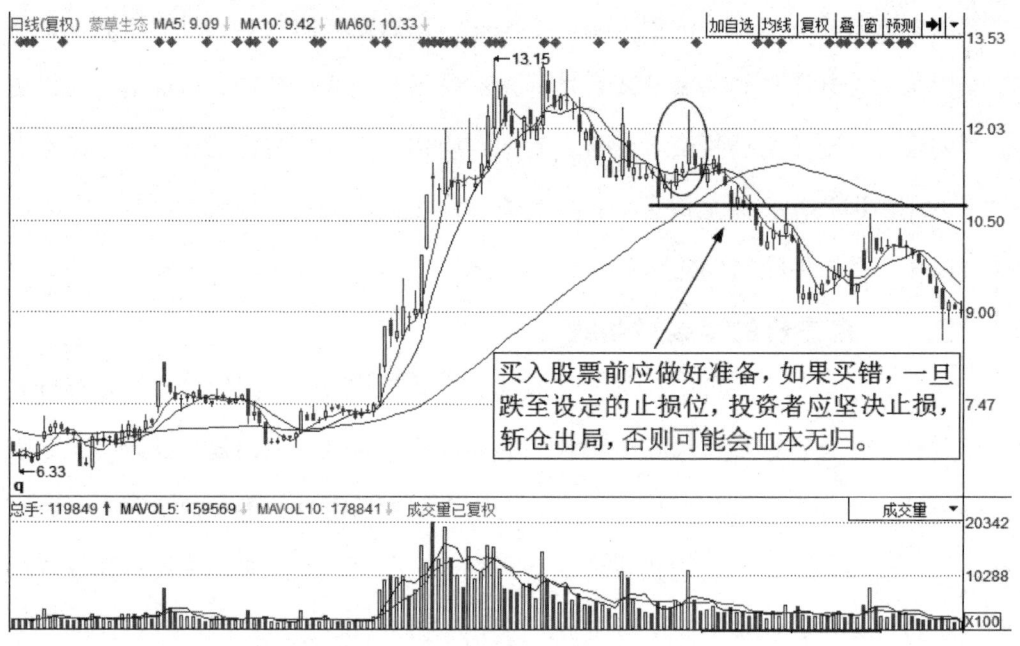

买入股票前应做好准备，如果买错，一旦跌至设定的止损位，投资者应坚决止损，斩仓出局，否则可能会血本无归。

图1-4　设定止损位

短线操作如果出现失误，最好的办法就是采取止损措施，千万不要在错误的筹码上加仓。一些投资者亏损之后总是喜欢逢低摊低成本，这种做法非常不可取。短线投资者如果能够在恰当的时候做出相应的止损操作，使买卖股票的风险控制在自己能够承受的范围内，这样即使是非常频繁的短线操作也不会出现太大的亏损风险。

止损可以避免因为一次错误的投资决策而全军覆没，是对买入错误的修正，炒股如果不能确保本金安全，赚钱便无从谈起。设立止损点并没有一成不变的定律，需要综合平衡各种因素以及自己的风险偏好。设置止损点之后，自己一定要有决心和毅力去执行，避免情绪干扰。当然，止损点并不是万能的，也有出错的时候，这就要求投资者拥有一颗平常心。

3.止损为何如此艰难

投资者设置了止损位而没有执行的例子比比皆是，市场上被扫地出门的悲剧几乎每天都在上演。止损之所以困难，主要是由于以下两点。

（1）侥幸心理作祟。有些投资者尽管知道趋势上已经破位，但过于犹豫，总是想再看一看、等一等，导致错过了止损的大好时机。

（2）价格频繁的波动会让投资者犹豫不决，经常性的错误止损会给投资者留下挥之不去的记忆，从而动摇投资者下次止损的决心。

六、适时空仓原则

人生有多长，交易就有多长。这是个马拉松，不懂得休息的人就不懂得股票交易，我们做任何事都不能过度，过度的交易不仅不能产生良好的效益，往往还会带来负面影响。在市场中，多数人亏损，往往是因为他们太"勤劳"了。

当股市进入熊市当中，长时间持续性的阴跌不止，不管投资者短线操作技巧如何的高明，出现亏损也是很常见的事情。试问有哪个短线投资者能够在长期下跌的熊市中获得不错的投资回报呢？此时，坚持适当空仓的原则对短线高手来说就十分有必要了。熊市行情和震荡行情并非炒短线的好时机，不如赶紧空仓，待日后再战。

在只能够买涨却不能做空的条件下，投资者保住利润的最好办法就是及时空仓。这样即使下跌的幅度再大，持续的时间再长，投资者也没有什么亏损的风险。在级别较大的"股灾"面前，空仓的投资者即使没有赚得一分钱，相比在市场中亏损的投资者来说也是获利的。在牛市中大胆地操作，熊市中空仓避险是最有效的投资原则。

七、炒短线只能用闲钱

股民都是带着发财的梦想来炒股的，恨不能将一分钱当两分钱来用，在赚钱心理的影响下，有些股民的风险意识非常淡薄。有的股民生活非常节俭，买衣物时总要货比三家，进菜场时常常为了几分钱而讨价还价，为的是节省几毛钱、块把钱。然而在购买股票时，他们却凭着一些道听途说，甚至是一时冲动就做出决定，结果造成几百上千甚至上万的亏损。为什么会这样呢？究其原因，还是在于贪婪蒙蔽了心智，想赚大钱，急功近利，唯恐发财的机会溜走了。

　　投资股票量力而行，只有输得起才能赢得起。股民在股市里炒股只能投入自己输得起的钱，从而保持心智的充分自由，任凭大盘涨跌，我自岿然不动，该做什么还做什么，该怎样生活还怎样生活。

第六节　短线炒股的几大禁忌

短线交易是一种高技术含量的操作，它追求的是在最短的时间内实现最大的收益。在短线炒股过程中，投资者容易犯一些比较大众化的错误，这些错误也是短线炒股的禁忌。一般来说，短线炒股的禁忌有以下几点。

一、逆势操作

当个股运行在下降通道时，即使投资者的技术再高，赔钱的概率也会大大提高。这个道理很简单，但是能将它牢记在心并且善加运用的投资者却很少。大盘在跌的时候，总想抄底；而个股在涨，总想逃顶，其实这种心理是最为要命的。在实战中，很多操作短线的投资者喜欢逆势操作，这种贪便宜的操作手法会大大降低操作的成功率。总而言之，顺势而为是短线投资者和长线投资者须共同遵守的原则，违背这个原则会导致操作失误率大增。顺势者昌，逆势者亡，这早已是不可争辩的真理。

二、频繁操作

许多人认为短线投资者就应该频繁地在股市里进进出出，其实这是对短线操作的误解。正如言多必失一样，频繁地进行短线操作，最终肯定会有"马失前蹄"的时候，因为好运气不可能永远陪伴着你。因此短线投资者要谨慎地对待自己的每一次操作，特别是在自己对行情不能正确把握的时候，短线投资者应该停止操作，离场观望，切忌盲目操作。

虽然股市中的短线投资机会天天都有，但是我们不可能天天都能把握住这些行情，我们只关注那些看得懂的短线机会，在交易时要做到"静如处子，动如脱

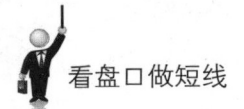

兔",不出手则已,一旦出手就要保证自己的获利概率在70%以上。把握住每一波行情是不现实的,过于频繁的交易到头来很可能不仅是竹篮打水一场空,还要承担高额的交易成本,短线投资者绝不能沦为券商的打工仔。

炒股要研判大势,当大势向好时,要积极做多;当大势转弱时,要学会空仓休息。但有的短线投资者却不是这样做的,他们不管股市冷暖,一年四季都不停地操作,这样不仅会劳而无获,还会因此遭遇到更多的风险。要学会审时度势,根据行情变化,适时休息,这样才能在股市中准确地把握住机会。对于投资者来说,要学会适时空仓,适时休息,否则到手的利润也会最终交出去。

只有当我们所预期的交易条件满足、市场所提供的机会远大于风险时,我们进场交易才是值得的,短线交易的目的是寻求最佳的市场机会,而不是捕捉所有的市场机会,这一点我们一定要注意。

三、满仓操作

满仓是指投资者在做交易时,把资金全部介入某只个股。股市中每天都会出现看涨的股票以及良好的短线机会,如果投资者手头无剩余资金,在发现了极佳的短线机会时,就只能错失良机。因此,投资者最好控制仓位,永不满仓。

第二章

深度解读盘口分时波形

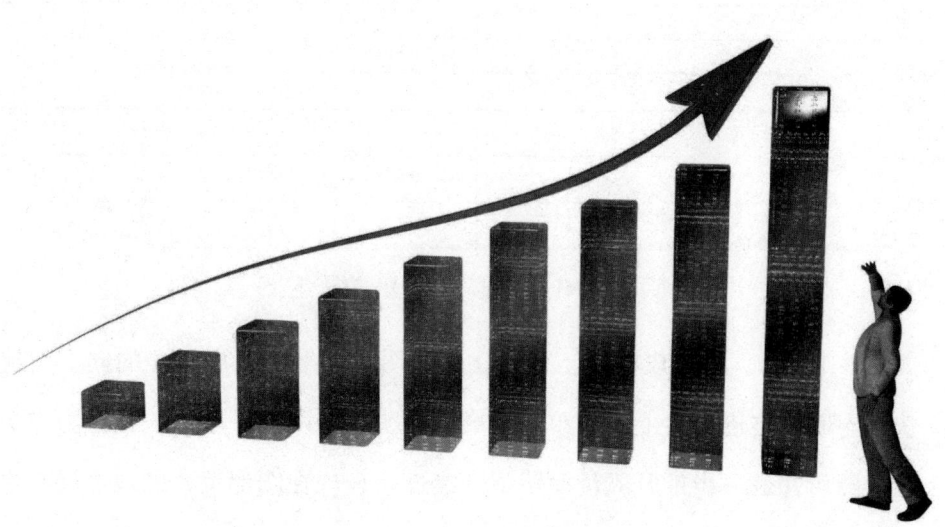

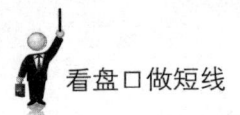

第一节 解析推升股价的攻击波

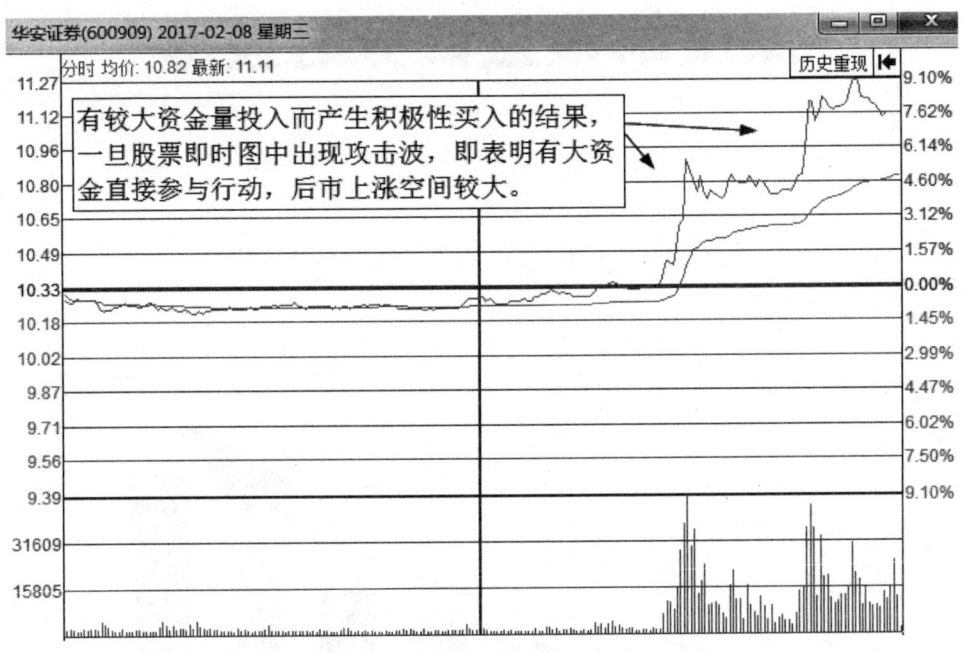

图2-1 常见攻击波示意图

如图2-1所示，所谓攻击波，就是在分时图曲线上显示出明显的向上发起攻击，快速不断地吃进卖盘上的挂单，造成浪形明显的图形。攻击波是主力扫清股价上升的障碍并进一步推升股价而留下的痕迹。表现在图形上，曲线舒展有序，浪形急促而有力，张弛有道，表明主力进退从容，不急不躁，是主力有计划、有预谋、有企图的操盘动作所产生的行为轨迹。通过观察分析盘口出现的攻击波，可以及时看清主力的操盘意图，为短线交易做出正确的决策。

短线实战看盘时，可以从以下几个方面来观察攻击波。

（1）从波形上观察：攻击波都有明显的攻击性力量，浪形明显，造成股价跃升的态势，从而有效地吸引跟风盘推高股价。

（2）从量峰配合来观察：主力每一次出击，都会投入大笔资金，从而造成盘面出现相对应的大额成交量柱，这些量柱显示出放量攻击的坚决、果断。如果量峰有序递进，从低到高，从小到大，梯次明显，那么说明主力的攻击性拉升是有预谋的，而不是随意的。

（3）从产生时间段来观察：攻击波可能出现在上半场，也可能出现在下半场。不论出现在什么时间段，明显的攻击波都表明主力的操盘意图就是要拉升股价，拓展盈利空间。

 看盘口做短线

第二节　解析瞬间异动的脉冲波

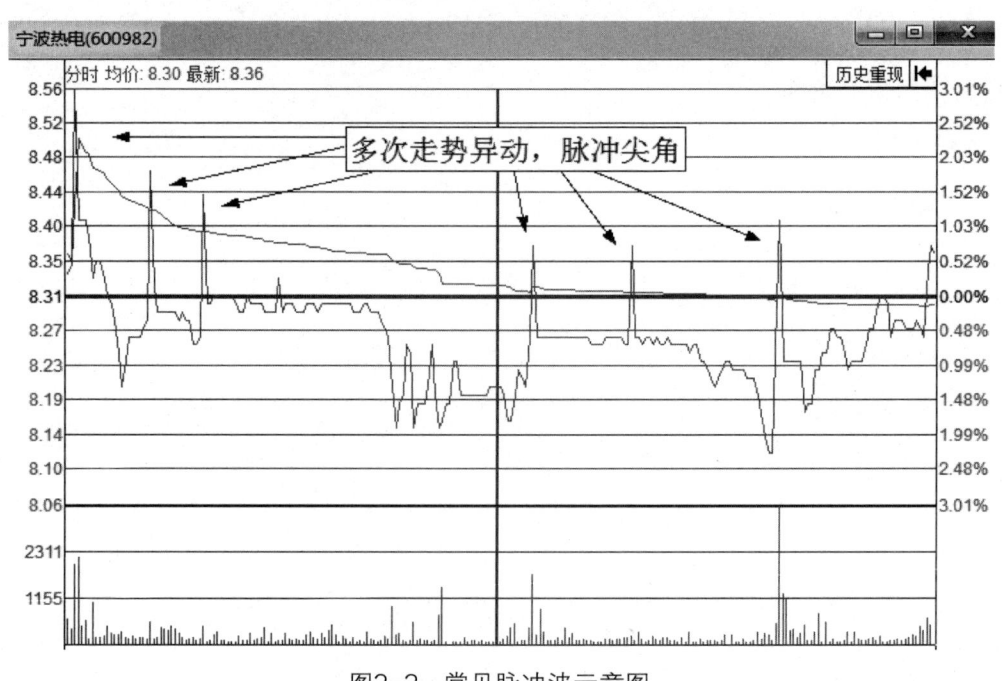

图2-2　常见脉冲波示意图

如图2-2所示，股价在不经意之间出现脉冲，说明有人控盘。从操盘的角度来说，瞬间的脉动，说明有人在操纵股价，而只有在高度控盘的情况下，才有可能出现如此类型的脉冲。因此，在短线临盘实战中，凡是盘口出现这类脉冲波，都需要谨慎对待。

如图2-3所示，该股出现脉冲这种波形之前，盘口的走势处于呆滞、稀疏的态势，股性呆滞，成交量稀少，一副乏人问津的样子。然而在不经意之间，却是突然间出现猛烈放量，股价像秋后的蚂蚱一样急促地上蹿几下，随后又平息下来，

归于沉寂。从整个过程来看，脉冲的时间比较短。

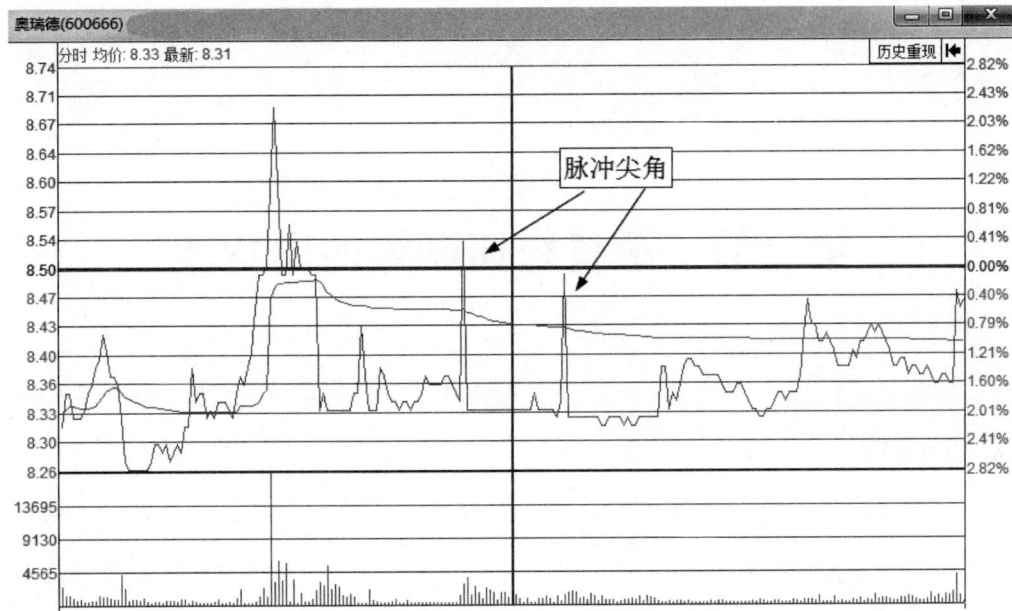

图2-3 常见脉冲波示意图

第三节　解析快速抛筹的出货波

如图2-4所示，所谓出货波，就是指股价在下跌的过程中，分时图曲线类似飞流直下的瀑布，一泻千里，不再回头。

出货波一般都是这样形成的：盘中出现快速的放量下挫，价跌量升，之后出现缓慢的反弹，但反弹的力度很小，几乎无法穿越当日的均价线，随后逐波盘跌，有些尾盘更是加速下跌，量能放大。

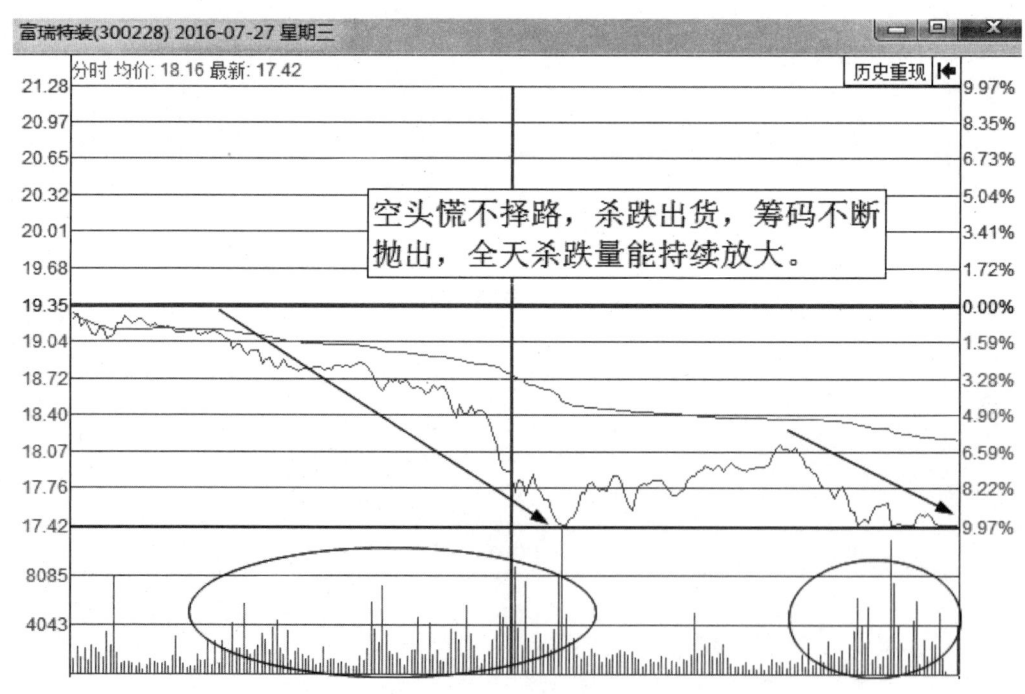

图2-4　常见出货波示意图

从过往的实战经验来看，出货波属于最经典的快速抛筹图形。凡是在空间位置的高位或者相对高位出现这样的波形，均属于阶段性快速出货，投资者需要高度重视，不可大意。

出货波的成交量急剧放大，主力快速出货心切。在短线临盘实战中，投资者一旦发现这样的图形，要当机立断平仓出局，不可心存侥幸，如果当时来不及出局，尾盘阶段也要坚决出掉，以防不测。

1. 出货波的特点

在短线实战看盘的时候，可以从以下几个方面来观察出货波：

（1）杀跌量能大，量能呈现攻击性下跌放量态势。

（2）杀跌时成交明细上出现大卖单、特大卖单成交。

（3）日K线成交量是放量而非缩量，如果日成交量极度缩量而出现出货波，则大多是诱空陷阱。

2. 出货波案例

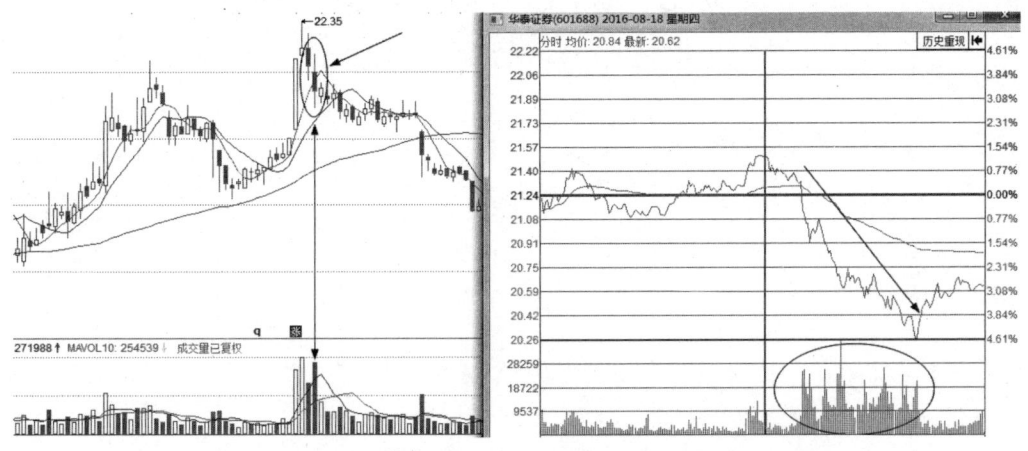

图2-5　华泰证券（601688）的日K线图和分时走势图

图2-5是华泰证券（601688）的日K线图和分时走势图，2016年8月18日全天分时量能下跌时面积不断放大，空方优势非常明显，看K线图上当日大阴线是有大阴量配合的，既有顶部形态又有细节上的出货波配合，我们基本可以断定顶部成立，操盘上要和主力一起杀跌出局。

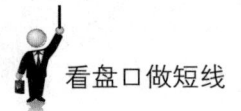

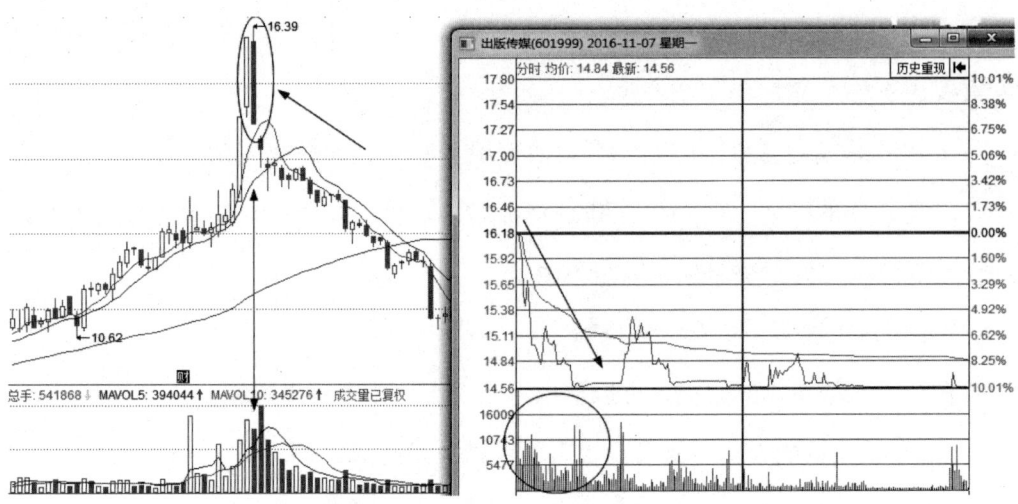

图2-6 出版传媒（601999）日K线图和分时走势图

图2-6是出版传媒（601999）的日K线图和分时走势图，2016年11月7日呈放量下跌态势，被抛盘打压至跌停板，全天成交量巨大，K线组合上出现了巨阴包阳的组合，出货波和顶部形态一起出现，请问此时不逃更待何时！

第四节　解析无庄控盘的心电波

如图2-7所示，所谓心电波，也叫心电图、无庄波或散户行情波，是指盘面的交投十分清淡，走势稀疏，整个波形就好像医学上人的心电图，一拱一伏。即使偶尔出现一些大单，也无济于事。从短线操作的角度来说，凡是盘口出现这样波形的品种，短期内都没有被关注的价值。

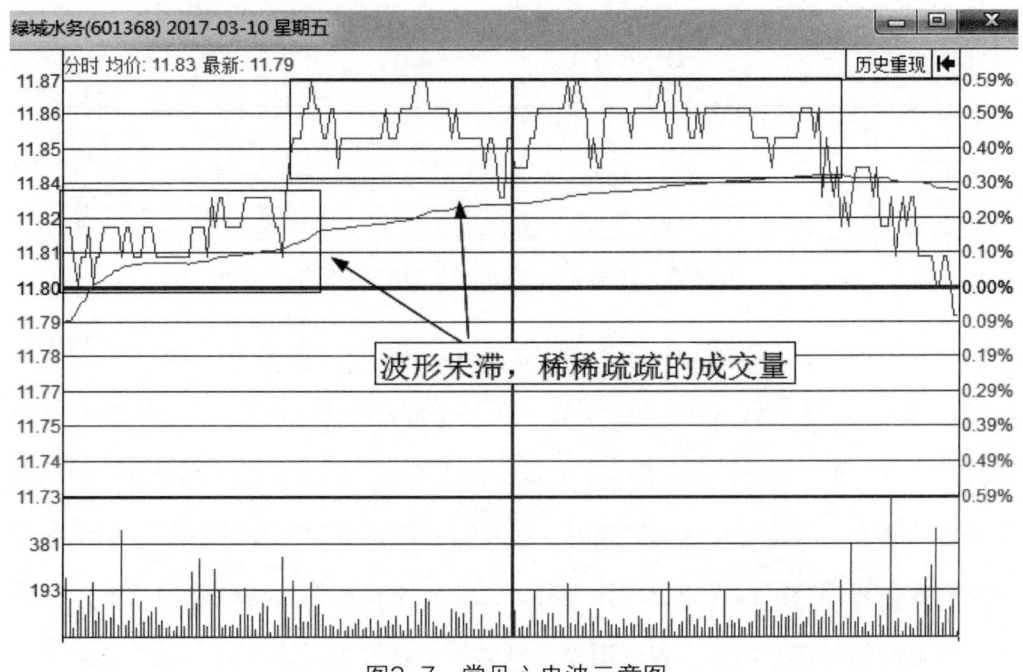

图2-7　常见心电波示意图

短线实战看盘时，投资者可以从以下两个方面来观察心电波：

（1）从波形结构上来观察，走势呆滞不堪。

（2）从量峰结构上来观察，成交稀少，分时上只有稀稀疏疏间隔的单子成交，有些甚至出现长达数分钟没成交的情形。

心电波是没有大资金关照的走势图，或者当下至少没有大资金出没其中，股价呆滞，成交量低迷是没有资金积极参与的象征。在日线图上，其呈现为地量结构，换手率极低，量比很小。在短线临盘实战中，短线交易者遇到这样的盘口，应当坚决回避。

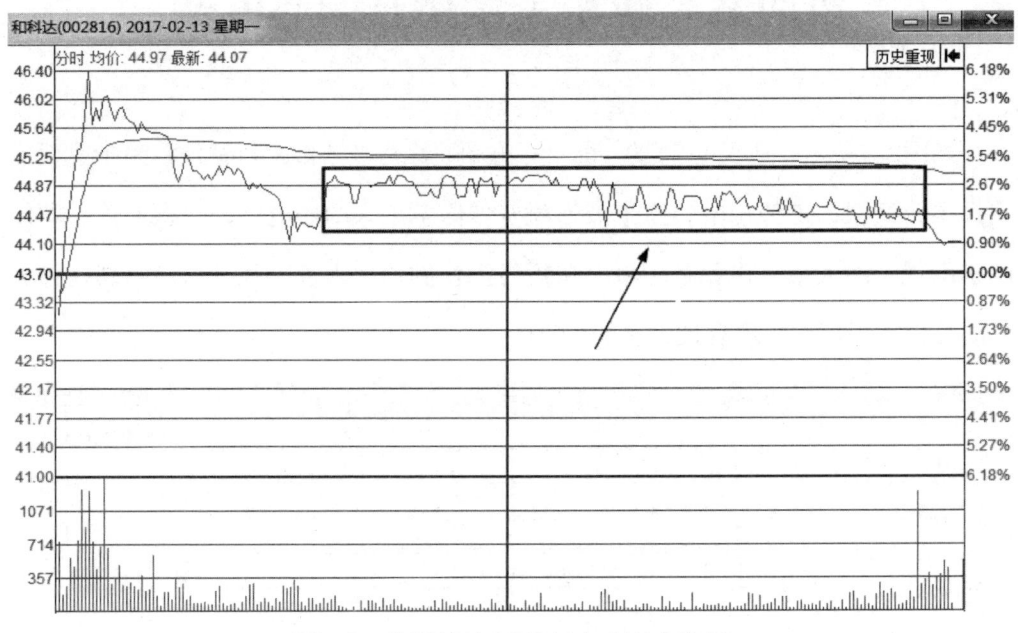

图2-8　和科达（002816）分时走势图

图2-8是和科达（002816）的分时走势图，这是一个流通盘为10.04亿股的小盘股，当天换手率较低，除去早盘外，全天几乎都处于休眠状态。由于成交量极为稀疏，任意一笔主动的买卖盘都会引起股价的上涨与下跌，使股价间歇性地忽然向上又忽然向下，这就是心电图的成因。它反映了股票成交呆滞的现象，如果在股价下跌或是底部震荡过程中出现该走势，是很正常的股票走势疲软的反映；但是在股价上涨的时候，如果出现该现象，则透露了持股者的稳定心态或是主力高度控盘的信号。

第五节　解析上蹿下跳的刀刃波

刀刃波是短线实战中非常实用的一个技术定式，笔者曾在其他拙著中简单描述过这个形态，后来收到大量读者来信询问，都认为分时刀刃波在操作中较为常见，也非常好用，希望能有更详细的讲解。本节以案例的形式，加入了详细的实战要点辅助说明该定式，以适应短线操作的需要。

1.刀刃波的特点

（1）股价下落时多呈直线。

该形态被称为"刀刃波"，是指股价在分时图里上蹿下跳，且下落时多呈直线，如同一把把的"刀刃"，如图2-9所示。

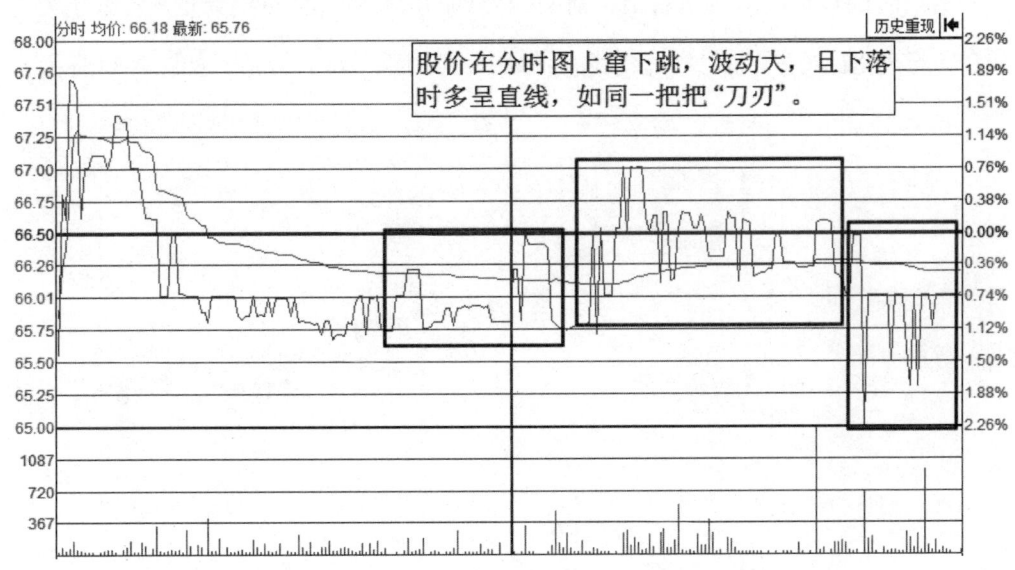

图2-9　"分时刀刃波"示例

（2）分时成交异常。

从分时图上看，分时成交异常，股价下落之时携量较大，显示主力一单砸下来，已经将下方的委买单全部收入囊中。更有甚者，全天的成交量绝大部分都集中在这几个刀刃波之中，如启明信息（002232）分时走势图中的几个单就携有巨量的成交，如图2-10所示。

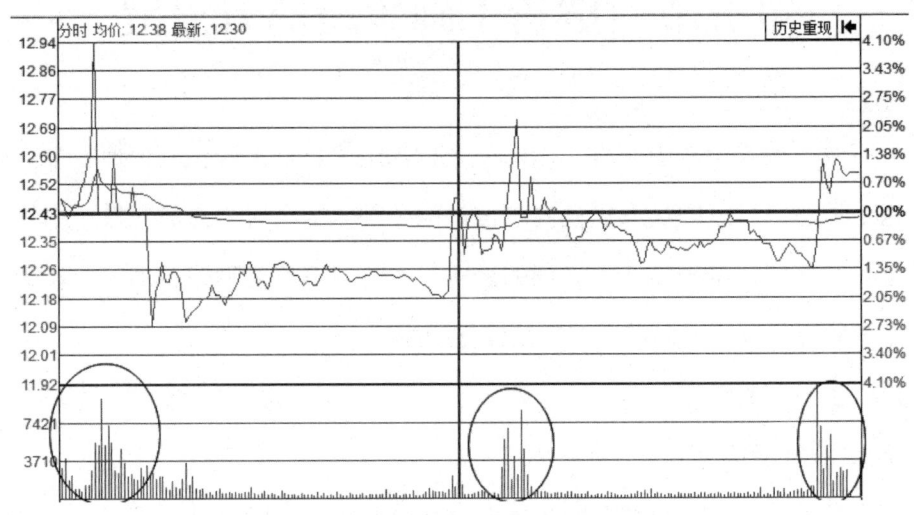

图2-10　启明信息（002232）分时走势图

从当时的日线图上可以看出，箭头处当日的成交量亦为近期天量。短线主力将剩余的筹码甩出，顺利脱身。该股随后都在一路阴跌，难有行情，如图2-11所示。

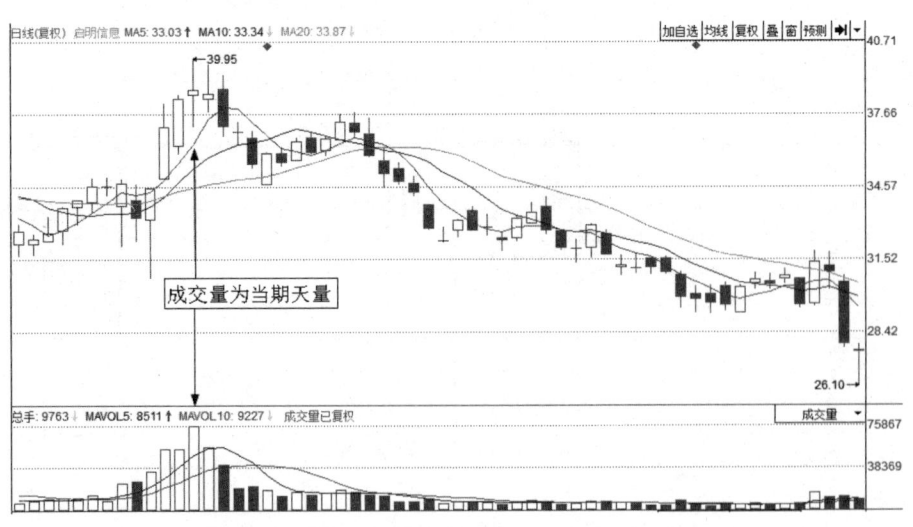

图2-11　启明信息（002232）后续K线走势图

（3）股价全天波动大。

分时刀刃波的另一个特征是全天股价波动激烈，振幅较大。图2-12为毅昌股份（002420），该股走出分时刀刃波，涨幅为4.1%，振幅为7.08%。

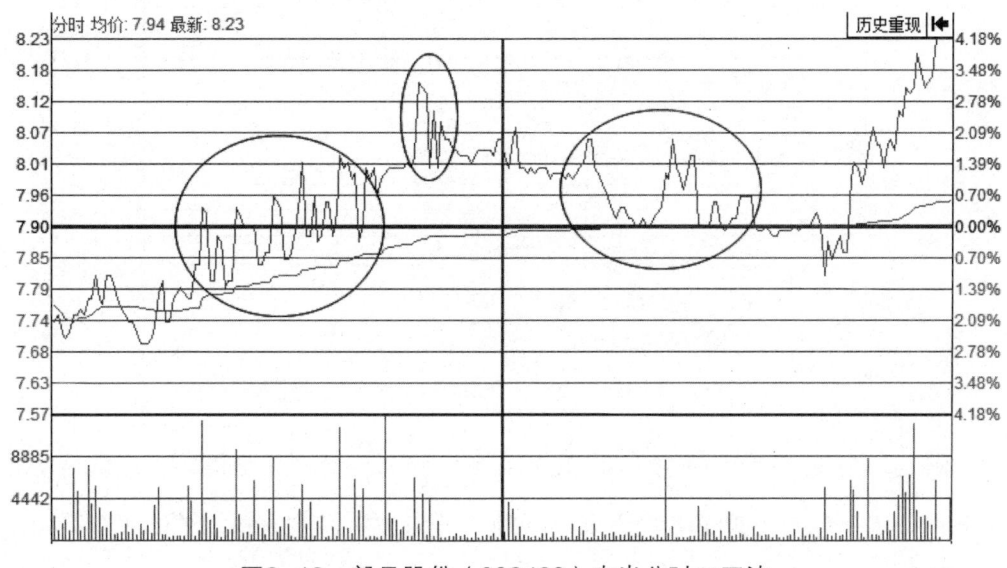

图2-12　毅昌股份（002420）走出分时刀刃波

2.分时刀刃波实战要点

到了出货末期，股价在高位买盘并不踊跃，主力一边拉高股价，一边希望有大笔买单挂出。一旦有较大的买盘出现在买一、买二或买三上，主力会像饿狼扑食一样反扑过来，将高价筹码打给买入单。多次重复这样的反扑动作，在分时走势图上就会出现直上直下的刀刃波。如出现直上直下的刀刃波，可判断为主力正在寻找买盘，此时应果断卖出规避风险。

"刀刃波"是主力出货的一种常见手法。先用小资金把股价推高，散户以为又要创新高了，于是填单跟进。一见散户跟风，主力顺势出货，扔出手中的筹码，将买入盘全部打掉。等接盘稀少了，再次拉高股价，吸引新的跟风盘，然后又一次"恶狼扑食"，打掉所有的买盘。就这样反复几次，分时图上就形成了高高低低的"刀刃波"，如图2-13所示。

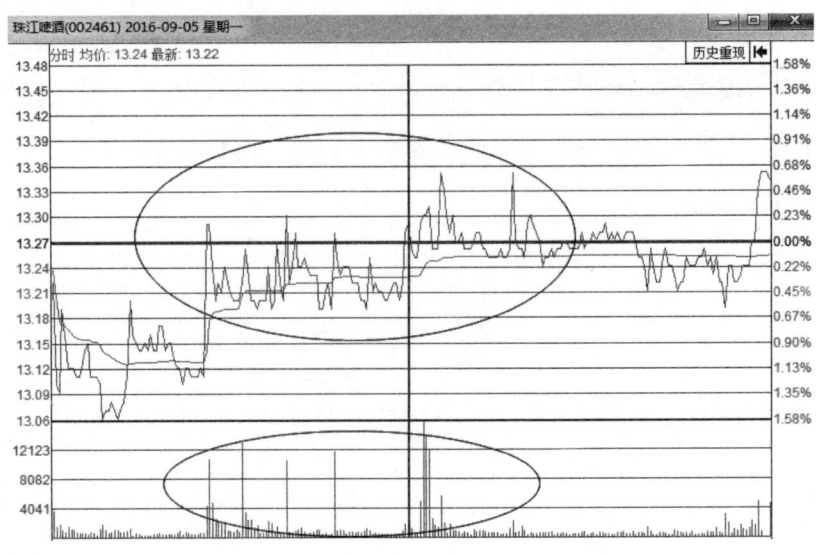

图2-13 珠江啤酒（002461）分时走势图

图2-13为珠江啤酒（002461）在2016年9月5日的分时走势图。坐庄资金开始了潜逃计划，该天出现了多次高高低低的"刀刃波"，主力将挂单的买盘一口吃掉，股价直线向下，形成一把陡峭的"刀刃"。随后主力再用少量的资金将股价拉上去，再将跟风的买盘砸掉，如此反复，该区间形成了巨大的成交量，"刀刃波"成型，主力的目的也已经达到。

两天后，主力将该招更是发挥到了极致，如图2-14所示。

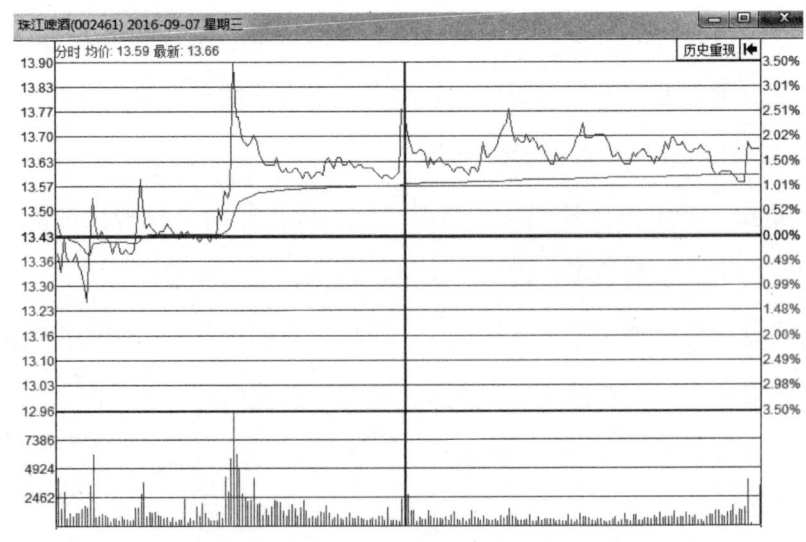

图2-14 珠江啤酒（002461）分时走势图

从图2-14的分时成交看，股价在此期间上蹿下跳，主力也完成了胜利大逃亡。该股的日K线图如图2-15所示。

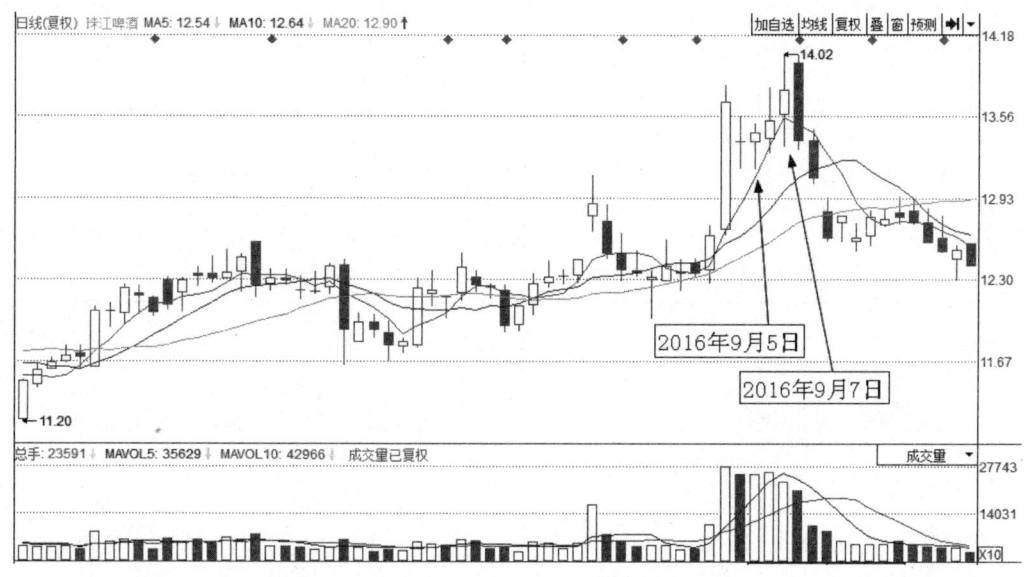

图2-15　珠江啤酒（002461）日K线图

3.刀刃波的注意事项

（1）从上例可以看出，通过分笔成交数据判别"分时刀刃波"最为有效，再结合图形与股票所处位置分析，这个形态识别并不困难。

（2）在实战中，一旦出现分时刀刃波，应该毫不犹豫地卖出，不可恋战。这种形态显示主力去意已决，拖得越久，受伤越重。

（3）分时刀刃波只发生在特定个股中。一般出现在中小盘庄股或者游资的短线炒作中，主力实力较弱，且手中的筹码不多，通过几个"刀刃波"就可出逃，不用再费周折。

我们来看弘业股份（600128）的例子，其分时走势图如图2-16所示。

图2-16中为典型的分时刀刃波，几波单下杀之时，都有巨量的成交额。由图2-17可以看出，全天的成交量大部分都集中在了这几个快速的杀单之上，再看一下日K线图，箭头处当日的全天成交量为当时一段时间的天量。可见，盘中的刀刃波出逃资金量非常巨大。

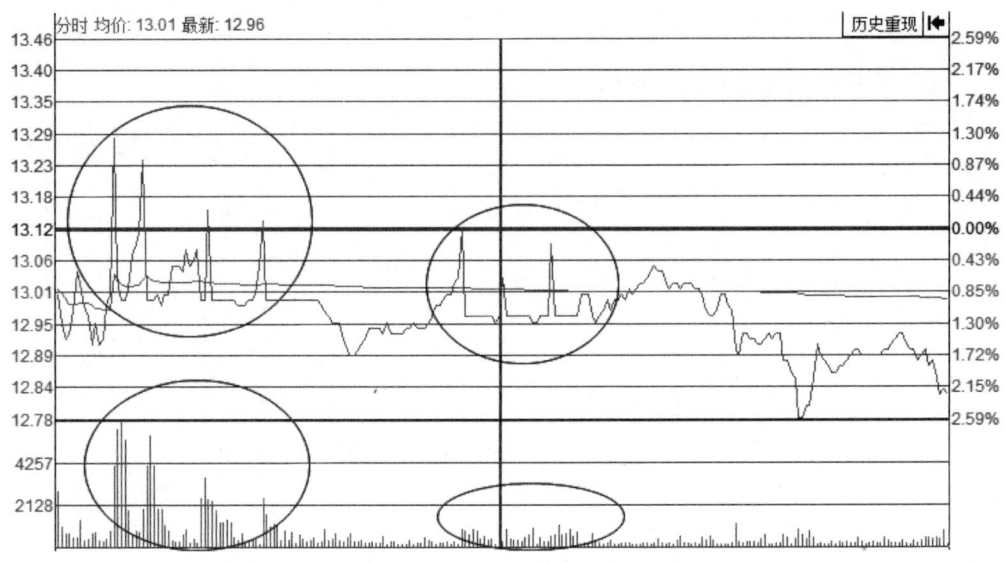

图2-16 弘业股份（600128）分时走势图

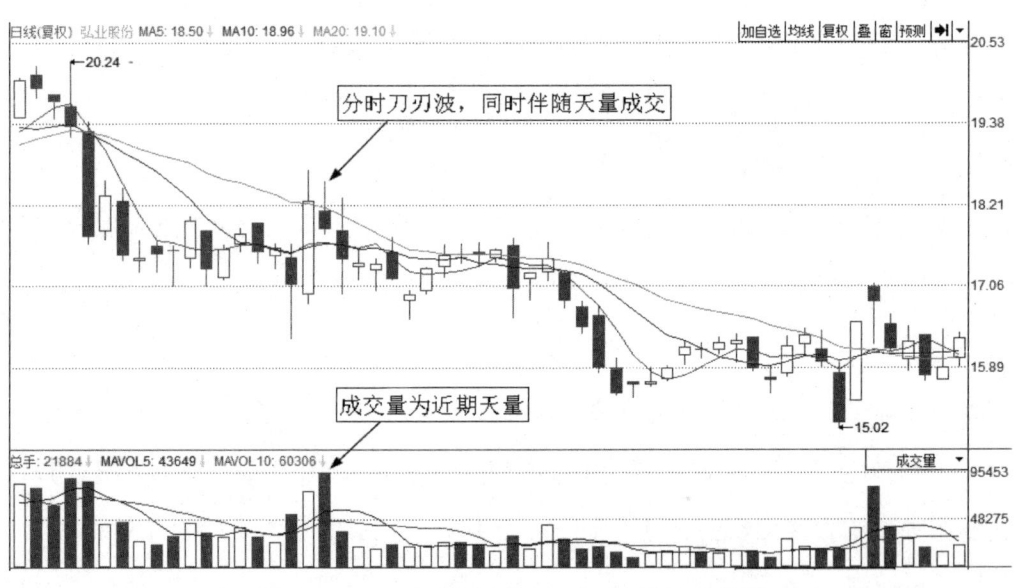

图2-17 弘业股份（600128）当时的日K线图

（4）盘中多数伴有"诱多"的动作。主力通过虚假的对敲制造个股的活跃气氛，引诱买盘入场，再通过大单将筹码卖给散户的买盘。但此时的主力极度虚弱，无力制造大动作诱多。

短线炒手因其喜欢追强势股的天性最容易被诱多动作刺激得头脑发热，从而不知不觉地进入瓮中。在实战中，强庄股凶悍的诱多更具杀伤力，这里我们也附带看看类似的诱多案例。

例如，我们来看榕基软件（002474）在2016年6月30日的拉高诱多，如图2-18所示。该股为强庄操作，前一阵已经连拉过数个涨停，短短数个交易日，股价便有不小的涨幅。这样的主力注定了诱多也不会太温柔，6月30日的拉高诱多非常成功，从当日的成交量中就可见一斑。由于前期连续涨停板的示范效用，跟风盘蜂拥而至，主力乘机将手中的筹码顺势派发。

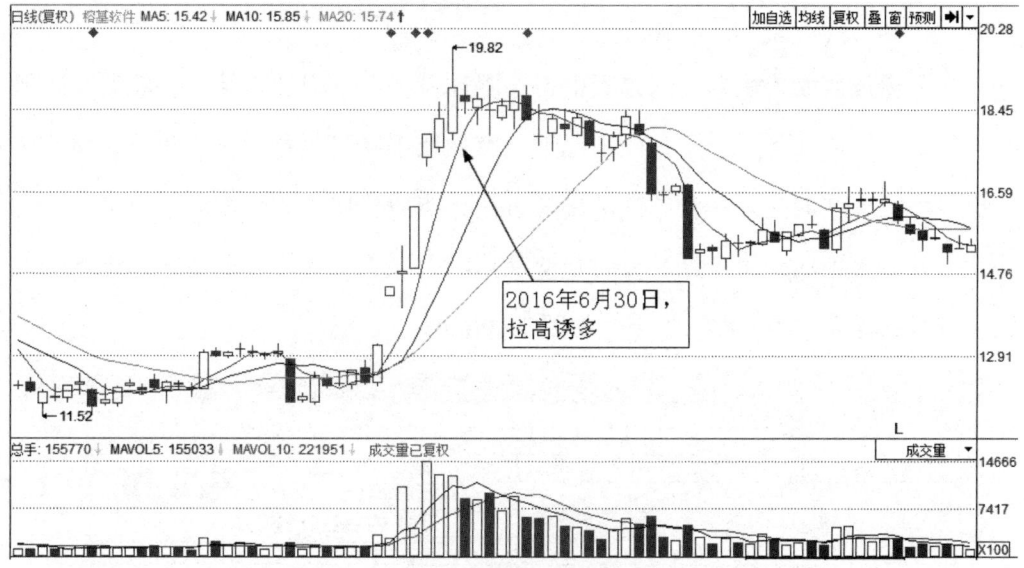

图2-18　榕基软件（002474）当时的日K线图

其实，面对这样的走势，投资者不用看分时图就应该选择卖出，高位长上影"避雷针"+巨量成交=巨大风险（"避雷针"出货形态参见笔者其他拙著），何况这根避雷针的上影线较长。

第六节 解析诱杀结合的钓鱼波

主力通过使股价快速冲高来吸引市场眼球，亮出一根"鱼竿"，然后在跟风盘堆积的时候或在跟风盘不足的情况下，突然反手砸盘进行抛售，致使"鱼钩"沉没在水里，有时这是一种凶猛的出货方法，当股价出现钓鱼波时，投资者除了快跑之外别无他法。由于这种分时走势从形状上来看很像竖起的鱼竿和垂下的渔线，所以被称为"钓鱼波"形态，如图2-19所示。

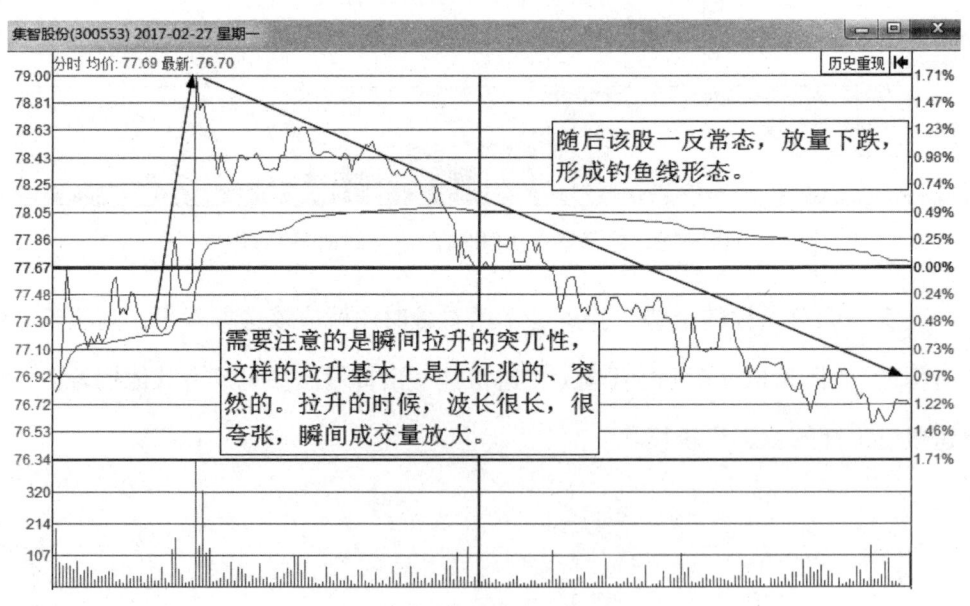

图2-19 常见钓鱼波示意图

钓鱼波的特点：

（1）成交量放大，给人以"量价齐升"的假象，实际上这种放量很不真实，是盘中对敲做上去的。

（2）通常在盘中的涨幅大，引人注目，这也是吸引跟风资金的需要。

（3）"跳水"的走势出现得很突然，一举将下方的买单吃尽。

（4）在很多案例中，这种走势有时会在连续几个交易日内都出现，即反复地形成"钓鱼"形态的走势。

这种股价走势既然目的在于诱多，当然不会是真的做多，碰到这样的行情，投资者应该回避，宁可错过小机会也不能轻易去冒大风险。

下面我们来看一个案例：

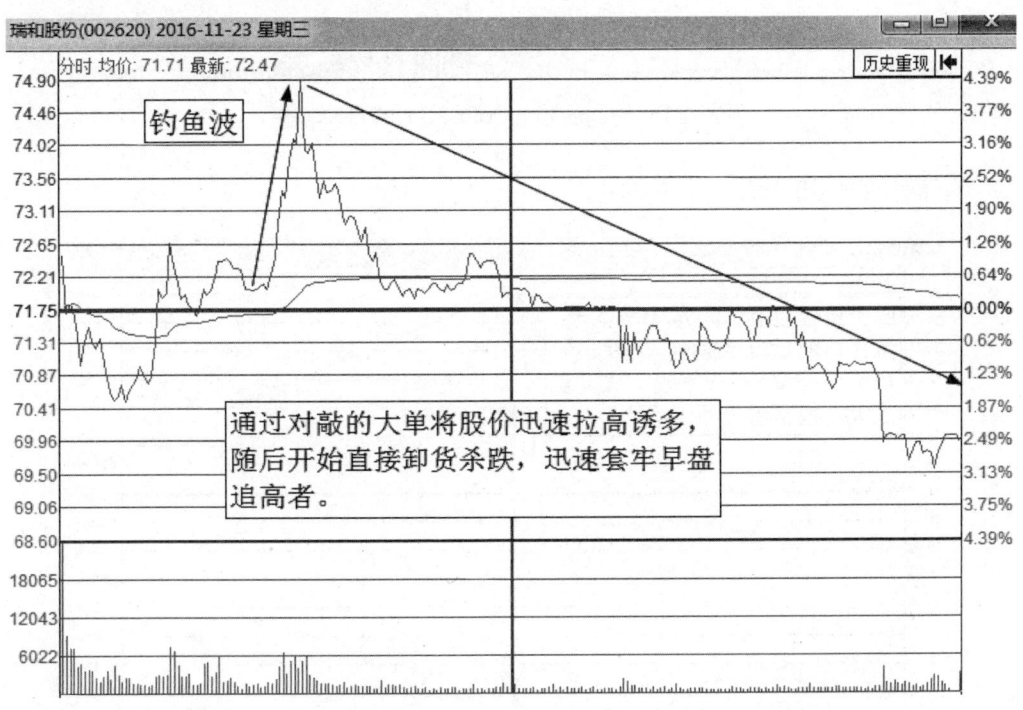

图2-20　瑞和股份（002620）出现的"钓鱼波"走势

如图2-20所示，该股通过对敲的大单将股价迅速拉高，随后主力快速杀跌出货，全天振幅较大，套牢者无数。

该股主力对人性的拿捏是十分到位的，盘中将股价拉高，诱多，随后开始直接卸货杀跌，迅速套牢早盘追高者。我们看一下该股当日的K线形态，该股当日出现具有长上引线的阴K线，其对应的杀跌量能十分充沛，投资者需小心，短线减仓是必须的，如图2-21所示。

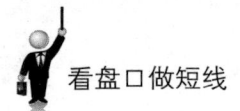

看盘口做短线

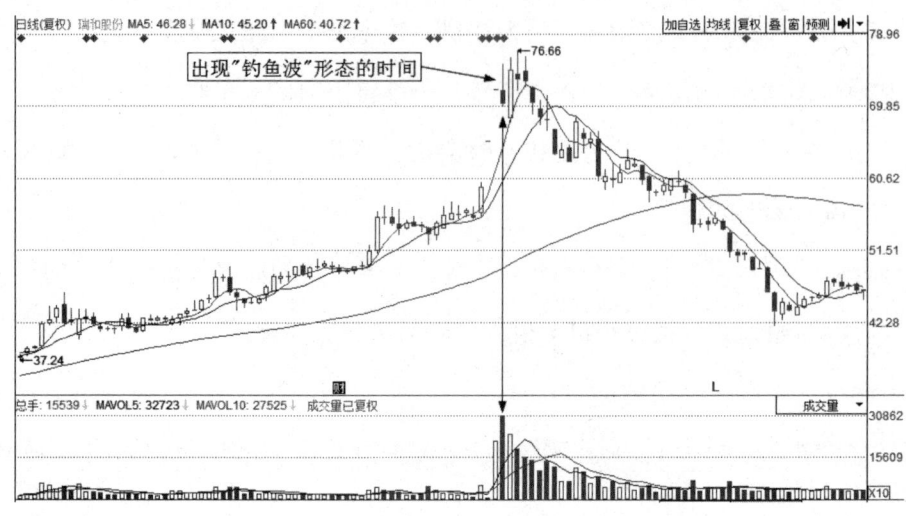

图2-21 瑞和股份（002620）的日K线图

下面让我们再来看一个案例：

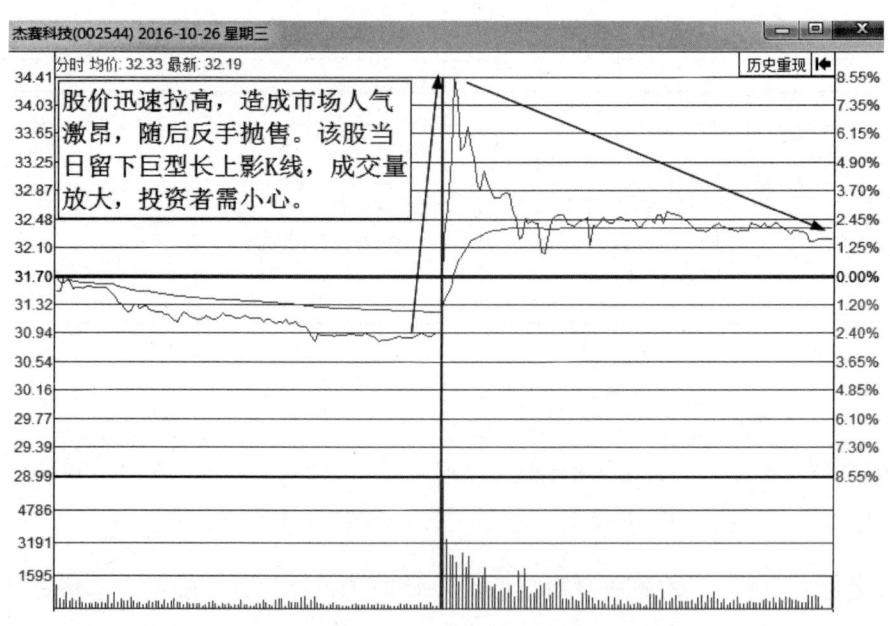

图2-22 杰赛科技（002544）的分时走势图

图2-22是杰赛科技（002544）的分时走势图，该股当日走势是非常正宗的、如教科书般的钓鱼波走势图，2016年10月26日下午一开盘，该股便开始了直线式上攻行情，涨速榜上一度居两市前列。该股的走势很奇特，股价直线快速攀升，在正常情况下，如果不是连续的对敲是不会形成这种走势的。那么这种连续对敲

的目的何在呢？其实，这在行情中是派发的特征，是一种诱多行为。

短暂的几分钟飙升后，上行走势突然结束了，股价毫无征兆地开始向下"跳水"，看上去就像鱼竿走到头，放下去的就是渔线一样，那钓起来的是什么鱼呢？当然是那些短线跟风者。

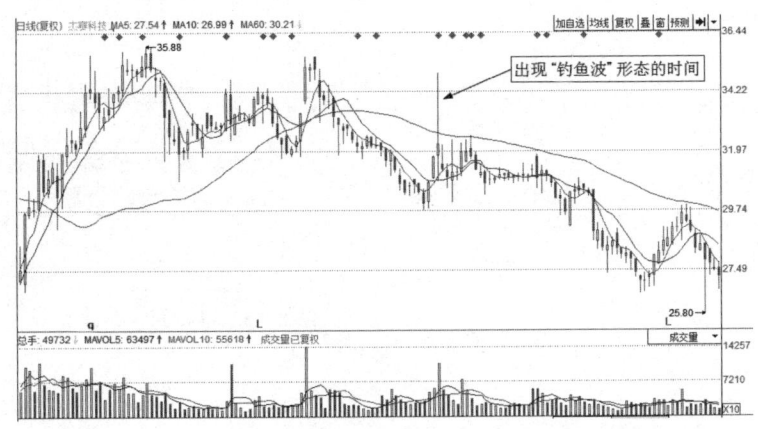

图2-23　杰赛科技（002544）出现"钓鱼波"形态的时间

此后该股陷入持续性下跌行情中，如图2-23所示，在这种行情中，大的买盘基本上是对敲的，而卖盘却是真实的。此种走势通常出现在拉升末期或者见顶回落后的反弹行情中，是主力吸引跟风资金接盘的典型操盘手法。

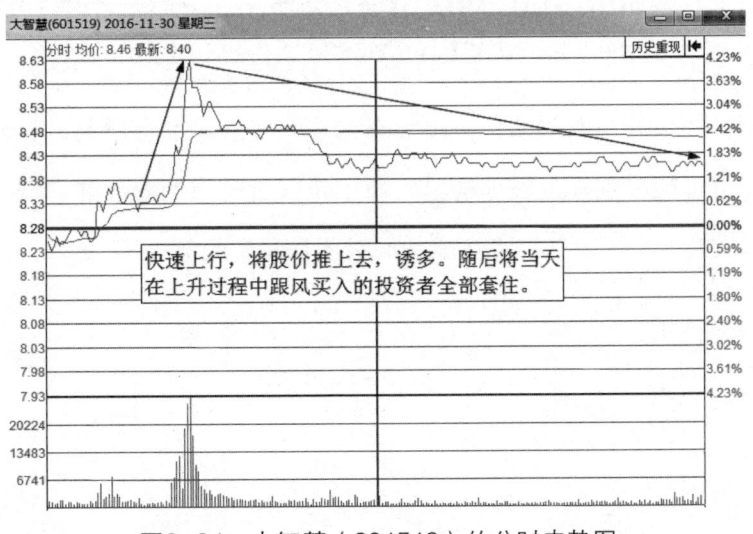

图2-24　大智慧（601519）的分时走势图

大智慧（601519）的分时走势图如图2-24所示，该股在盘中突然发动上攻行情，短线升幅较大，对投资者进行诱多。由于沪深A股实行T+1交易制度，当天买入的投资者当天不能卖出，当天的账面盈利根本无法锁定。随后该股下跌，整个钓鱼竿走势中买入的投资者均被套牢。钓鱼线表明主力有出货迹象。如果此种走势出现在股价的相对高位，投资者若不及时止损出局，将面临股价短期内被拦腰斩断的风险，如图2-25所示。

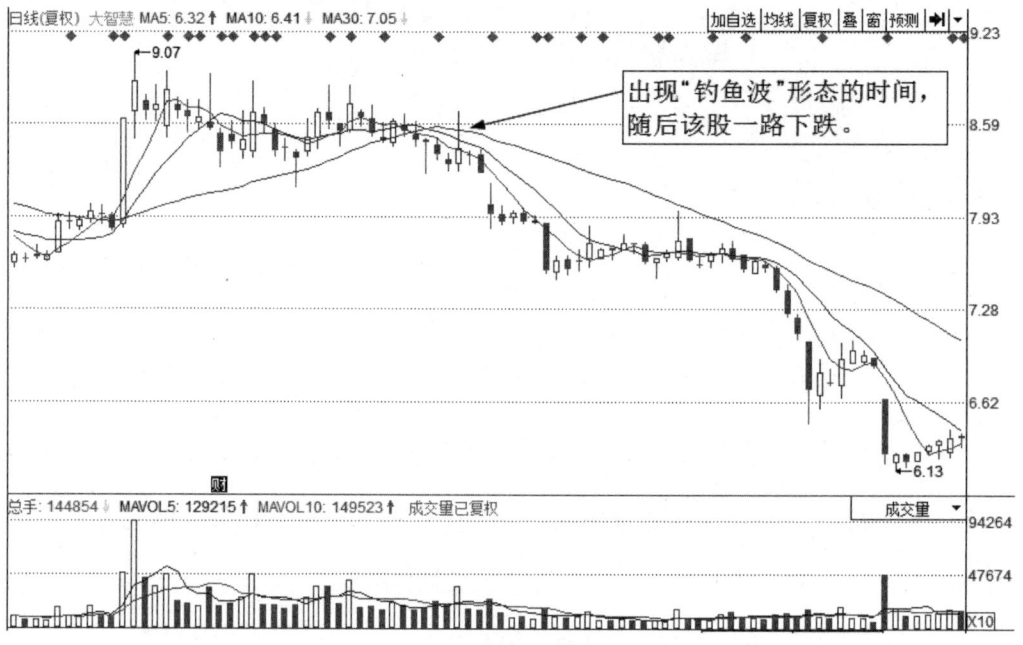

图2-25　大智慧（601519）当时的日K线图

实战时，钓鱼波一般要结合头部形态和均线卖点等综合研判，有的钓鱼波出现后股价还有可能出现横盘整理情况，而不是股价排山倒海般的杀跌。盘口分时波形属于细微技术，一般和趋势达成共振时才是卖出的契机。

第七节 解析向下突袭的裂缝波

在分时图中,裂缝波表现为在股价运行过程中突然下砸,快速下跌,之后又突然拉回到原来的位置。由于这种手法会在股价分时走势图中形成非常像裂缝的图形,所以称为裂缝波。

裂缝波的特点主要包括:

(1)股价瞬间下跌几个百分点,全天走势振幅较大。

(2)股价垂直下行,又被拉回来,就像一条裂缝。

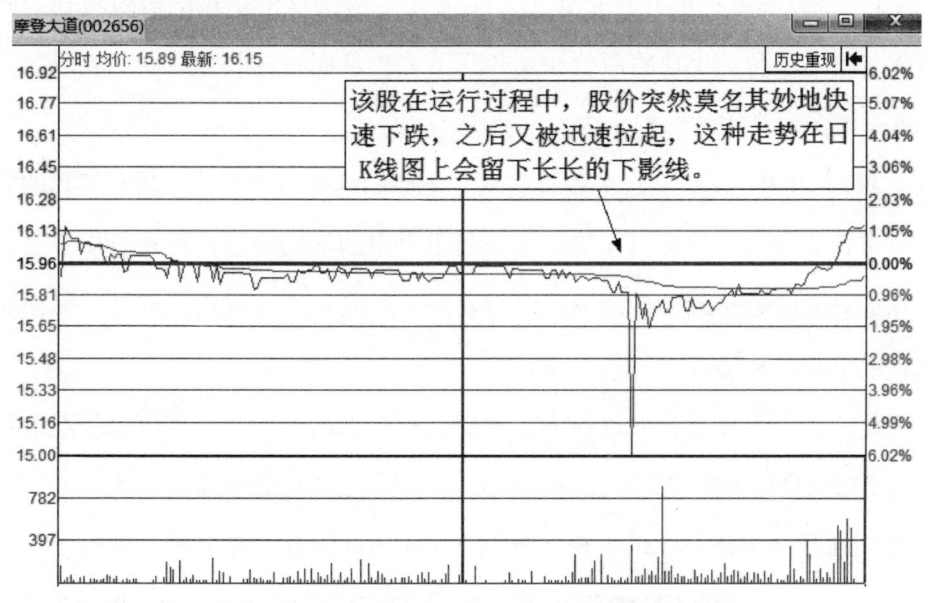

图2-26 摩登大道(002656)裂缝波示意图

如图2-26和图2-27所示,摩登大道(002656)在相对低位上,股价突然快速下跌,又迅速被拉起,形成裂缝波。结合此时股价K线走势图来看,股价位于

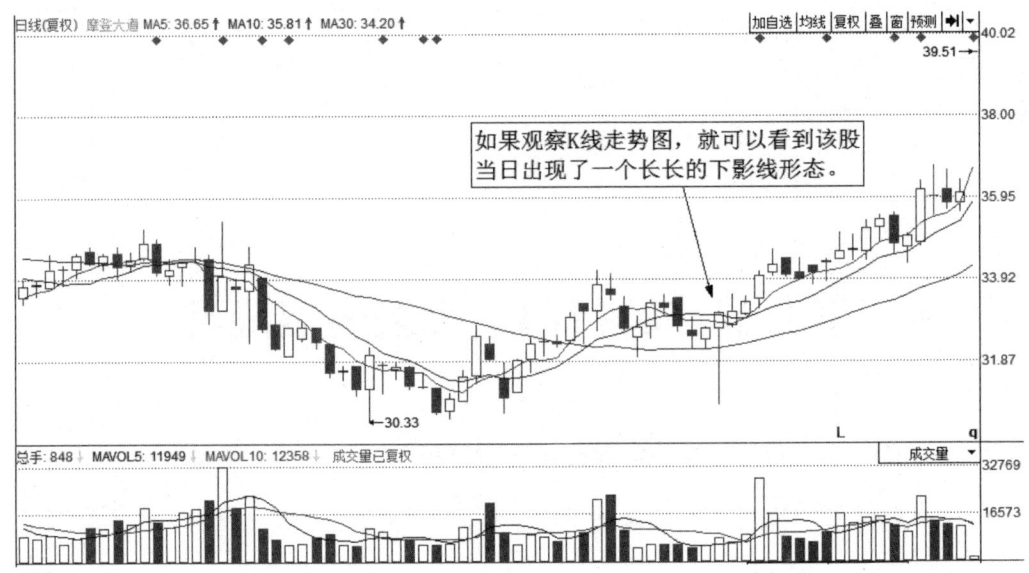

图2-27　摩登大道（002656）裂缝波在日线中的位置

低位上涨阶段，而非处于股价上涨的高位，因此可以判断，这不可能是主力在出货。那么，出现这种情况有两种可能：

（1）洗盘和吃掉委托挂单止损。主力为了清洗盘中积累的短线获利筹码，采用故意打压股价的手段将股价快速打压下去，从而将这些短线获利筹码震荡出局，这是洗盘时常用的一种手法。

（2）主力为了测试自己的控盘程度、下档的承接力和投资者持有筹码的稳定性，通常会采用这种故意打压的手段，利用手中的筹码将股价迅速打压下去。主力可在上升之时捡拾到一批恐慌性廉价筹码，既测试了筹码的稳定性，又捡到了好处，得了便宜又卖乖。

因此，投资者在看盘的过程中，发现这种类型的个股时，就可以果断进场操作，这是短线操作的买点。但投资者要注意此时股价不能处于高位区域。

图2-28是福田汽车（600166）2017年1月16日的分时走势图，观察图例，在运行的途中，出现直线下跌的现象，但这种下跌持续的时间非常短，股价很快又被拉回至原来的位置，之后继续向上运行。盘中的这种急跌又被拉回的现象就是裂缝波。

第二章 深度解读盘口分时波形

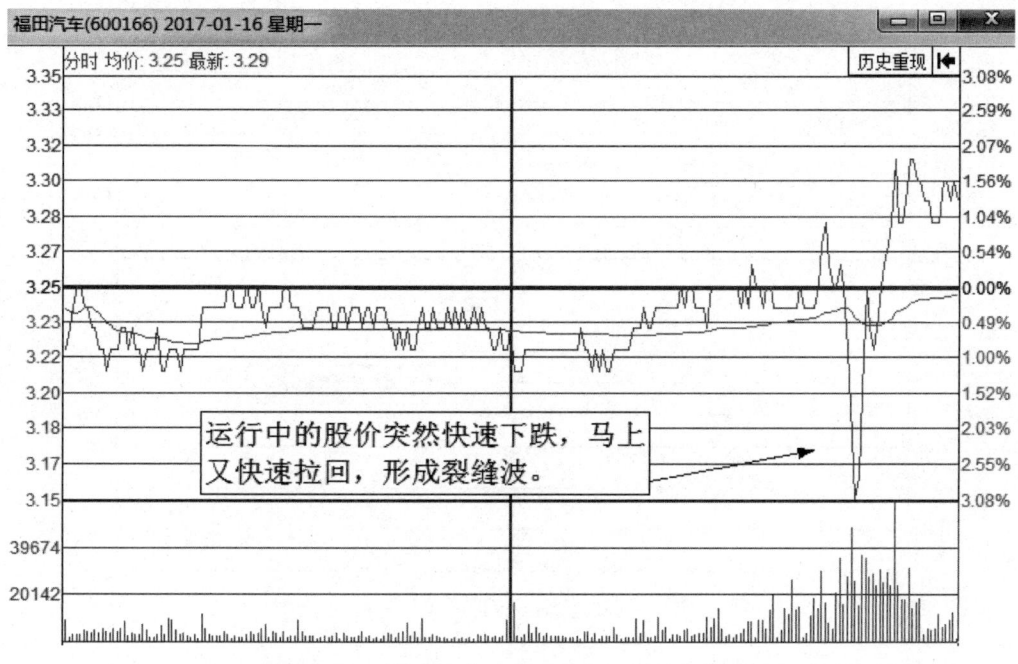

图2-28 福田汽车（600166）分时走势图

图2-29 福田汽车（600166）日K线图

图2-29为福田汽车（600166）的日K线图，观察图例，该股盘中出现裂缝波的当日，收出一根长下影阳K线，总体来说，K线形态并没有遭受破坏，因此，在1月16日盘中出现的裂缝波可以排除主力出货这种假设，而应该是在进行打压洗盘。

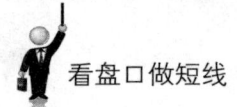

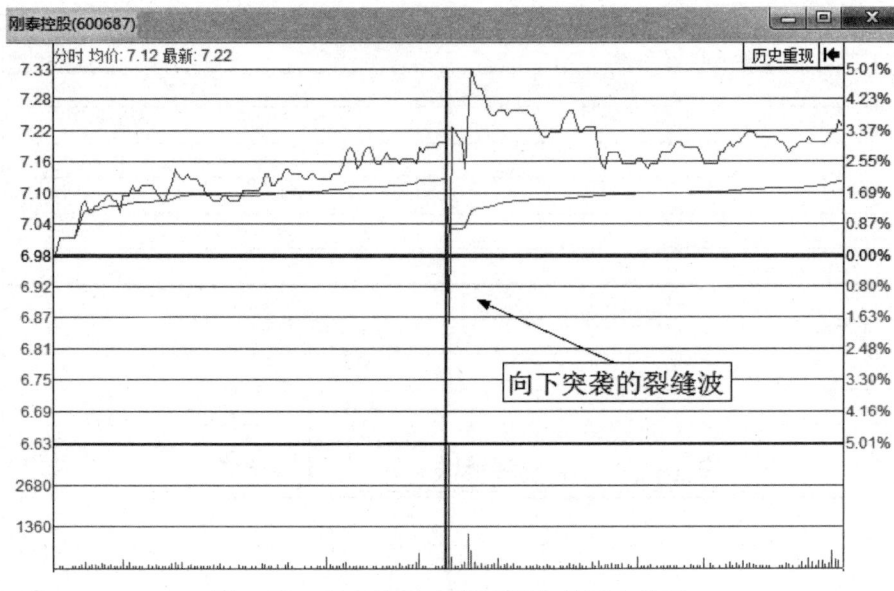

图2-30　刚泰控股（600687）分时走势图

图2-30是刚泰控股（600687）分时走势图，当日该股的盘中走势较为平稳，但是在午盘开盘的一瞬间却突然出现了一笔低价大抛单，这笔大抛单闪现过后并没有影响个股的原有盘口走势，这就是本节所介绍的裂缝波形态。由于此股当前正处于一波深幅调整后的低点，如图2-31所示，因而这种盘中裂缝波可以视为洗盘，是个股随后极有可能在主力运作下强势上涨的信号。在实盘操作中，此时是我们短线出击的理想时机。

图2-31　裂缝波处于一波深幅调整后的低点

第二章 深度解读盘口分时波形

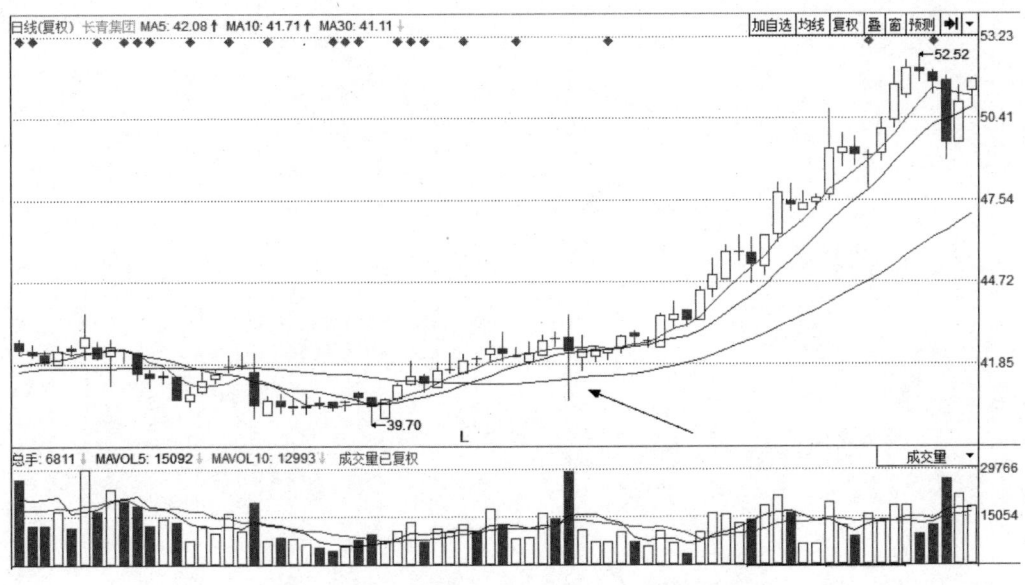

图2-32 长青集团（002616）出现的裂缝波

如图2-32所示，长青集团（002616）和上面所说的例子一样，在股价上涨过程中出现这种裂缝波的现象。不同的是，该股主力比较温和，在盘中直接快速地把股价打压下去，随后慢慢地拉升上来。

第三章

盘口买卖点研判,提升短线交易功力

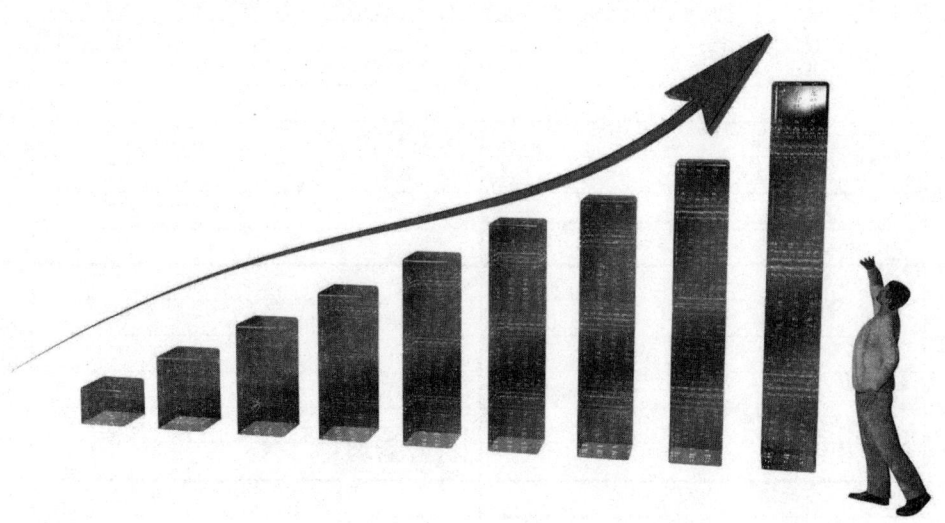

第一节 破解盘口分时买入玄机

一、最赚钱的买入位，突破买点

在很多情况下，进行短线操作就是要不断地追逐那些正在大力度上涨的股票，因为只有在股价强势上涨，并且主流资金不断介入的时候，买入才可以快速地实现盈利。但是，很多投资者在进行追涨操作的时候却没有获得满意的收益，其主要原因就是投资者对买点的把握不当。投资者如果要进行短线操作，突破买点技巧是必须要掌握的。

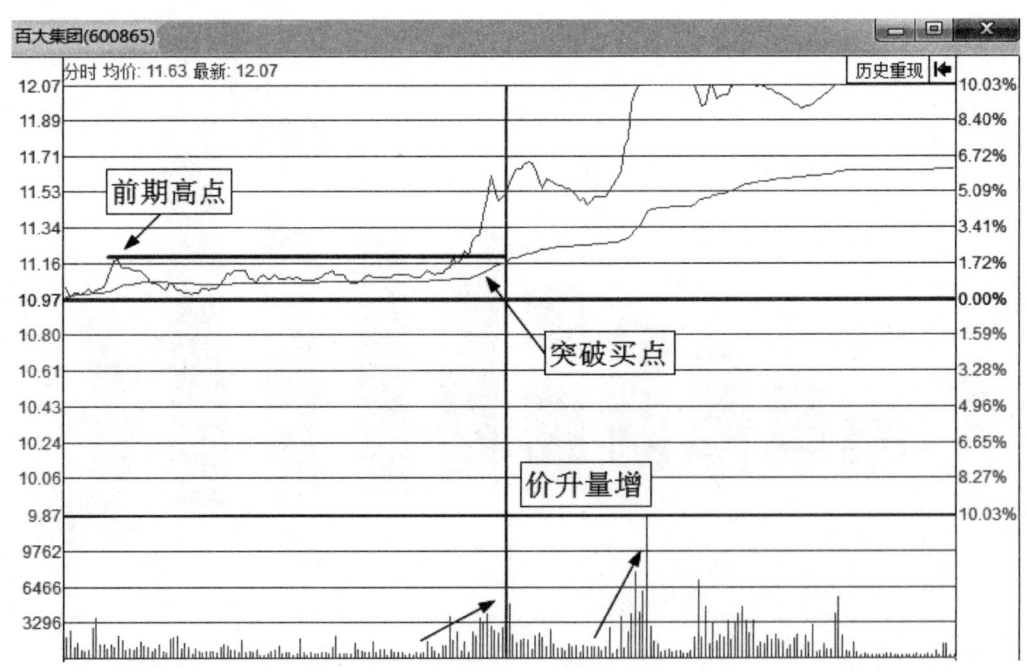

图3-1 百大集团（600865）分时走势图

图3-1是百大集团（600865）的分时走势图，该股早盘出现一轮上升行情后，进行一段时间的调整，随后再次发力上攻，投资者可在突破前期高点时买入股票。

前期高点制约了股票的上涨，放量突破前期高点才能释放出股票的上涨空间。

当股价突破前期高点时，说明股价将开始新一轮的上攻，后市股价将会有进一步的上涨空间，是一种看涨信号。

突破前期高点来作为买入的依据，这种方法被使用得很广泛，因为前期高点通常是上涨过程中的压力点，一旦向上突破了，后势往往会上涨。

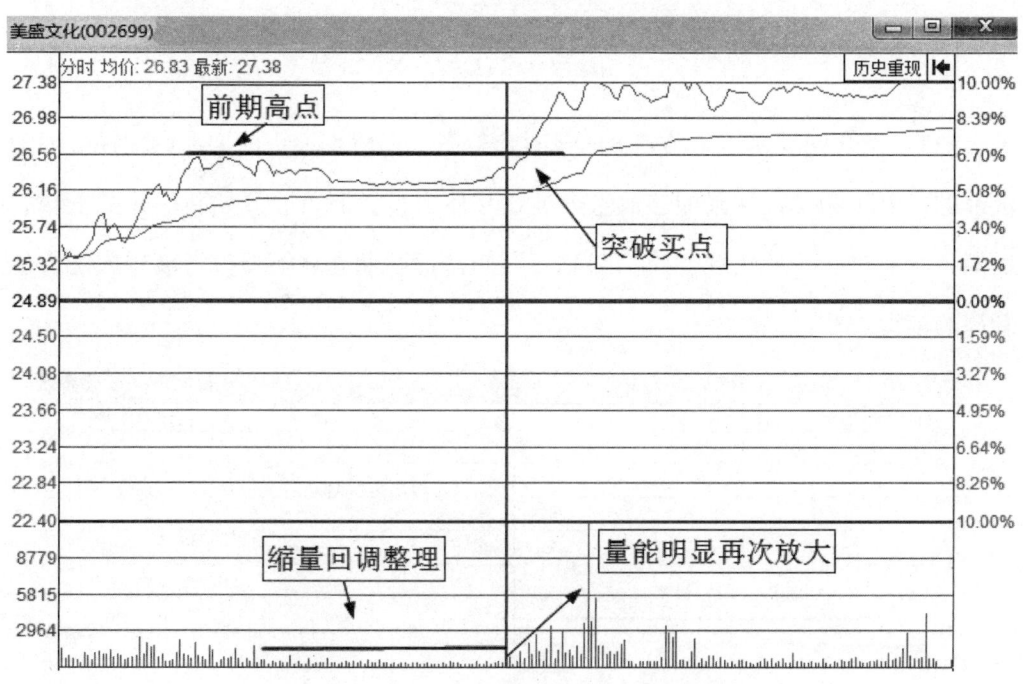

图3-2　美盛文化（002699）分时走势图

图3-2是美盛文化（002699）的分时走势图，该股开盘就出现上涨行情，随后回调调整，期间的下跌较为有限，成交量也为缩量，股价都是在分时均价线上方运行，经过一个半小时的充分调整，股价启动上升行情，突破前期高点后，一路上涨。

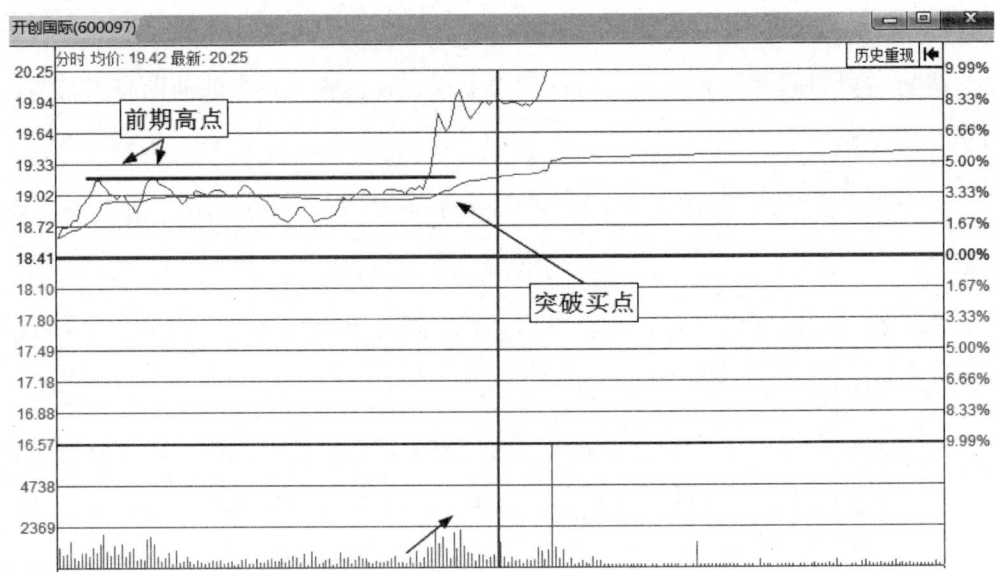

图3-3 开创国际（600097）分时走势图

图3-3是开创国际（600097）的分时走势图，一般来说，前期高点往往会成为上涨的重要压力位，如果能够放量突破这一压力位，股价会开始新一轮的上攻，后期也会有进一步的拓展空间，因此，人们常把前期高点能否被突破看成能否创新高的依据。

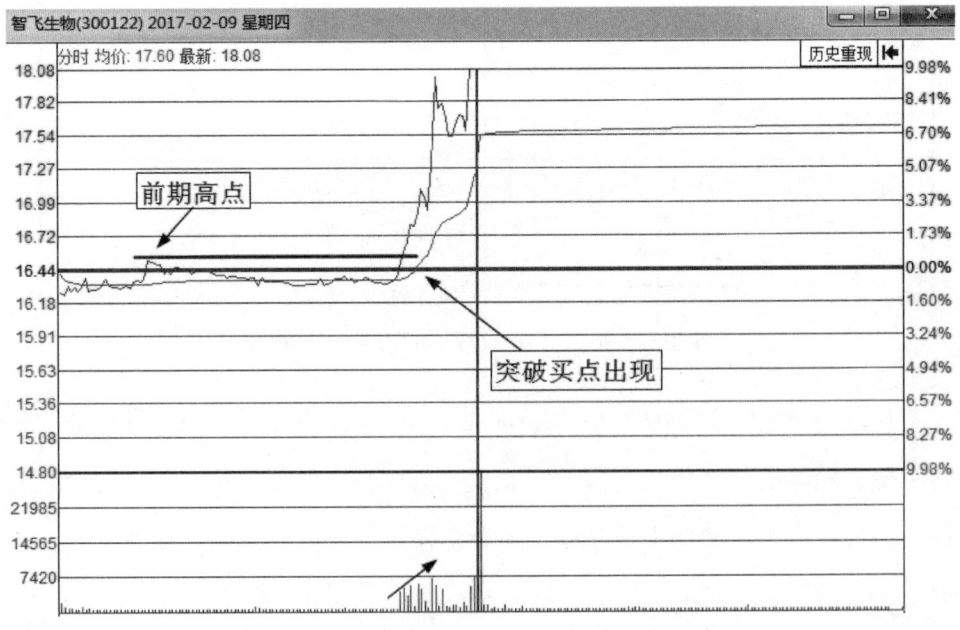

图3-4 智飞生物（300122）分时走势图

图3-4是智飞生物（300122）2017年2月9日的分时走势图，该股在开盘之后虽然有过创新高的走势，但由于当时在成交量方面没有出现连续的放量现象，因此股价并没有马上展开上涨，买点的出现虽然要求股价在盘中突破前期高点，但如果没有成交量放大的支持，就算突破新高，股价后续也很难上涨，因为成交量是股价上涨的主要动力，动力不足，股价自然很难展开健康的连续上涨。

随后该股突然放量，成交量的密集放大说明有资金开始入场进行操作，资金的入场推动了股价的快速上涨，在成交量放大的同时，股价也快速地向上突破了盘中的前期高点，股价创盘中新高，成交量出现放大现象，这种走势正是买点所要求的技术特征，当股价满足了这些技术特征的时候，投资者就应当及时地入场进行操作，股价此后便展开了连续的上涨。

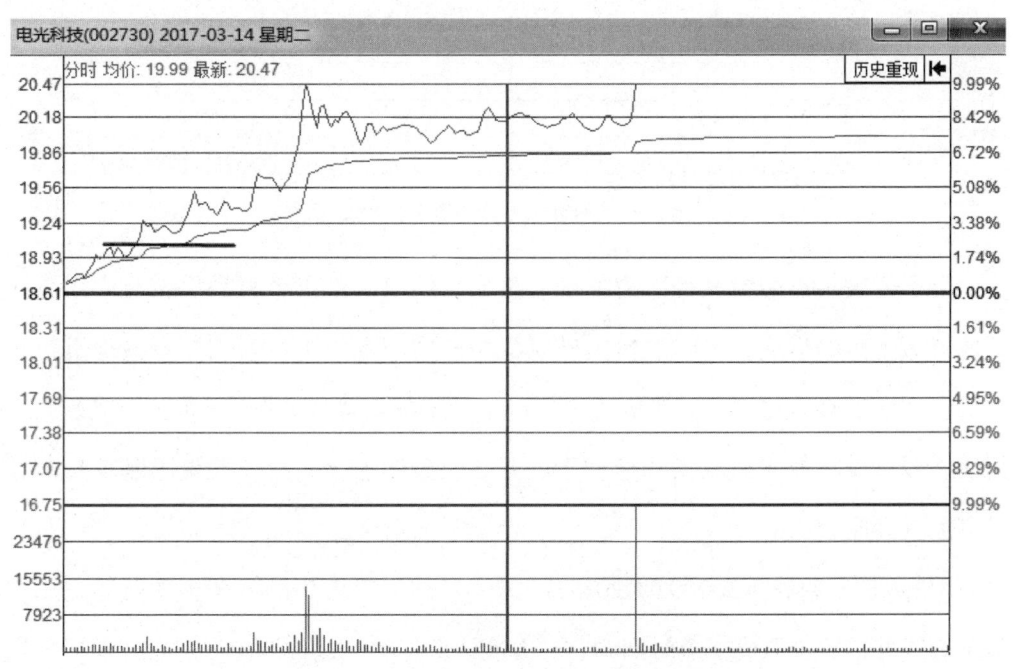

图3-5 电光科技（002730）分时走势图

图3-5是电光科技（002730）2017年3月14日的分时走势图，开盘以后股价便出现了快速上冲的走势，由于在初期上涨的过程中，投资者难免会错过开盘时的买入机会，如果没有在上涨初期及时买入，投资者在后期应当如何操作呢？

股价在上涨的过程中，总会出现正常的调整走势，调整的出现对于投资者来说也许就是一次盈利的机会。当股价继续向上运行的时候，调整的高点被迅速突破了，盘中再度创下新高，意味着突破买点的到来。

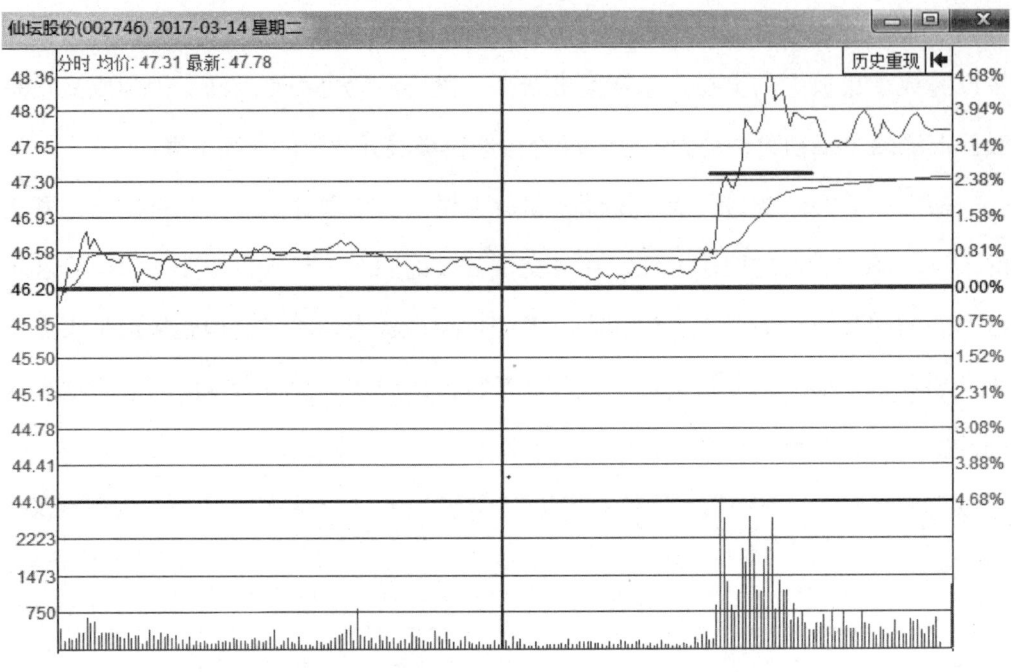

图3-6　仙坛股份（002746）分时走势图

由于突破买点的参照可以提前确立出来，所以，投资者只需要在盘中耐心地等待突破走势的形成，一旦股价突破了盘中前期高点的价位就需要积极地进行买入操作。在上涨的过程中，股价再度形成了调整的走势，如图3-6所示画横线处。很快，股价便在成交量放大的推动下展开了突破的走势，只要股价不断地突破，买点也就会连续地出现。

图3-7是金通灵（300091）2017年3月23日的分时走势图，调整的时候，图中所示画线处，股价形成了短时回调、弱力度回调走势，这种调整形态意味着股价后期会出现更大力度的上涨，通过调整形态确定出股价会上涨以后，投资者就需要时刻关注调整高点是否可以突破，一旦股价形成了创新高的走势，投资者就需要及时地入场进行操作。只有当主流资金再度积极地入场做多的时候，股价才可以形成明确的突破走势，否则，盘中形成的高点将会始终形成压力阻止股价的上涨。

第三章 盘口买卖点研判，提升短线交易功力

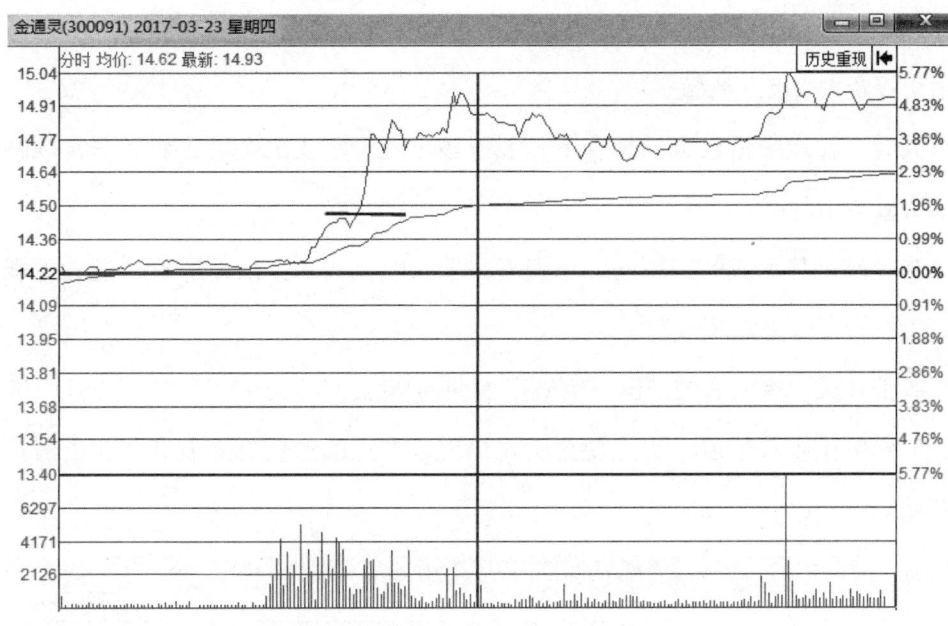

图3-7 金通灵（300091）分时走势图

因为买点的位置可以提前确定，所以，买点的判断比较容易，投资者只需要盯紧盘中调整时的高点便可以准确地制定出正确的操作方法。

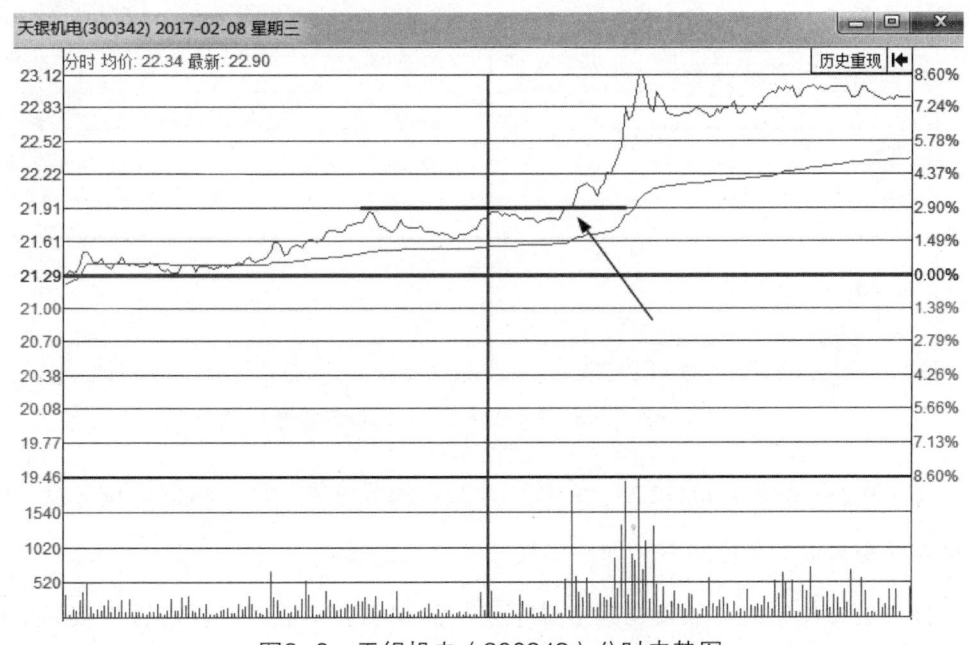

图3-8 天银机电（300342）分时走势图

图3-8是天银机电（300342）2017年2月8日的分时走势图，在买点形成的时

候，成交量出现了放大的迹象，并且创下了当时盘中的最大量，这说明买点的形成是由于资金大力度入场做多。

同时，在成交量放大的配合下，股价还出现了坚决的突破走势，非常顺畅地向上突破盘中的高点。

当突破走势形成的一瞬间，投资者只要及时地买入，后期股价快速的上涨就可以为投资者带来短线收益了。

股价在成交量放大的情况下突破了前期的高点。

一旦突破走势形成，买点便会随之出现，买点的形成意味着新一轮上涨行情的开始。

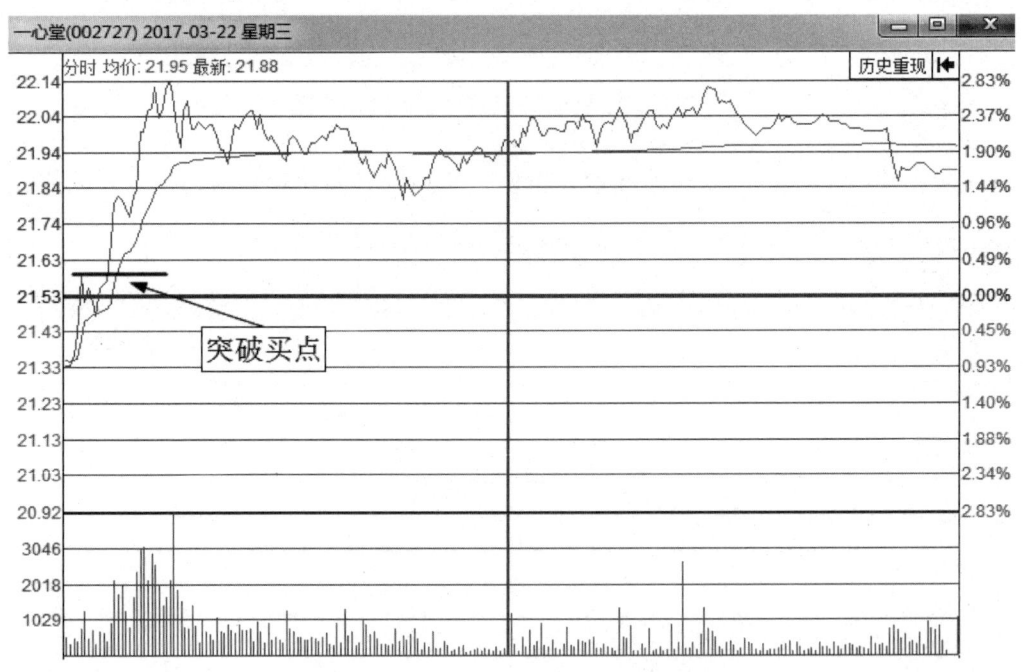

图3-9 一心堂（002727）分时走势图

图3-9是一心堂（002727）2017年3月22日的分时走势图，该股低位开盘，随后便在成交量放大的推动下，展开了快速的上涨走势。

投资者即使错过了股价初期上涨带来的盈利机会，依然可以通过突破买点把握住后期的上涨行情。

股价短线上冲结束以后，出现了一次调整的走势，调整留下的高点可以为投资者决策买点的位置提供重要的依据，如果股价始终没有突破调整的高点，那么投资者就不能过于积极地进行操作，只有突破了调整的高点，突破买点才会就此形成。

经过短时间的调整，在成交量放大的推动下，股价突破了调整时的高点，这种创新高走势的形成意味着突破买点的到来。

此时，投资者就需要及时地入场进行操作，只要买在突破点位，便可以在后期实现短线收益。

实战操作研判要点：

1.重视大盘的情况

个股大多数随大盘的波动而波动，虽然也有股票能走出独立行情，但毕竟是少数，即便是强势股也多少会受到大盘的影响。

因此，我们在盘中买卖股票时不能忽略大盘的情况，如果大盘向好则一般可以追进，否则就要谨慎行事。

大盘最好处于牛市环境或向上反弹阶段，炒股要顺势而为，依势而上，不可逆市而动。

2.重视K线的位置和形态

分时走势必然受制于K线走势，这是小趋势服从于大趋势的市场规律。分时的走势可能很好，但如果股价整体涨幅已经很大，则不建议追涨，这方面的信息看看K线图就可以知道。

另外，投资者遇到K线的重要阻力位时也要小心，不能因为分时走势好就盲目追进。

3.重视量能的配合

价涨量升，是比较理想的配合状态。价涨量缩则需要谨慎，这说明追涨的意愿不足，不能轻易介入，除非是高度控盘的股票。有些投资者喜欢抢反弹，有时候效果也不错，但如果反弹的时候没有量能配合，还是不要盲目抢进。

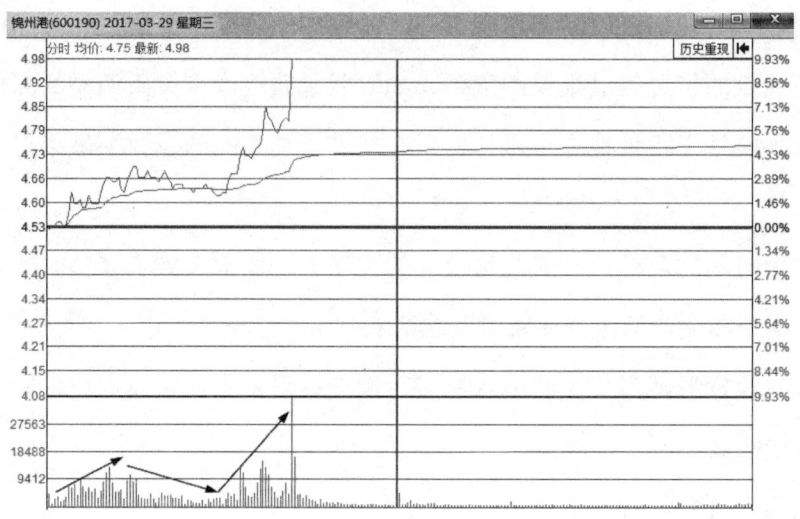

图3-10 锦州港（600190）分时走势图

图3-10是锦州港（600190）2017年3月29日的分时走势图，该股在开盘后不久即开始拉升，形势转好，同时成交量有所放大。此后进入回调中，成交量明显萎缩，说明没有主力出逃，持股较稳定。随后量能明显放大，股价直接冲击涨停板，主力意图明显。该股全天的量价配合比较合理，投资者可以放心地持股待涨。

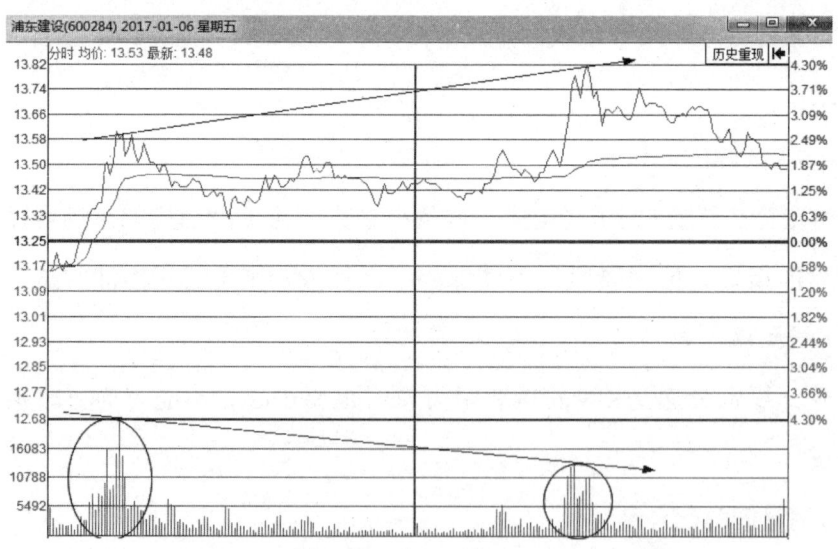

图3-11 浦东建设（600284）分时走势图

图3-11是浦东建设（600284）2017年1月6日的分时走势图，该股开盘后迅速拉高，成交量剧烈放大，主力做多意愿似乎很坚决。随后该股进入调整阶段，

量能萎缩，这种量价也配合得挺好。但随后的第二波上涨就有问题了，虽然也放量，但量能比第一波明显萎缩，说明做多意愿明显衰退，投资者应小心了。如图3-12所示，该股在后面果然快速下跌，让当天买进的人大多数被套。

图3-12　浦东建设（600284）K线图

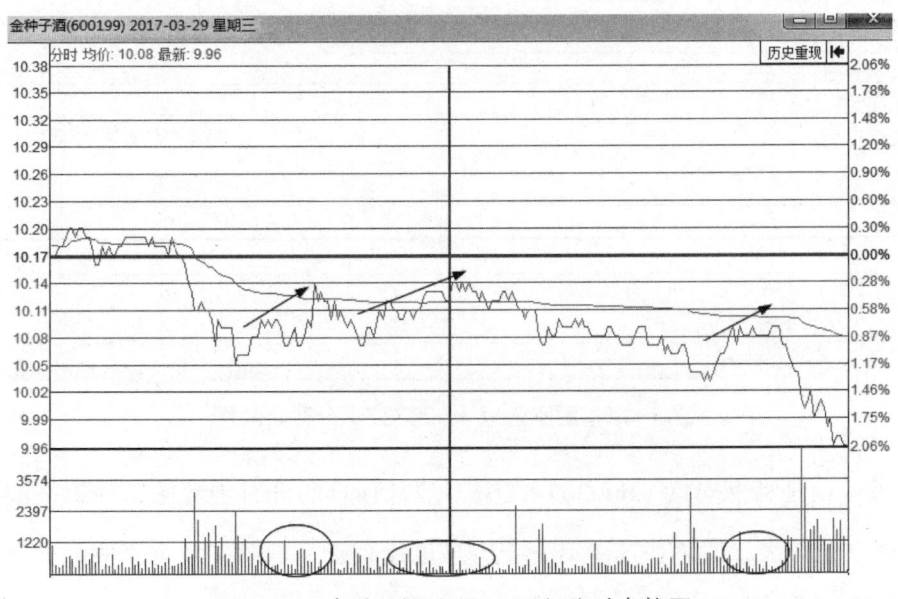

图3-13　金种子酒（600199）分时走势图

图3-13是金种子酒（600199）2017年3月29日的分时走势图，该股平开后开始下跌，盘中也不时有反弹。但反弹时量能都未能放大，说明抢反弹的人并不多，

做多意愿不足。投资者对这种走势的股票应回避，不要盲目抢反弹。

4.上涨的力度

上涨的力度通常表现在一波上涨的幅度上，幅度越大，上涨的力度也越大。我们可以根据连续波段的上涨力度来研判后市走势。比如第二波比第一波力度大，说明走势越来越强；反之，则是越来越弱。

5.上涨的角度

上涨的角度能反映出做多的意愿强烈不强烈，这也是力量的一个表现。角度越大，意愿越急迫，力度也越大。当然我们也经常发现主力用急拉来诱多，这就需要另外评估。

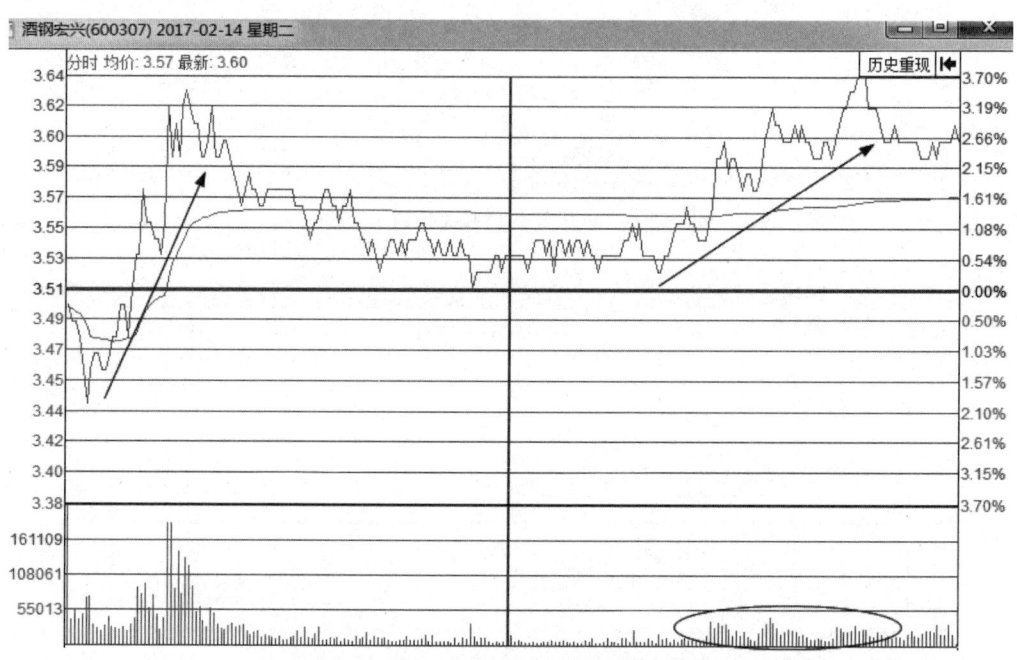

图3-14　酒刚宏兴（600307）分时走势图

图3-14是酒钢宏兴（600307）2017年2月14日的分时走势图，在第一波上涨中，成交量放大，股价快速上升，上升坡度比较陡。但第二波上涨明显变慢，上升坡度变平缓，说明上升的欲望减弱，这从成交量的萎缩中也能看出端倪，投资者需谨慎，以防后市股价下跌。

二、突破平台上涨

多空双方争夺得十分厉害时，股价会在一个区域内上下震荡，没有形成真正的趋势。时间一长，股价波动的区域就形成一个窄幅波动的平台。一旦成交量放大，股价顺利地突破了这个整理平台的时候，投资者买入股票的时机也就到来了。

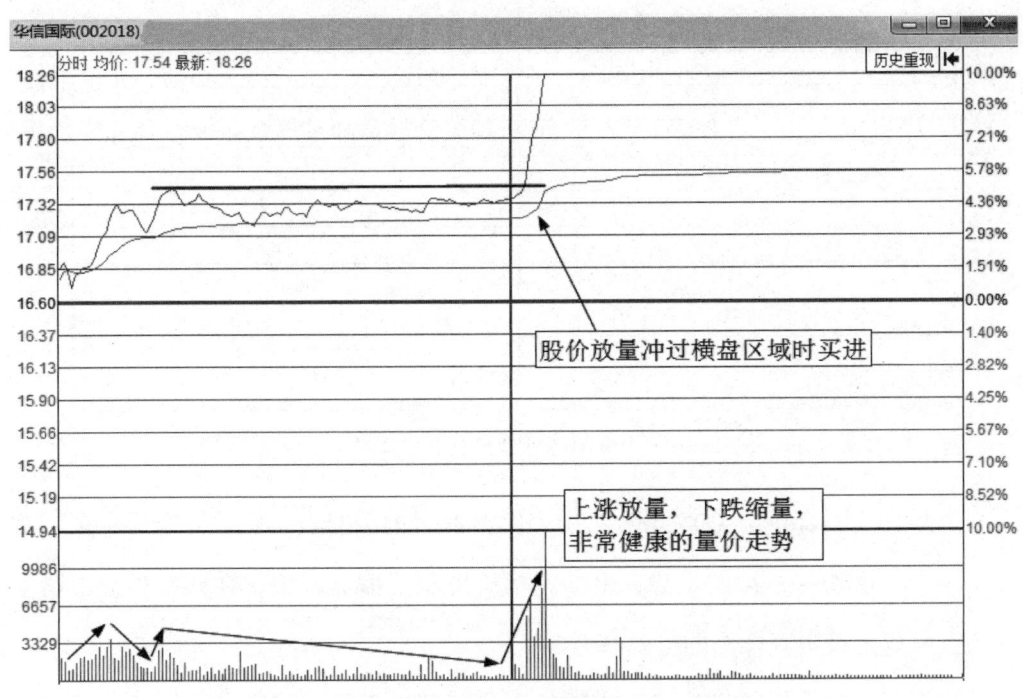

图3-15　华信国际（002018）分时走势图

图3-15是华信国际（002018）的分时走势图，午盘开盘后，股价在将要突破盘中横盘区域时，成交量急剧放大，推动股价快速地向上涨，并且有力地突破平台上涨。

成交量的放大是股价上涨的根本动力，盘中有资金开始积极地入场，导致成交量不断放大，股价才会不断地健康向上涨。在成交量放大冲击前期高点的情况下，华信国际的分时图走势非常有力度，原本横盘震荡调整的股价开始变得顺畅起来，并且股价的上涨角度也变得越来越大，这一切都说明股价的上涨是强有力的。投资者应当在股价放量突破横盘平台时，果断及时地进场买入。

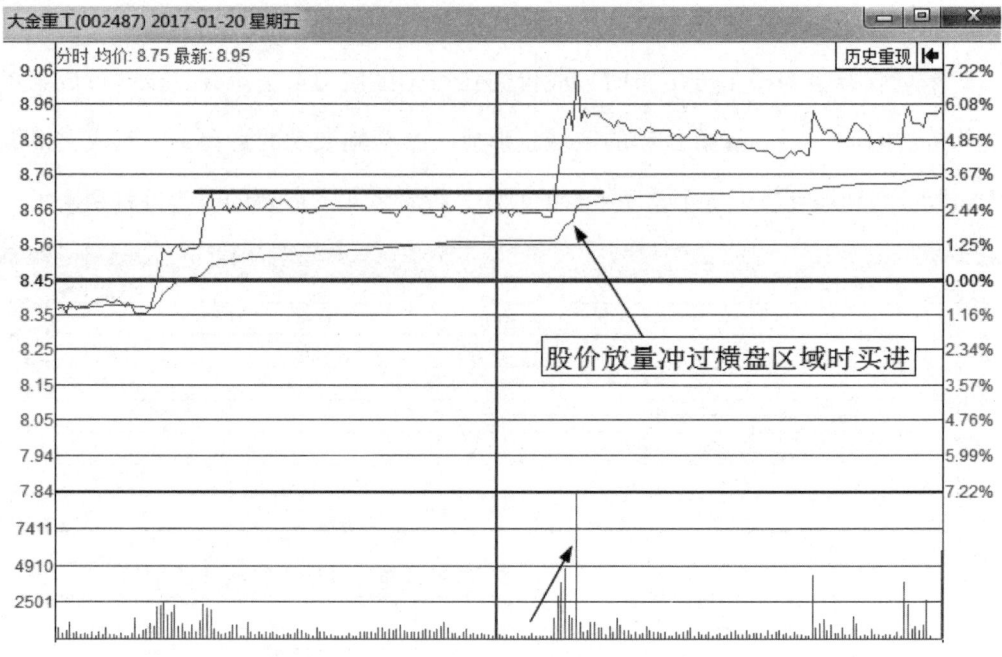

图3-16 大金重工（002487）分时走势图

图3-16是大金重工（002487）2017年1月20日的分时走势图，开盘后不久，该股出现了一次快速上冲的走势，上冲完毕后出现了横盘调整，在调整过程中留下的高点可成为投资者操作的重要参考。

如果股价在后期波动的过程中始终无法突破横盘平台的高点，投资者就要在场外耐心等待突破走势的形成，只有股价突破了横盘平台的高点才可以迎来新一轮上涨行情。经过一个多小时横盘震荡，在成交量放大的推动下，股价出现了突破的走势，一旦股价突破了前期的高点便意味着买点的到来。

成交量是股价上涨的源动力，掌握好行情的起爆点很重要，经常看盘的投资者肯定会有这样的认知，将要快速上涨的股票，在他们发起总攻的那一刻会出现放大的成交量，平时只有几十手的成交量水平，一旦股票开始快速上涨，成交量马上放大至几倍甚至几十倍，突然爆出来的大笔成交，让我们都不约而同地认识到主力开始拉升股价。这是一种股价快速上涨的标志，也是一种信号，通常这个量越大，股价上涨的力度就越大，这是我们判断一只股票是否强势，能否在短期内快速上涨的关键性因素。

第三章 盘口买卖点研判，提升短线交易功力

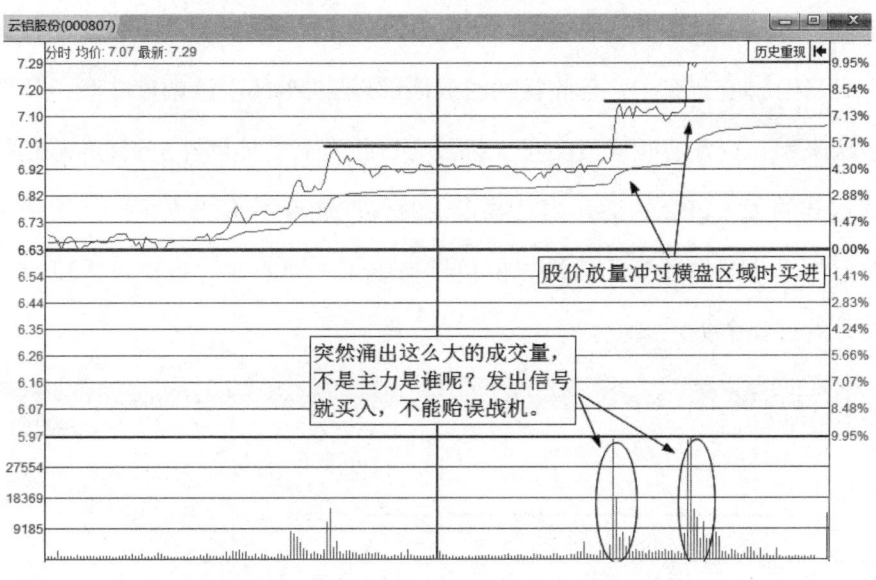

图3-17 云铝股份（000807）分时走势图

图3-17是云铝股份（000807）的分时走势图，在图中椭圆处，突破横盘平台的位置后，股价便展开了连续的上涨，能以直线形陡峭上涨，这么强势，实属超出预期之外。

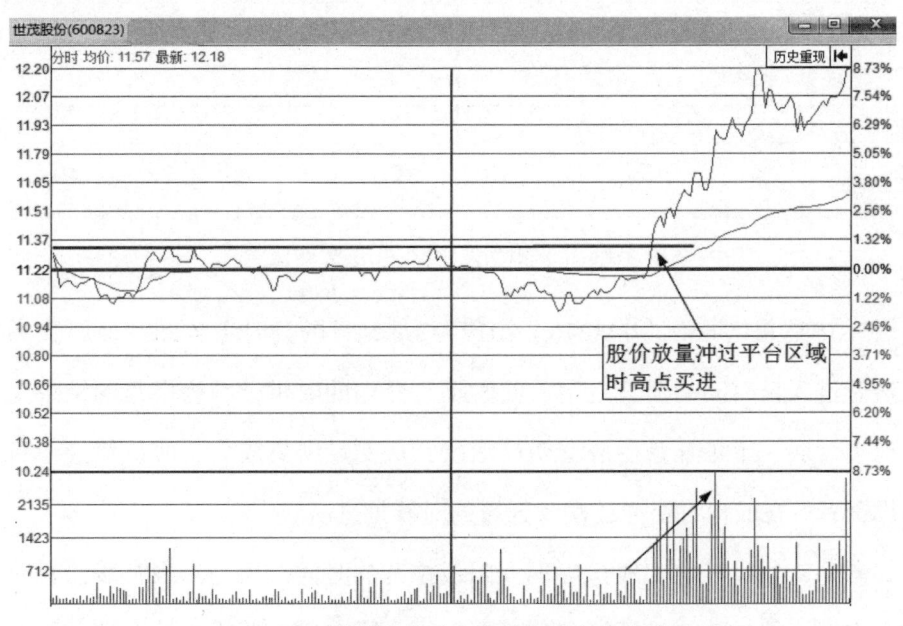

图3-18 世茂股份（600823）分时走势图

图3-18是世茂股份（600823）的分时走势图，从开盘到收盘前一小时的走势

异常平静，没有一点要拉升的意味。但就是这样的一只股票，却能够在收盘前的一个小时当中放量上涨，并且收盘的时候能够以8.73%的上涨幅度收盘。从图中主力的手法来看，拉升的时候成交量大幅放大，投资者若能够在5分钟的涨跌排行榜中抓住这样的买入机会的话，当日收盘的时候就能有不错的收益。从图中来看，主力拉升的动作虽然还算比较快，但仍然持续了一个小时，投资者大可以在股价缓慢拉升的过程中买入该股。

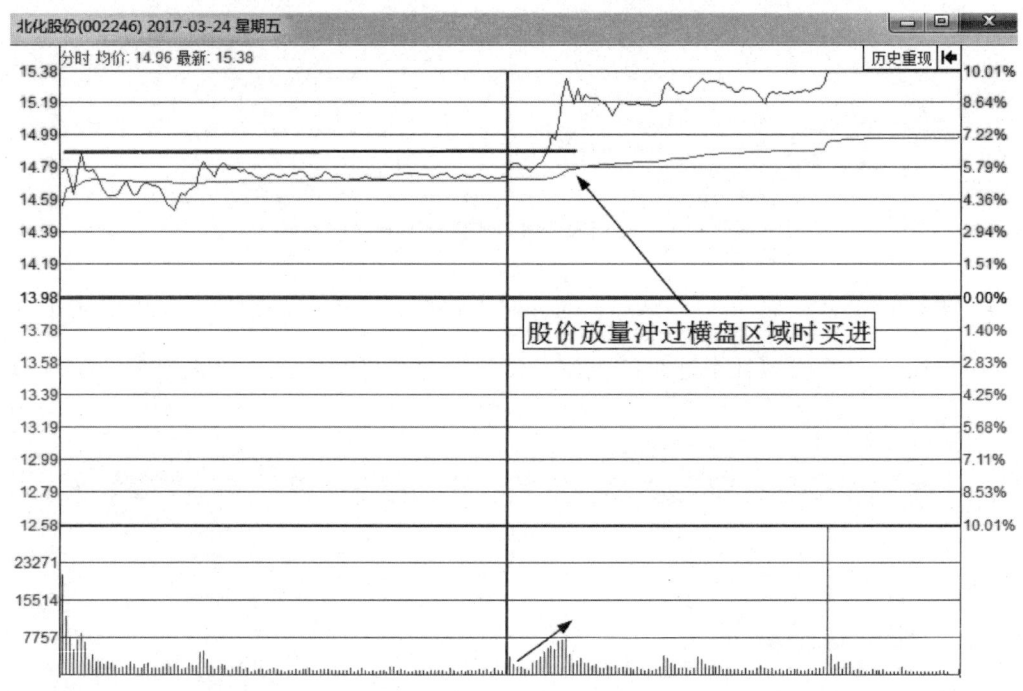

图3-19　北化股份（002246）分时走势图

图3-19是北化股份（002246）2017年3月24日的分时走势图，该股在高位开盘，然后进入长时间的横盘之中。此时不是介入的时机，因为横盘的结果是上还是下谁也没底。下午开盘后成交明显活跃，成交量密集放大，股价快速上行，聪明的投资者可在股价将要冲过横盘区域的时候抢进。

如图3-20所示，北化股份出现大阳线拉升的时候，正是出现在股价长时间调整结束之后。很显然，投资者在分时图中买入股票后，短线内持有该股可获得不小的收益。

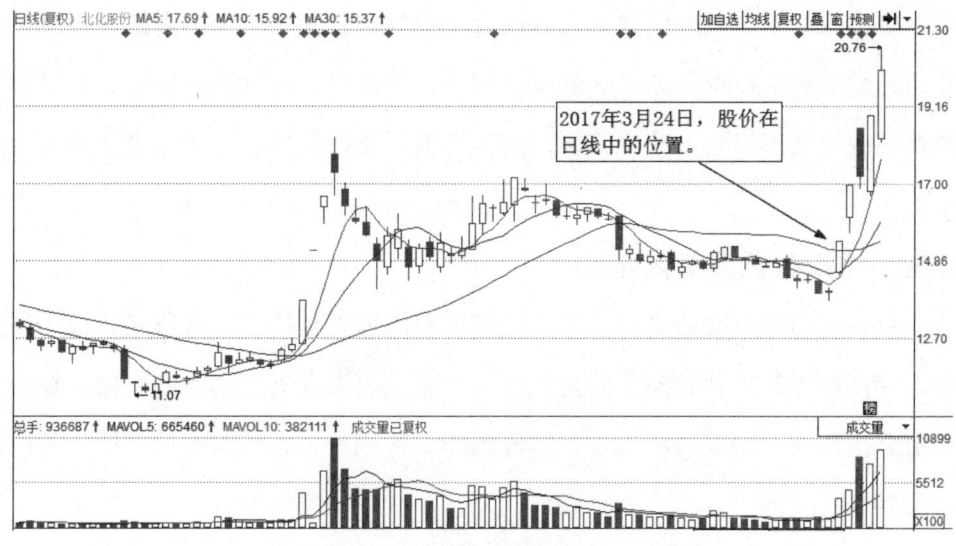

图3-20　北化股份（002246）日K线图

总的来看，股价在区域里横盘整理，可以分为三个阶段：

第一阶段：弱势震荡阶段

弱势震荡阶段占据平台突破形态的绝大多数时间。在分时图中，股票在整理平台内上下窄幅波动，从当时的量比指标上看也没有多大的放量。股价横盘的时间漫长，有时可以占据当天大多数时间，以至于多数投资者对这样横盘走势的股票都失去耐心。

第二阶段：放量突破阶段

放量突破阶段是突破平台上涨过程中最为精彩的一部分，也是投资者想要抓住的买入机会。放量突破阶段，成交量放大2倍、5倍甚至10倍都是很有可能的，主力拉升的动作迅速，用大量的资金通吃所有的卖单，使股价瞬间涨到一个新的高度。

投资者想要抓住这样的拉升行情，最为有效的方法就是在平台高点挂买单，此时虽然会抓住拉升中的股票，但同时也增加了投资者的持仓成本。可以说，追涨的风险与机遇是共存的。

第三阶段：再次突破阶段

股价顺利地突破了前期横盘区域，并且站在一个新的高度之上波动。如果主力实力足够强的话，短时间调整之后还会将股价拉升到一个新的高度，甚至可能拉升到涨停位置。投资者如果确认股票的强势特征将会持续下去的话，可以趁主力调整的时候买入股票。这样一来，投资者很可能在股价收盘之前就已进入盈利状态了。

三、与指数共振买入技法

结合前面两节所说的内容，投资者如果再添加大盘指数一起研判，成功率会更高。共振买点是一种较实用的短线买入方法，因为在确定买点的时候，投资者需要结合指数同一时期的波动进行综合判断，找到符合共振买点的个股，并以此确定出买点的位置。

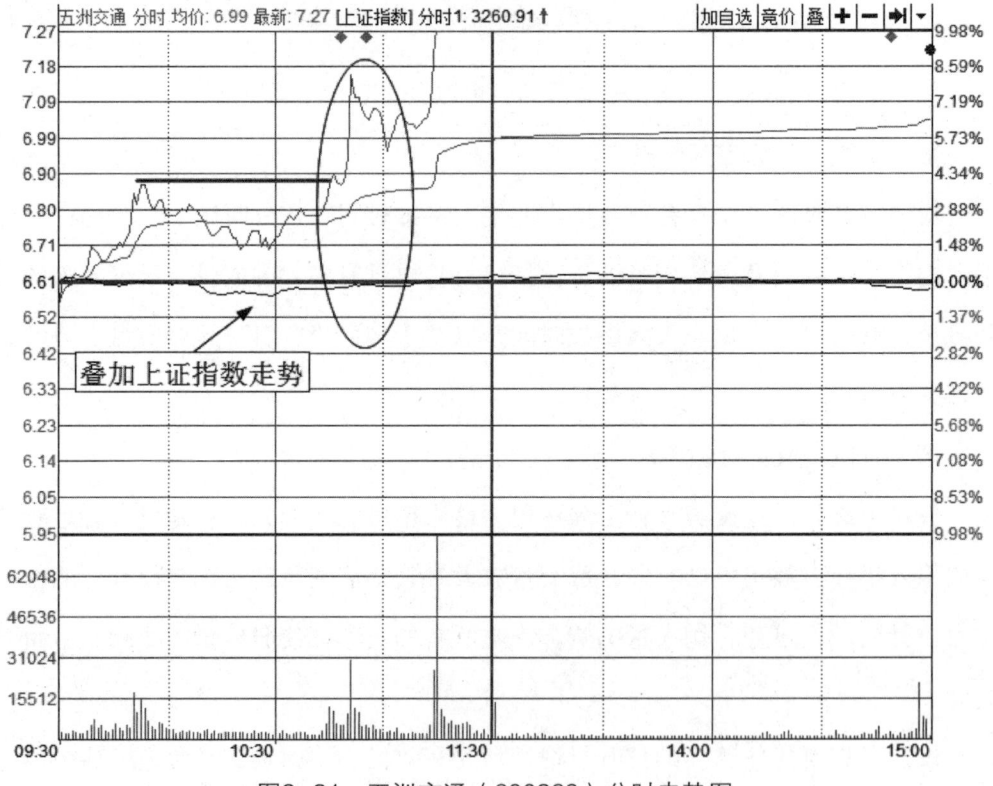

图3-21　五洲交通（600368）分时走势图

如图3-21所示，五洲交通（600368）的股价在指数下跌的过程中，逆势形成了不断创新高的走势，指数的下跌是因为盘中整体卖盘大于买盘，但是五洲交通的上涨却说明盘中买盘明显大于卖盘。

股价根本不理会指数的下跌，说明主力已经在盘中做好了做多的准备，只要指数出现反弹的迹象，股价将很容易爆发一轮大力度的上涨行情。在指数下跌到最低点的时候，调整走势也随之结束，在指数反弹的时候，股价突破了盘中的新高，并且展开了主升浪的行情。股价上涨与指数在同一时间，这种走势便是共振买点最重要的技术特征。

一旦共振买点形成，股价将会借助指数的反弹展开强劲的上涨行情，同时，由于指数做空的力量已经衰竭，买在这个位置上，资金的安全性将会是很高的。

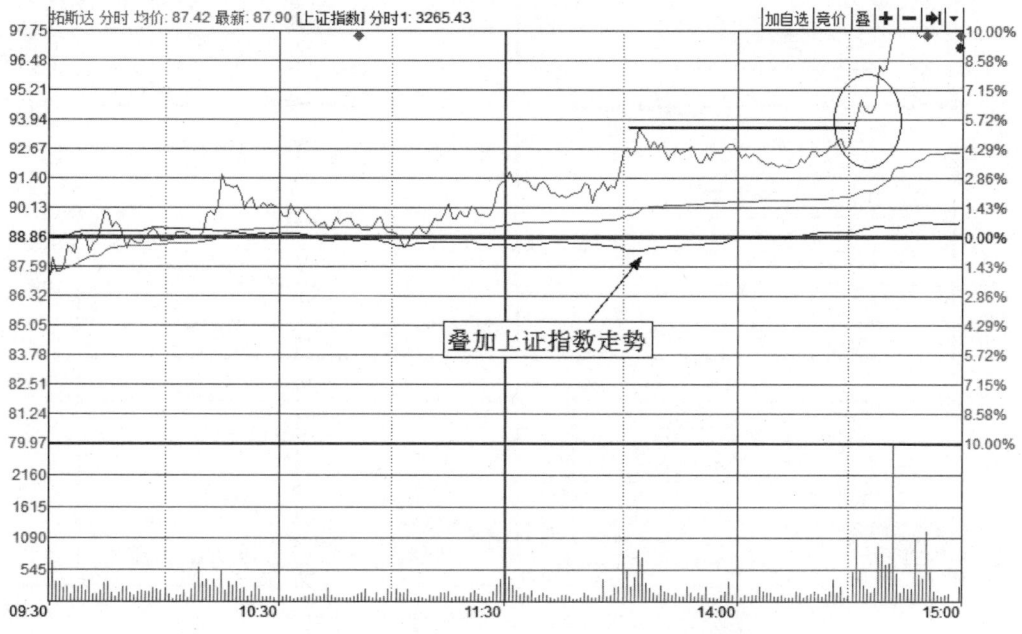

图3-22 拓斯达（300607）分时走势图

图3-22是拓斯达（300607）2017年4月11日的分时走势图，该股的走势与指数相比具有明显的强势特征，一旦在指数下跌时个股的走势形成了强势特征，投资者就需要进行重点关注。

指数经过一段时间的下跌以后，触及底部并且展开了强势反弹的走势，指数的反弹源于盘中大量个股的止跌企稳，在这种情况下，投资者就可进行积极的建仓操作了。在指数下跌时，投资者需要积极地观察强势股，而那些形成强势特征并且与指数在同一时间内上涨的股票更是最完美的目标股。

从图3-22中可以看到，当指数下跌到了底部并展开反弹走势的时候，股价也随之形成了大角度上涨的走势，个股的起涨位与指数在同一时间，这种走势意味着共振买点的形成，只要投资者在这个位置进行了建仓，在后期实现盈利的概率就会是很大的。

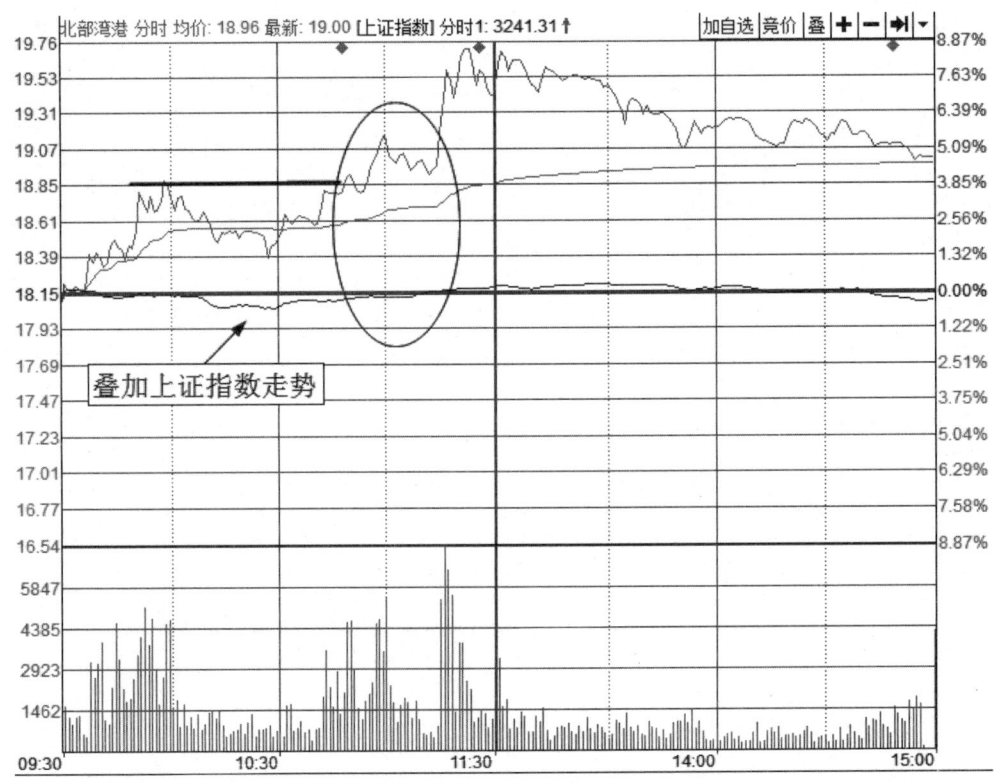

图3-23　北部湾港（000582）分时走势图

图3-23是北部湾港（000582）分时走势图，该股股价在指数下跌的时候，始终保持着上涨的走势，就算指数跌破了昨天的收盘价，但是个股的回落低点依然没有有效地跌破当天的开盘价，这种走势就是最明显的强势，对于这种指数持续下跌，但股价却逆势收红的个股，投资者需要格外重视。

指数下跌到了最低点时，股价也随之回落。指数跌到了底部并展开了上涨走势的时候，北部湾港的股价也随之形成了快速上涨的走势，因为个股的起点时间与指数一致，因此，这种走势意味着共振买点的形成。一旦共振买点确立，在指数反弹的过程中，股价往往会出现上涨行情。

第三章 盘口买卖点研判，提升短线交易功力

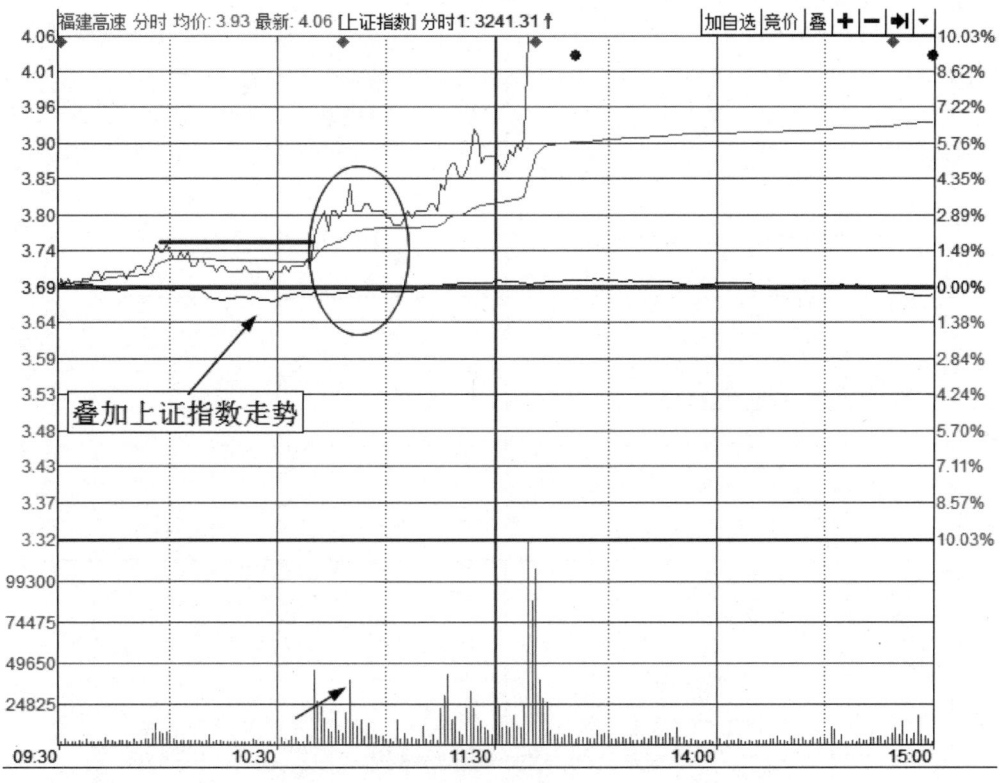

图3-24 福建高速（600033）分时走势图

图3-24是福建高速（600033）分时走势图，指数开盘以后便出现了连续的下跌走势，虽然该股的股价在盘中出现了弱势震荡的走势，但是股价的强度与指数相比却大了很多。在指数下跌时，个股不跌反涨，或是下跌的力度小于指数都符合强势的特征。

股价的强势特征确立以后，投资者应当在什么位置进行操作呢？最好的方法是在共振买点形成时建仓。指数保持着下降趋势说明风险依然存在，在这种情况下，投资者是不能过于积极地入场操作的，在指数下跌的时候晚一些买进要比早一些买进更好。

指数经过了一段时间的下跌以后，杀跌的动能明显不足，并且展开了反弹上涨的走势，在指数刚刚形成反弹的时候，福建高速的股价便在成交量放大的推动下展开了大力度的上涨走势。一旦个股在指数下跌结束并开始反弹的时候形成了强劲的上涨形态，这就标志着共振买点的到来。

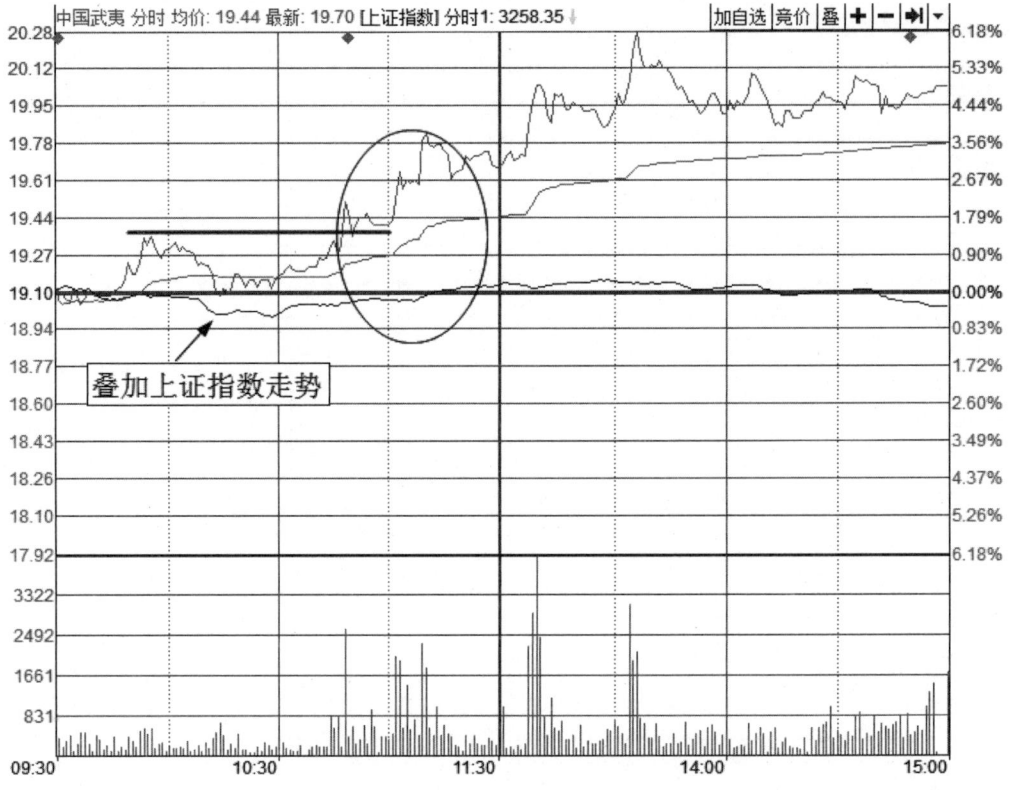

图3-25 中国武夷（000797）分时走势图

图3-25是中国武夷（000797）2017年3月29日的分时走势图。这一天指数开盘后略作上冲便展开了连续的回落走势，指数在盘中不断下跌的时候，本着回避风险的原则，投资者是不能在场中过于积极地操作的。

但是，指数的下跌却可以帮助投资者轻松地找到哪些个股具备了明显的强势特征。

该股股价开盘以后便展开了震荡上涨的走势，在波动的过程中，股价的高点不断创出，并且低点也在不断地提高，与同期指数的下跌走势相比，个股的强势特征是非常明显的。

虽然股价形成了明确的强势特征，但是，由于指数目前依然处于弱势震荡的状况，所以，投资者不能过早地入场进行操作。

当指数下跌到了底部，开始反弹向上的时候，中国武夷的股价也随之展开了上涨的走势，指数开始反弹，而个股在前期强势特征明显的情况下也随之展开突破性的走势，这种技术形态就是共振买点的特征。

四、V形反转

在判断V形反转形态的时候，投资者应该注意以下两个非常显著的特征。

（1）缩量下跌的过程。

（2）放量拉升的过程。

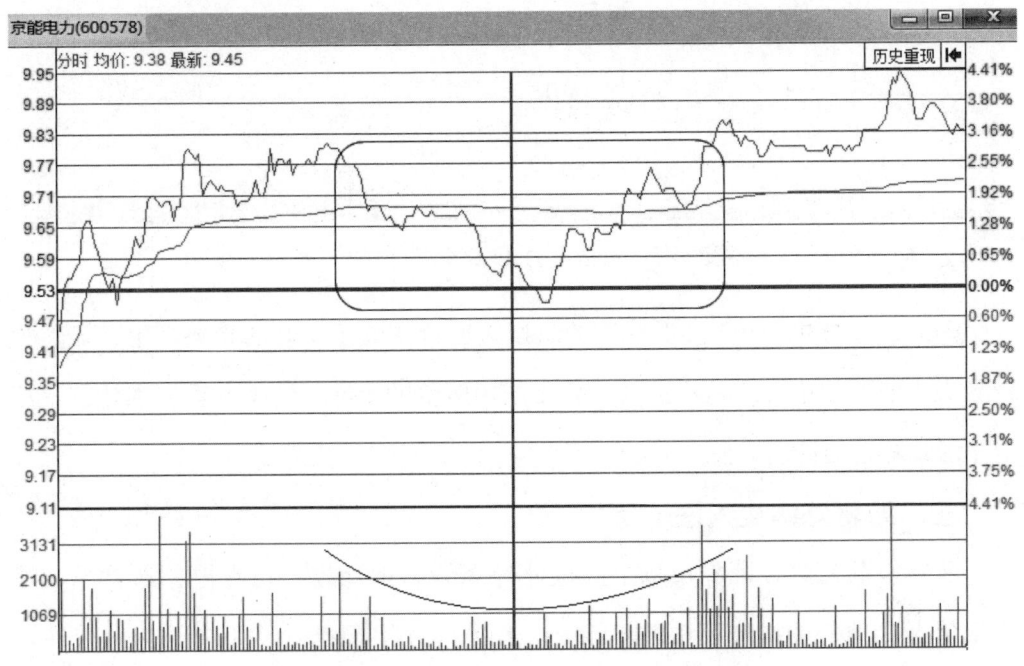

图3-26　京能电力（600578）分时走势图

图3-26是京能电力（600578）的分时走势图，开盘后一小时内，股价走出了缓慢拉升的上涨趋势。

但之后的一个小时当中，该股连续下探，并且在下午盘的一个小时内走出V形反转的走势。

成交量在股价下跌的时候明显缩小，而在股价上涨的时候放大。

显然，该股的上升态势是明显的，盘中耗费两个小时的V形反转形态正是主力洗盘的动作，投资者可以在股价反转之后继续在尾盘买入。

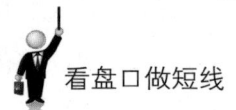

图3-27 京能电力（600578）日K线图

图3-27京能电力出现V形反转的时候，股价正处于拉升的趋势当中，显然投资者买入股票的位置还是不错的，后市当中股价的上涨行情不断得到强化，该股走牛的趋势还会持续下去。

五、即将涨停买入法

涨停板敢死队在证券市场上一度叱咤风云，追涨停、拉涨停，造就了一段股市传奇，他们的操作手法并不稀奇，用八个字可概括："追求强势，追逐涨停"，但要能完全成功，既需要运气和天赋的成分，也需要个人的坚持与努力。

追击涨停板能成功的根本原因是A股设立的涨停板制度，限制住股价的继续上涨，如股票上涨到10%就涨停，还有资金排队抢购，上涨远未到位，后期还将有上冲。因为T+1制度，上冲的态势可以延续到往后的交易日。投资者动用资金在适当时机追击涨停板，尤其是在个股走势形态较好、放量的过程中，比较容易形成连续涨停或上涨。

下面我们来介绍追击涨停板的买入技巧：即将封涨停时，追涨买入。买入时机分为两种：①追击涨停，在即将涨停瞬间下单买入。②分析预测个股会涨停，在涨停附近挂单等候买入。

第三章 盘口买卖点研判，提升短线交易功力

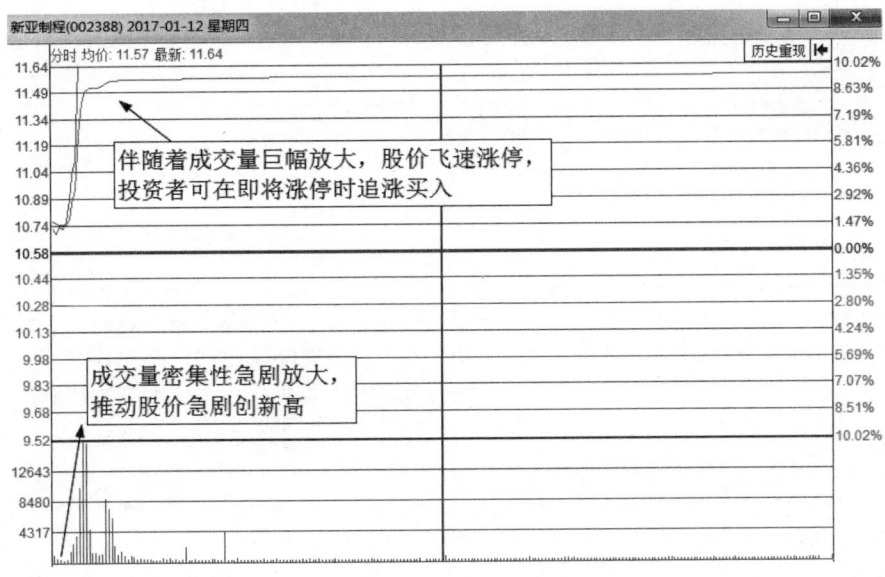

图3-28 新亚制程（002388）分时走势图

图3-28是新亚制程（002388）的分时走势图，从图中可以看出，该股在开盘后不久就强势封死涨停，投资者可在即将封涨停时，追涨买入。

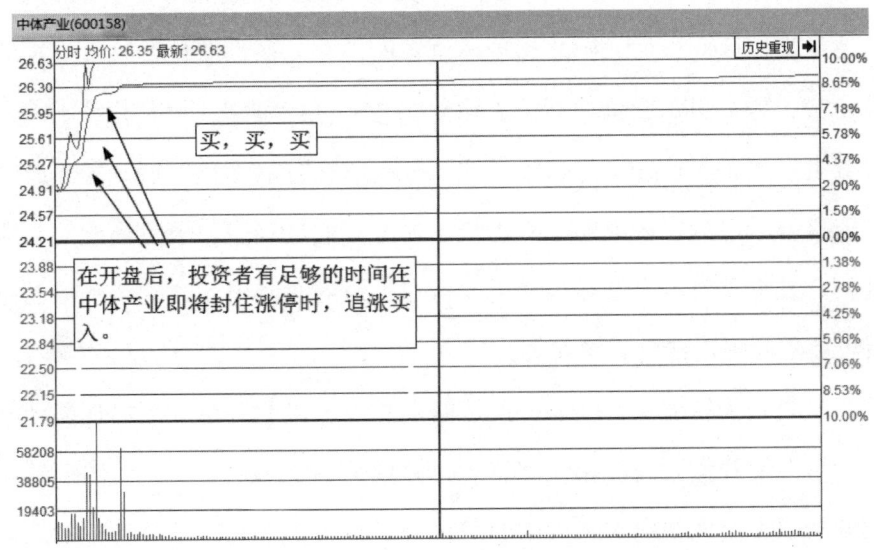

图3-29 中体产业（600158）分时走势图

图3-29是中体产业（600158）的分时走势图，该股开盘以3%高开，之后冲击涨停板，小幅回落，后又迅速封住涨停板，全天再无打开，在开盘12分钟内，投资者有足够的时间在该股即将封住涨停板时，追涨介入。

73

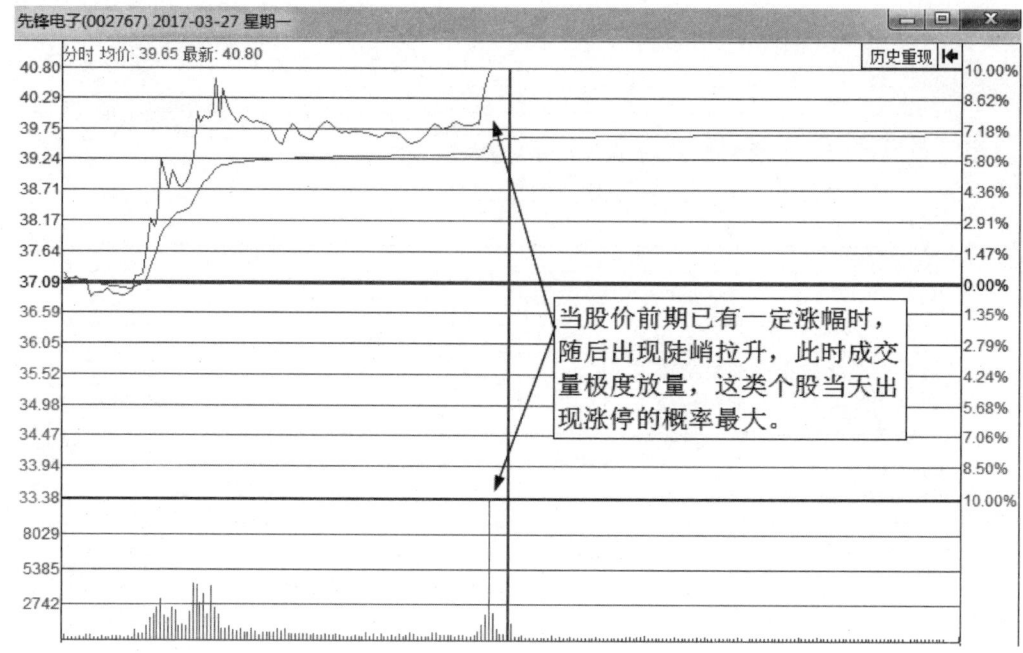

图3-30　先锋电子（002767）分时走势图

图3-30是先锋电子（002767）2017年3月27日的分时走势图，该股经过连续的上涨到达了高位区间以后，随之出现了调整的走势，虽然股价始终没有再形成新的上涨走势，但是由于股价始终位于均价线之上进行震荡，长时间跌不下来，所以，投资者一定要对这种走势进行关注。经过了充分的调整以后，随着成交量的放大，股价终于出现了快速的上涨走势，在上涨的过程中，股价形成的上涨坡度非常陡峭，几乎垂直的上涨坡度使得股价在很短的时间里就达到了涨停的位置，投资者可在涨停附近挂单等候买入。

图3-31是赛为智能（300044）的分时走势图，该股开盘以后出现强劲的上涨走势，股价上涨到盘中高涨幅区间以后，出现了调整的走势，此时的调整满足了短时回调和弱力度回调的走势。由于股价处于高涨幅区间，结合调整形态可以得知股价可能还会上涨，所以投资者一定要随时留意涨停的形成。一旦在股价高涨幅区间看到股价以极为陡峭的坡度进行上涨的时候，投资者就需要积极地在即将封涨停时，进行追涨买入操作。

第三章 盘口买卖点研判,提升短线交易功力

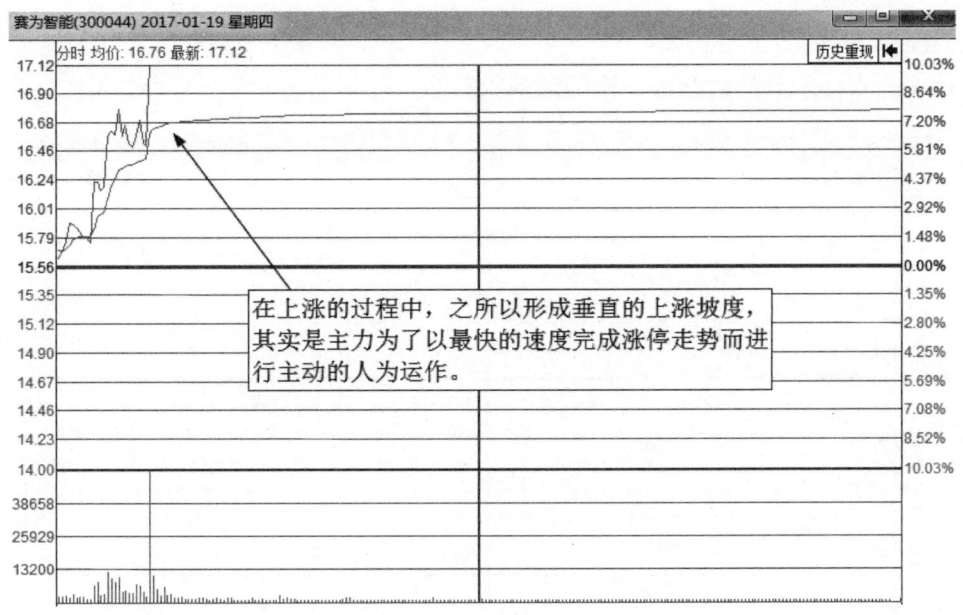

图3-31 赛为智能(300044)分时走势图

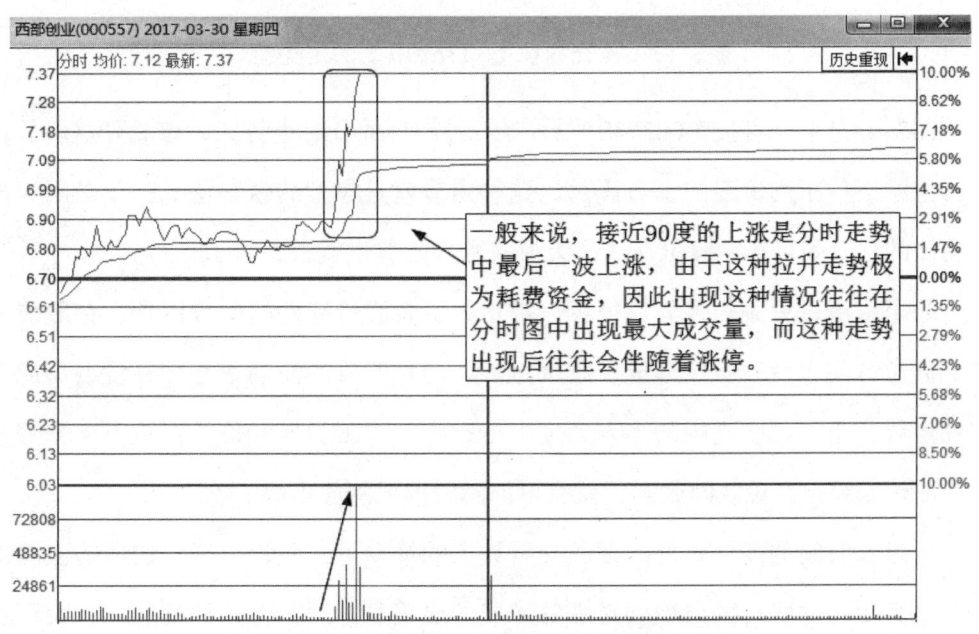

图3-32 西部创业(000557)分时走势图

图3-32是西部创业(000557)2017年3月30日的分时走势图,观察图例,该股在已经有了2.9%左右的涨幅后,股价又以接近90度的角度向上拉升,在拉升的过程中成交量集中放出巨量。这种走势的出现表明主力有意将股价推至涨停,此时

只要该股在K线图中显示前期没有过大的涨幅，投资者就可追击涨停，在涨停附近挂单买入，一般都会获得不错的短线收益。

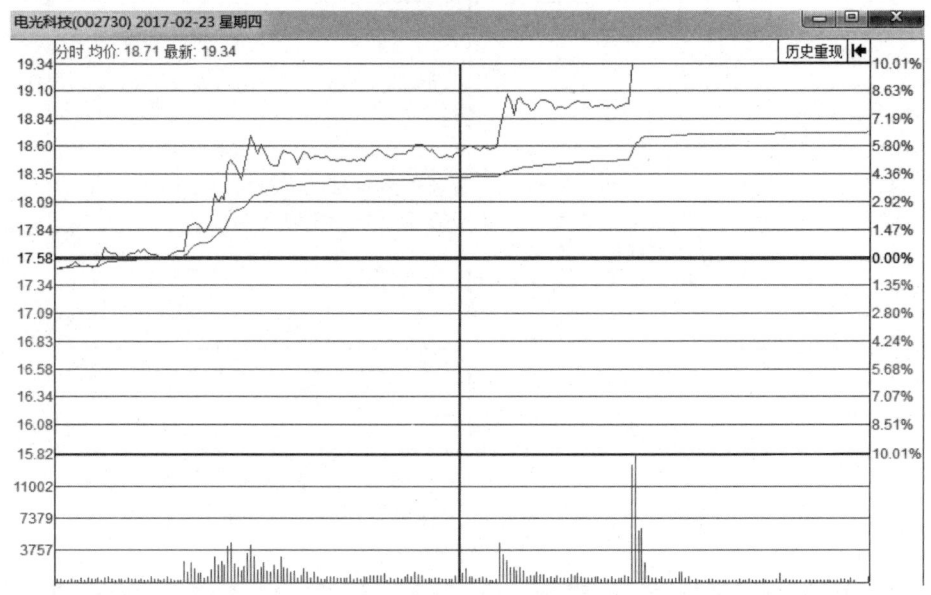

图3-33　电光科技（002730）分时走势图

图3-33是电光科技（002730）2017年2月23日的分时走势图，该股开盘以后，股价便始终位于均价线的上方震荡，这种走势就是典型的强势特征，正是因为强势特征的长时间存在，股价在这一天形成涨停走势也就很正常了。

除了上涨过程中的强势特征可以提示投资者股价涨停的信号以外，在股价上涨到高位区间以后，虽然形成了震荡走势，但是股价的波动重心却并没有形成下移的走势，也可说明盘中的多方力度大于空方，否则为何股价始终跌不下来呢？只要股价始终在高位区间震荡，就有可能随时形成涨停走势。

经过长时间的高位震荡，在成交量放大的推动下，股价出现了快速的上涨走势，笔直上行的股价的出现就是涨停形成的最明显标志，在这种情况下，投资者想要把握住盈利的机会，必须要在涨停形成前以最快的速度进行追涨买入操作，或者分析、预测个股会涨停，在涨停附近挂单等候买入。

图3-34是东土科技（300353）的分时走势图，虽然在这一天股价出现了低开的走势，但是股价却长时间位于均价线之上，这就是明显的强势特征。面对这种

走势，一旦成交量连续放大，股价可持续上涨。随后成交量激增，股价以垂直的坡度展开了快速的上涨，短短几分钟，股价就达到了涨停板的位置。

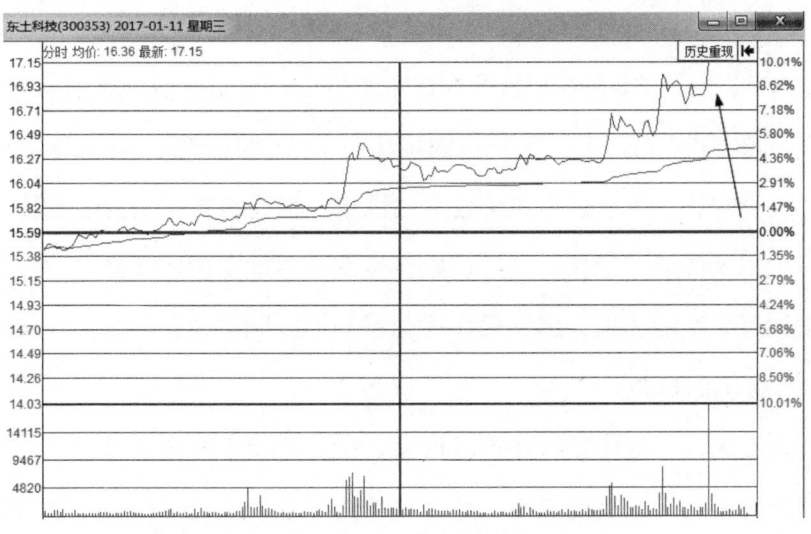

图3-34　东土科技（300353）分时走势图

在高涨幅区间，一旦股价形成了大角度的走势，股价在这一天就有可能形成涨停。因此，在股价呈现陡峭上涨形态的时候，一定要积极地在即将封涨停时刻，进行追涨买入操作。

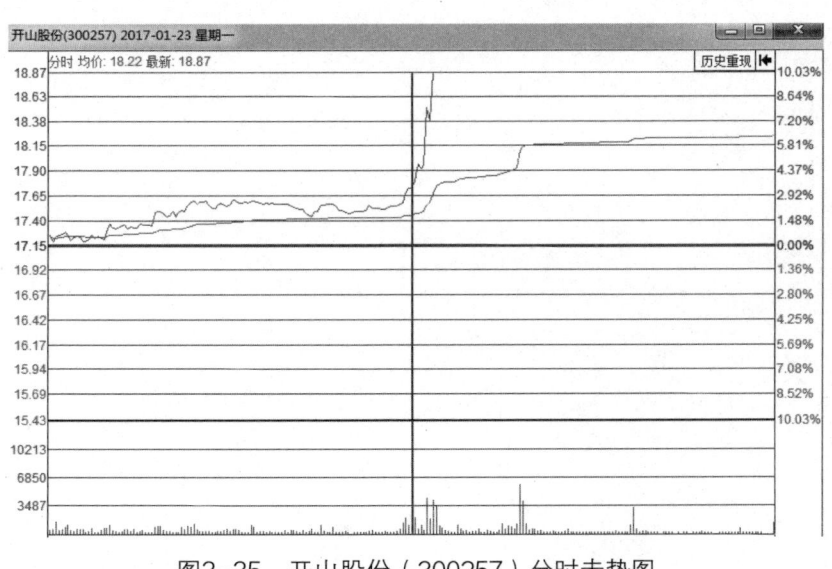

图3-35　开山股份（300257）分时走势图

图3-35是开山股份（300257）的分时走势图，该股虽然在上午上涨力度不

大，但这并没有影响股价在这一天形成涨停的走势，涨停板的出现并不是偶然的，这是主力有计划操作的象征，如果没有主力资金的积极运作，仅靠普通投资者的推动，股价怎么可能会形成如此强劲的走势？

经过调整以后，午盘股价以极快的速度展开了上涨，此时上涨的坡度非常陡峭，以接近直线的方式上涨，并且股价在短短几分钟的时间里便到达了涨停的位置。

虽然股价在这一天已经形成了较大的涨幅，但是只要投资者在涨停形成的过程中进行了积极的追涨操作，必然可以在后期成功地实现短线极好的收益，只要股价牢牢地封死在涨停板，第二天往往会顺势形成跳空高开的走势，从而给投资者带来短线盈利的机会。

正确地使用即将涨停买入法进行追涨，投资者便不会再错过追涨停板的机会了。涨停之前是当天最后的买入机会，一旦错过了，当涨停板被牢牢封死以后，就很难有效地完成预定的买入操作，所以，当涨停即将形成时一定要以最快的速度完成下单操作。

第二节 破解盘口分时卖出玄机

盘口是多空双方交锋的最前沿，买得好，可以使我们获取可观的短线利润；卖得好，则有助于我们规避短线风险。两者相辅相成，才能发挥最大效用。

会买的不如会卖的，准确地把握卖出信号，落袋为安，将自己的盈利抓到手中才是真正的盈利。虽然卖点不是很容易把握，但在盘面上还是有迹可循的。笔者根据多年的实战经验，下面介绍几种常见的分时卖出时机。

一、平台突破下跌

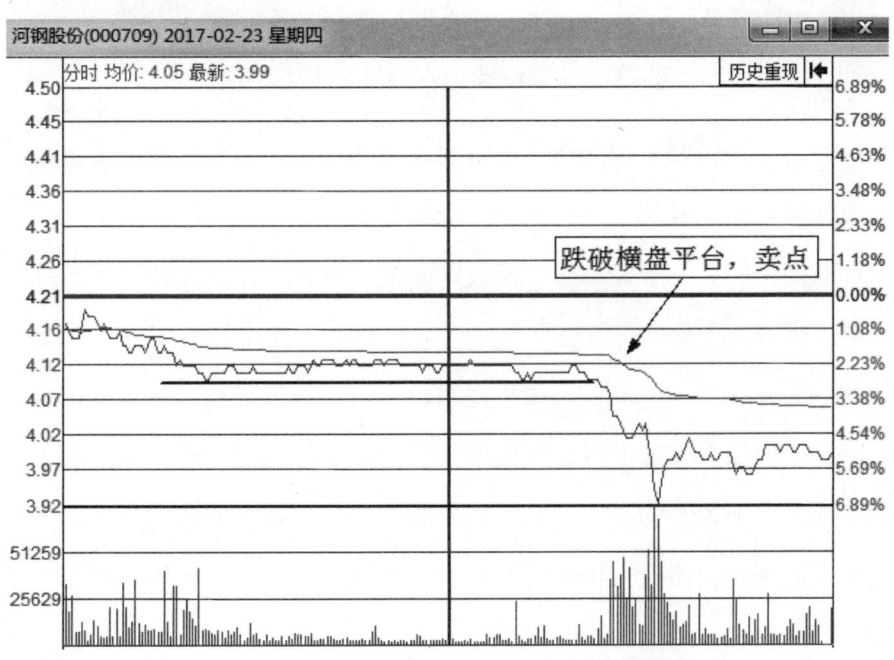

图3-36 河钢股份（000709）分时走势图

图3-36是河钢股份（000709）2017年2月23日的分时走势图，该股进入长时间

的横盘中，箭头处股价终于跌破横盘平台，并且成交量明显放大，主力出逃信号明显，投资者应在放量跌破横盘平台时及时退场观望。

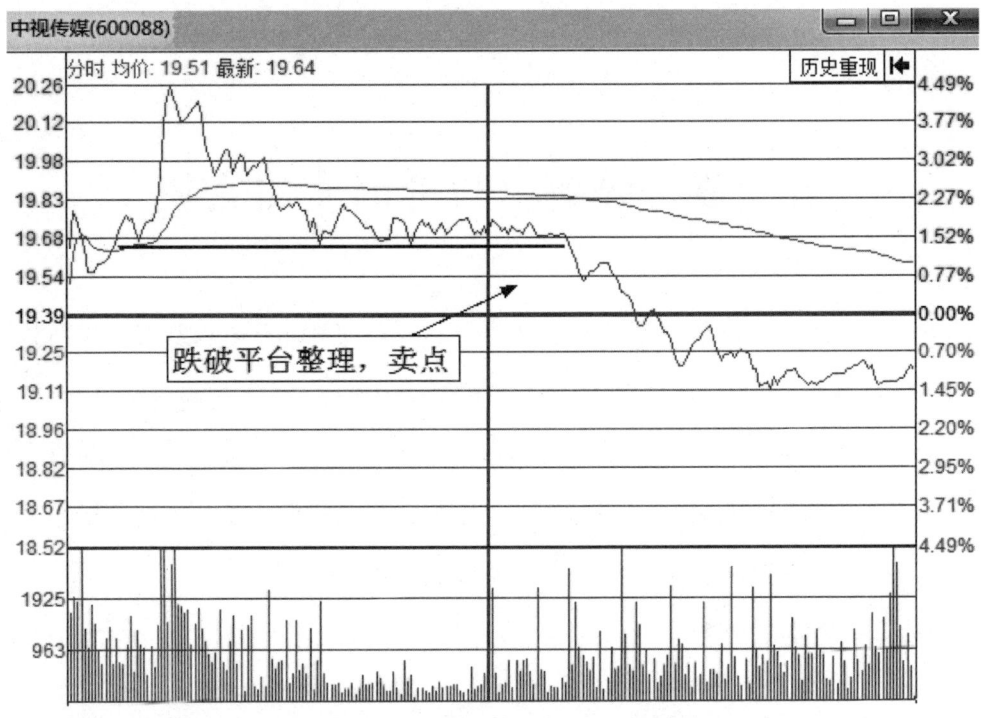

图3-37　中视传媒（600088）分时走势图

图3-37是中视传媒（600088）的分时走势图，其在当日开盘后走势稳健，但不久后便开始下跌，股价一举跌破均价线，此后便长时间在均价线下徘徊，始终受到均价线的压制。下午开盘后，该股跌破横盘平台，形势急转直下，跌势一发不可收拾，投资者应及早离场观望。

横盘平台，这是一个多空力量暂时趋于平衡，但价格总体走势却再度面临选择的区域，个股要么突破上行，要么破位下行。如果在这一区间内出现了"股价均运行于均价线下方"的盘口形态，则说明空方已占据了明显主动。如果个股在当日跌破横盘平台，出现大幅下跌的走势，则说明空方已开始发动攻击，是个股即将破位下行的信号。

图3-38是中航重机（600765）的分时走势图，该股小幅高开低走，股价始终运行于均价线下方，午盘之后还出现了平台突破下跌、快速跳水的走势，且收盘

时跌停板，这是多方无力反击、空方完全占据主动的信号。当日该股正处于高位区的震荡走势之中，如图3-39所示，这种盘口分时图形态也预示了随后即将出现的下跌行情，是应及时卖股离场的信号。

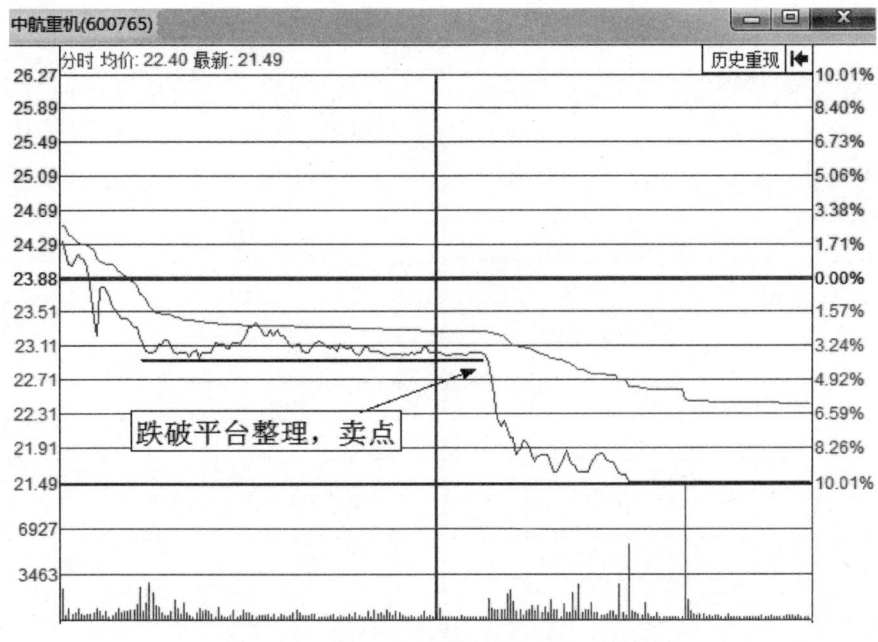

图3-38　中航重机（600765）分时走势图

图3-39　中航重机（600765）日K线图

二、持续下跌

如果个股在开盘后的抛压较重,那它就会节节走低,从而持续地运行于均价线下方。在盘中,如果个股在反弹上涨时无法有效地向上突破均价线,则说明空方已完全占据了主动,短线投资者应及时离场观望。

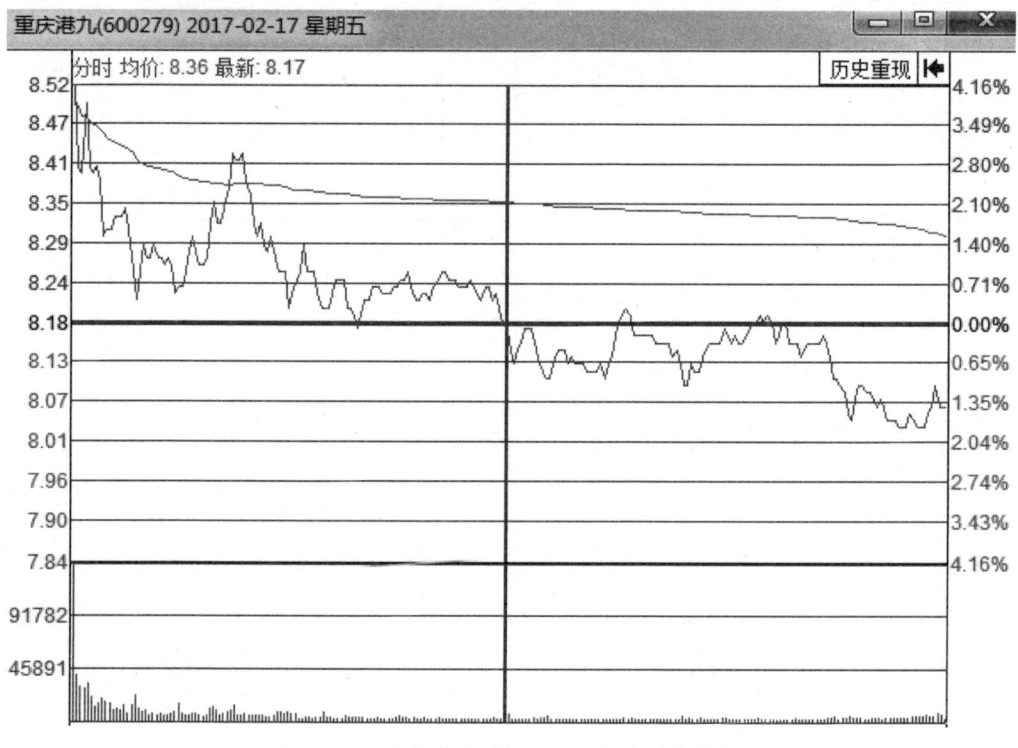

图3-40 重庆港九(600279)分时走势图

图3-40是重庆港九(600279)2017年2月17日的分时走势图,当日该股高开,但在高开后却节节走低,这是市场抛压较重的信号。随后,在盘中,该股多次反弹上涨却无力冲破均价线。从该股跳空开盘时的4.16%算起,到当日收盘时的下跌1.35%为止,如果投资者对于这种跳空上涨后持续性阴跌的走势置之不理的话,当日的损失将会高达5.51%之多。损失之大,可见一斑。图3-41标示了该股在2017年2月17日前后的走势情况,当天成交量为天量,说明有大量资金涌出,短线投资者应及时回避。

图3-41　重庆港九（600279）日K线图

三、量价背离卖点

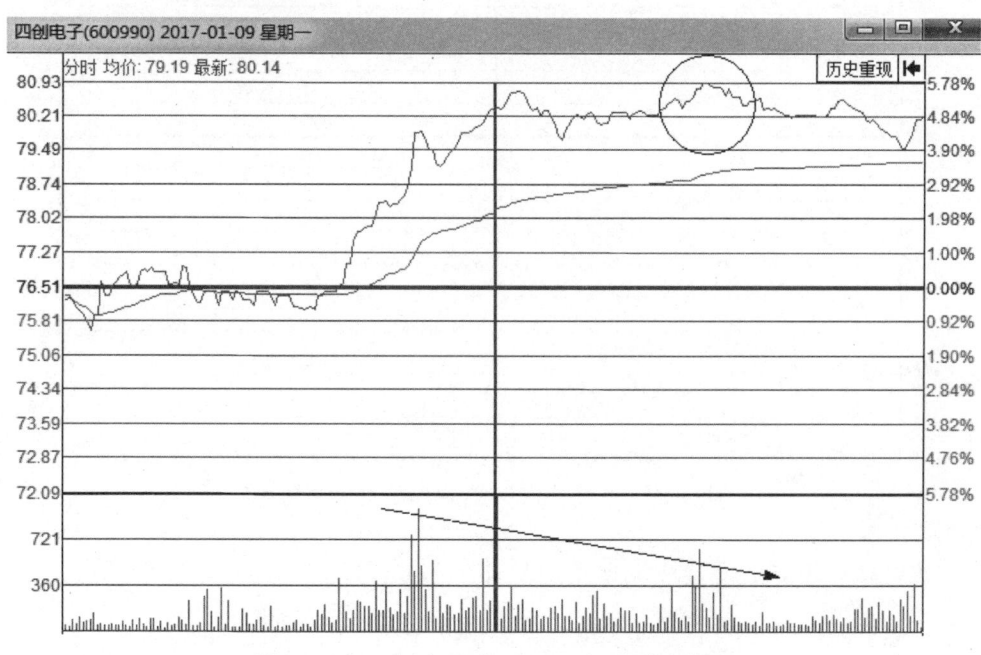

图3-42　四创电子（600990）分时走势图

图3-42是四创电子（600990）2017年1月9日的分时走势图，该股结束了开盘时的调整后，在成交量放大的配合下出现了连续的上涨走势，在股价上涨的过程

中并没有出现明显的卖点，投资者可以继续在盘中持股。

当股价上涨到了高位以后，情况发生了变化。在实战的时候，有什么方法可以帮助投资者卖在上涨走势的高点上吗？

这就需要使用量价背离卖点了，虽然股价在盘中创下了新高，但是，在股价创新高的时候，成交量并没有配合着出现放大的迹象，量能的形态向投资者反映的是做多动能的减少，资金都不愿意在高点处建仓，股价又怎么会有持续性上涨的动力？

图3-43是创业环保（600874）2017年2月27日的分时走势图，该股在上涨到了高点的时候，成交量始终没有出现放大的迹象，在成交量没有明显放大的时候，投资者应当如何把握股价高点的卖点呢？

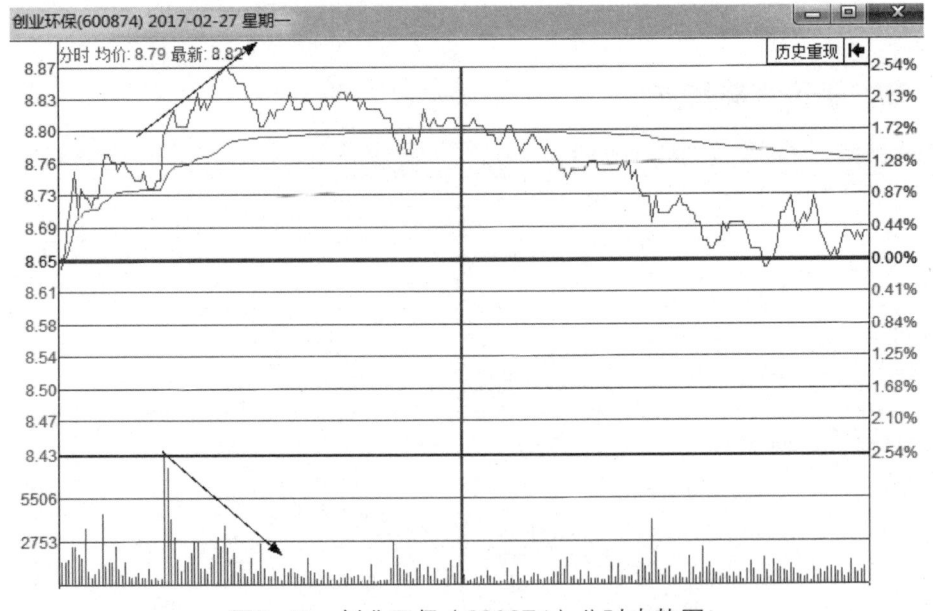

图3-43　创业环保（600874）分时走势图

如果高点没有成交量放大现象的配合，那就说明资金在盘中做多的意愿并不强烈，愿意入场做多的资金越来越少，股价又怎么可能不断上涨？

成交量的萎缩向投资者提示了做多动力不足的信号，所以在此时，投资者不能仅看到股价创下了新高就感到高兴，得不到资金积极做多推动的情况下，高点无法持续。

四、破线卖点

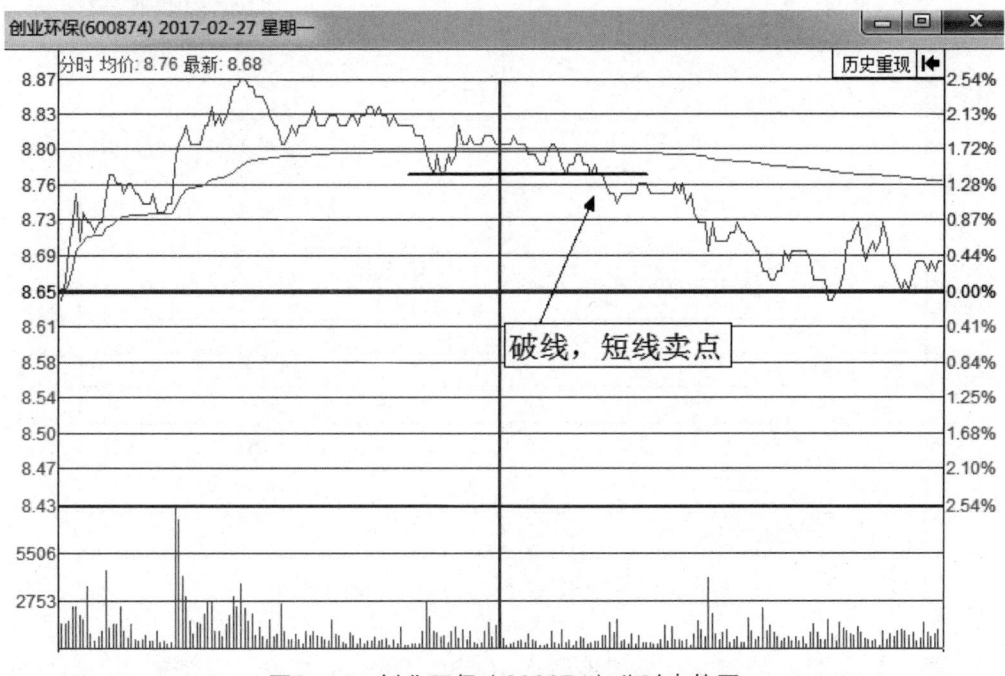

图3-44 创业环保（600874）分时走势图

图3-44是创业环保（600874）2017年2月27日的分时走势图，开盘以后，该股出现了连续上涨的走势，在股价上涨的过程中，均价线对股价起到了支撑与促涨作用，同时，成交量也随着股价的上涨而不断放大，在这种情况下，投资者只要耐心地持股，便可以轻松地获得短线较大的收益。

随后，该股在下跌过程中形成了反弹的走势，一旦反弹走势形成，投资者就可以把反弹的低点视为破线卖点的参考位置，只要股价跌破反弹低点便应当卖出股票。

图3-45是太空板业（300344）2017年3月21日的分时走势图，该股上涨到高位区间以后形成了震荡的走势，震荡的低点对于投资者而言就是破线卖点形成的参考点，如果股价不跌破震荡的低点，后期还将有再度上涨的可能，但如果股价跌破了这个低点，那么股价将会由此破位下跌。

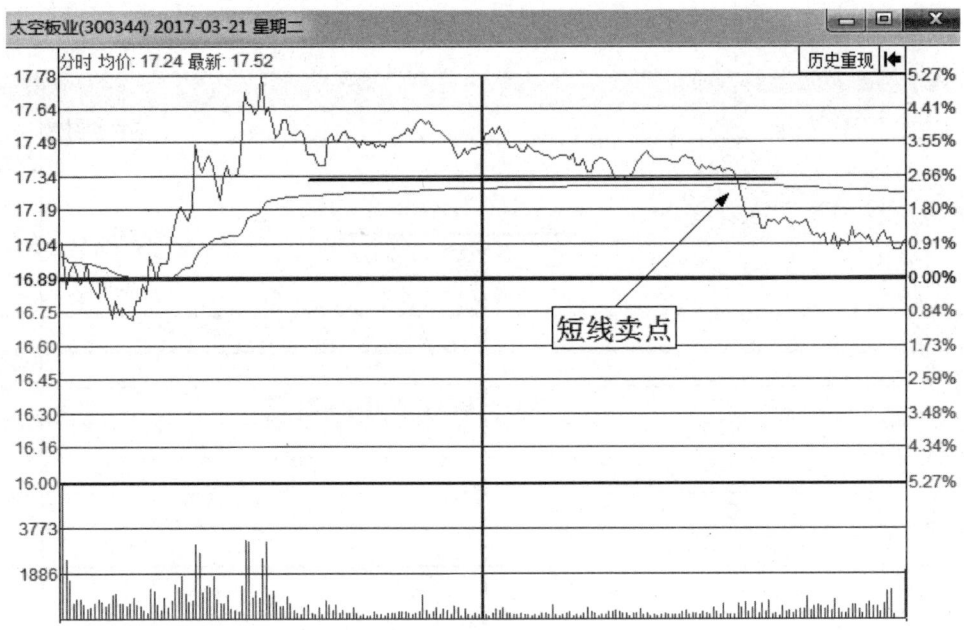

图3-45 太空板业（300344）分时走势图

经过一段时间的震荡，该股股价向下跌破了震荡的低点，这种下跌走势意味着破线卖点的成立，此时，投资者应当及时出局回避风险。破线卖点形成以后，股价随后形成弱势走势。

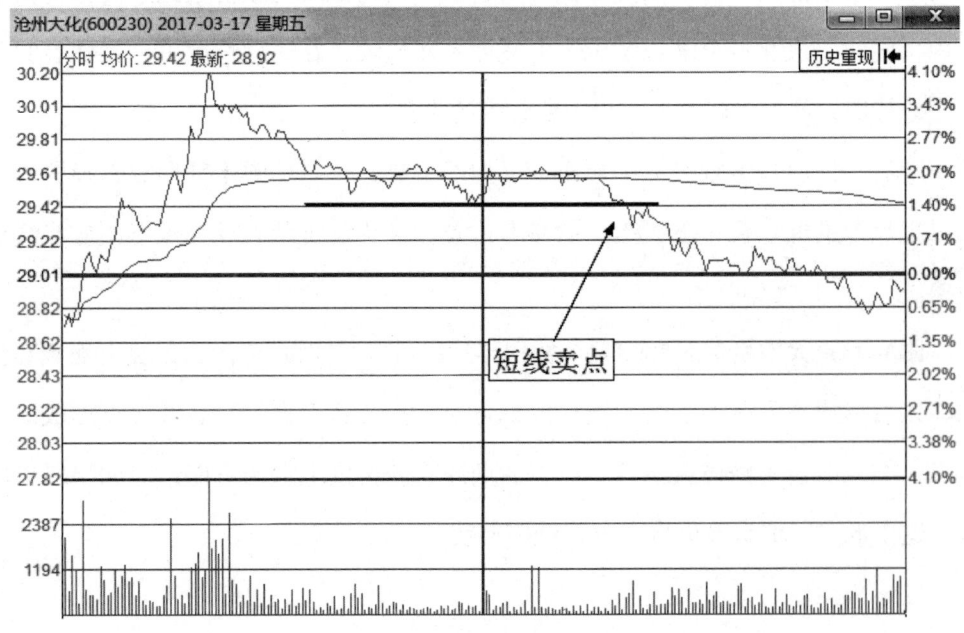

图3-46 沧州大化（600230）分时走势图

图3-46是沧州大化（600230）2017年3月17日的分时走势图，该股虽然形成了低开的走势，但是开盘后股价便出现了快速的上涨，并且在突破了昨日收盘价以后，成交量的放大进一步支持了上涨的有效性，在股价不断地放量上涨的过程中，投资者一定要耐心地持股，直到卖点有形成的迹象。

在回落的过程中，股价形成了一个明显的震荡走势，此时投资者就可以依据当前的震荡走势决策短线卖点的所在了。

如果股价始终位于震荡的上沿波动，那么投资者就需要在盘中耐心地持股，但是，如果股价向下跌破震荡下沿，就意味着当前的波动已经破位，投资者在这个时候需要卖出手中的股票。该股向下跌破了震荡低点以后，股价便出现了一路下滑的走势，严格按照破线卖点进行操作，投资者就可以很轻松地回避股价下跌的风险。

破线买点的最大好处就是卖点的位置可以提前预知，因为下跌过程中的反弹低点就是参照，所以方便了投资者的操作，可以提前确立出的卖点也就使得投资者避免了盲目操作，在风险到来的时候可以及时地离场，确保资金的安全。

第四章

盘口分时看盘技巧

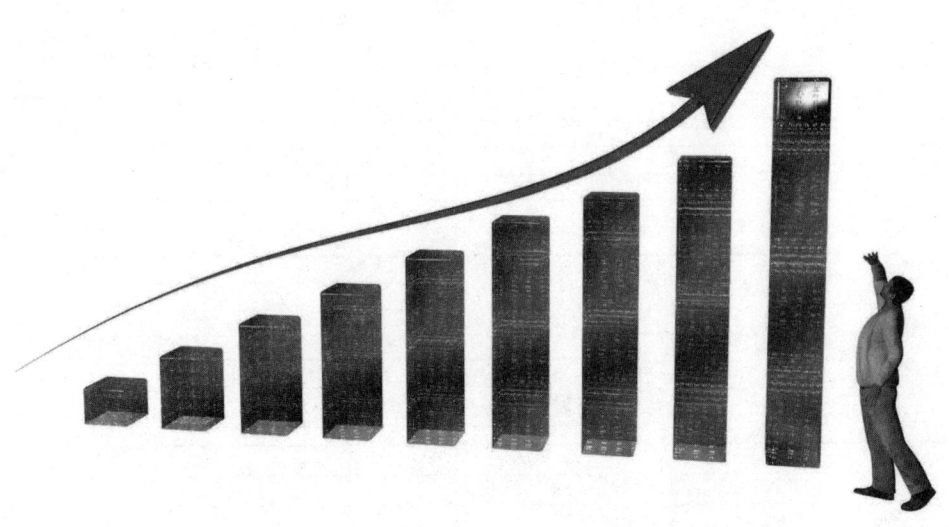

第一节 波动角度分析

一、强势的上涨角度

上涨角度的形成是资金在盘中做多力度的体现，如果资金推动力度较大，那么，股价的上涨角度必然大，投资者自然可以获得丰厚的收益；但是，如果股价的上涨角度很小，那就表示盘中资金做多的动能不足，在这种情况下，股价的上涨空间也会较小，从而无法给投资者带来大幅盈利的机会。

上涨的角度越大，说明拉升力越强，盘中做多的资金力量越是雄厚，投资者若能跟进上涨角度大的股票，便可以带来更多的收益。

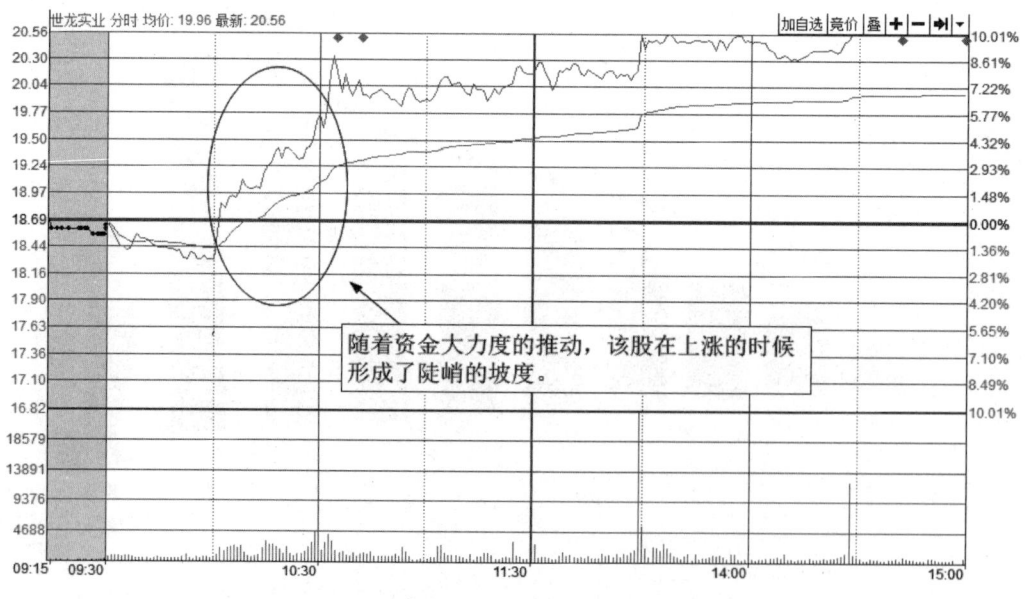

图4-1 世龙实业（002748）分时走势图

图4-1是世龙实业（002748）的分时走势图。该股经过开盘初的一段走低和震

荡后，突然开始强势上涨，角度陡峭、气势汹汹。

一般而言，较大的上涨角度形成时，上涨的速度很快，幅度也大。

这时投资者如果立即跟进，会有不小的收益，这种形态也比较容易形成涨停。

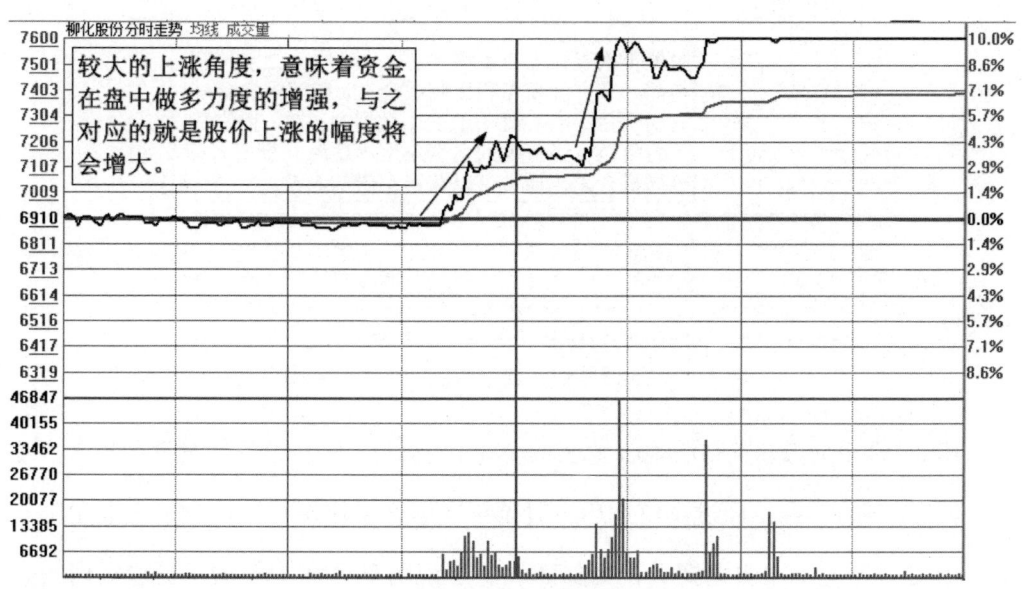

图4-2　柳化股份（600423）分时走势图

图4-2是柳化股份（600423）的分时走势图。11点钟之后，该股突然发力上攻，形成一波陡峭拉升，这波拉升结束后，进入了十几分钟的回调行情。

回调结束，又一波陡峭拉升开始，其倾斜角度明显大于此前一波上涨的角度，直至涨停。

从逐渐陡峭的拉升波段可以看出，该股的做多意愿强烈。

在图4-2中有两波较有力度的上涨，第二波的上涨角度远远大于第一波的上涨角度。

股价在巨量的推动下，以近90度的极为陡峭的坡度上涨至涨停价位，如此迅猛的拉升方式也暴露了大资金操作者的预定计划，很多涨停个股的分时走势图上常会出现类似于该股上涨时的走势。

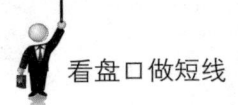

看盘口做短线

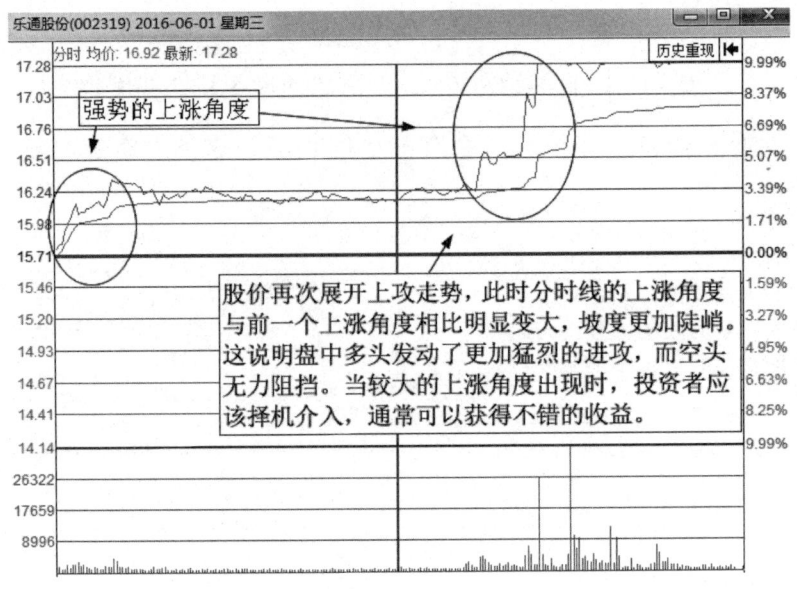

图4-3 乐通股份（002319）分时走势图

图4-3是乐通股份（002319）在2016年6月1日的分时走势图。该股一开盘，便有一波3.39%的上涨，经过调整之后，股价再次展开上攻走势，此时的上涨角度与前一个上涨角度相比明显变大，更加陡峭。这说明盘中多头发动了更加猛烈的进攻，而空头无力阻挡。当较大的上涨角度出现时，投资者应该择机介入，通常可以获得不错的收益。

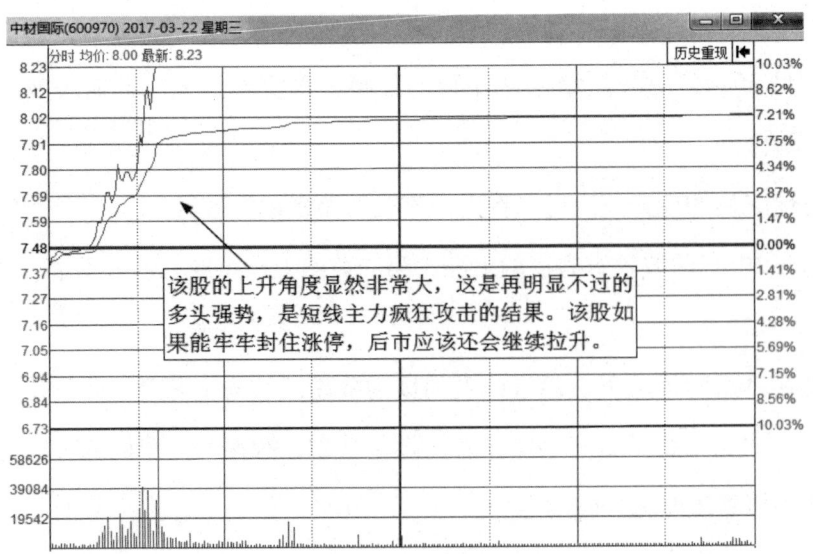

图4-4 中材国际（600970）分时走势图

图4-4是中材国际（600970）2017年3月22日的分时走势图，该股在开盘以后，股价形成了一轮快速的上涨走势，此时的上涨得到了成交量放大的支撑，这说明此时的上涨是真实有效的，在资金不断介入的情况下，投资者应当积极地入场。

上涨角度的大小，揭示了盘中资金做多的力量有多大。资金做多力量大，上涨的坡度自然陡峭；做多的资金小，则上涨的坡度较为平缓。投资者要追寻上涨角度大的股票，因为跟随大资金介入的安全系数更高，后市赢利的可能性更大。

二、强势的下跌角度

强势的下跌角度，是指股价下跌角度陡峭，这说明盘中空头完全占据优势，多头无力或者不愿意承接卖盘，从而导致股价加速下跌。当强势的下跌角度出现时，投资者应该择机离场，避免遭受更大的损失。

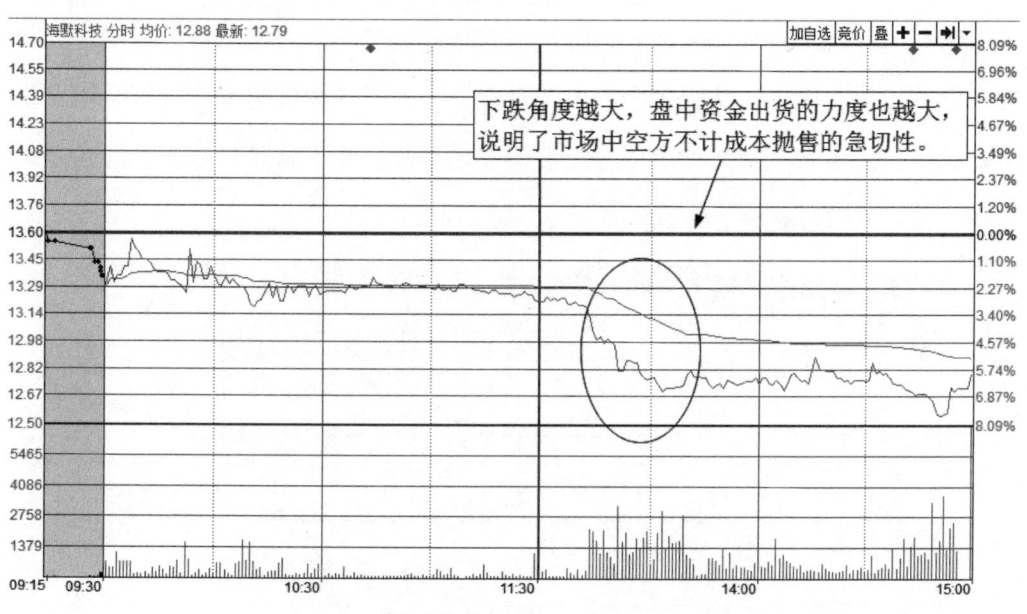

图4-5 海默科技（300084）分时走势图

图4-5是海默科技（300084）的分时走势图，该股震荡走低，午盘不久又开始强势加速下跌，角度向下更大，这说明空方加大了做空的力度，急于出货。投资者遇到这种形势要回避，以减少损失。

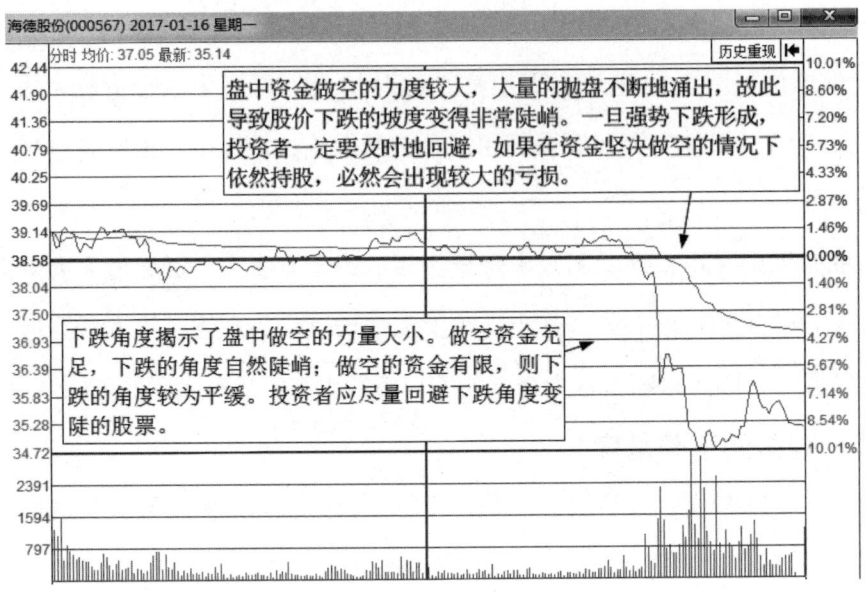

图4-6 海德股份（000567）分时走势图

图4-6是海德股份（000567）2017年1月16日的分时走势图，该股出现了大幅度的下跌走势，股价的跌幅越大，说明盘中资金做空的力度越大，在资金不断做空的时候，投资者有什么理由要继续停留在场中呢？在下跌角度增大的时候及时出局，就可以回避股价下跌的风险。

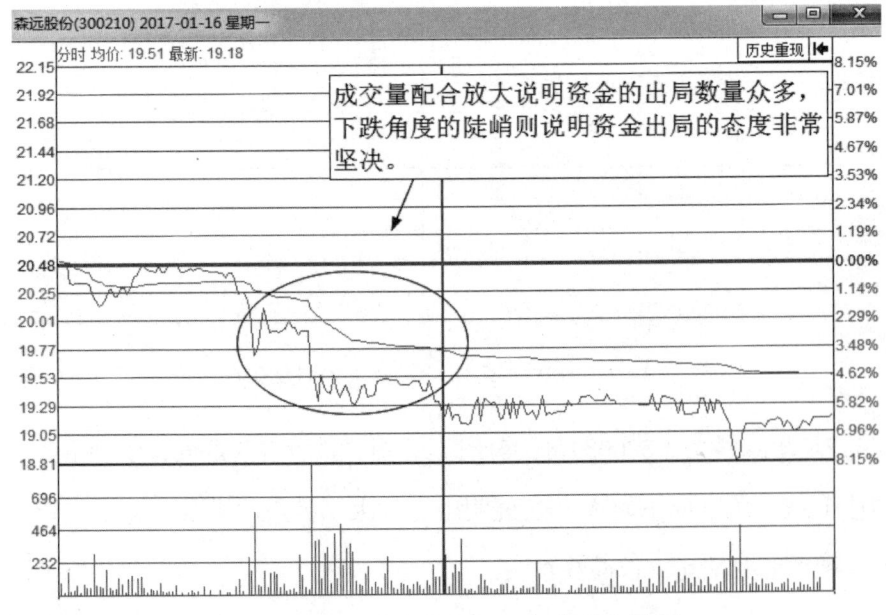

图4-7 森远股份（300210）分时走势图

图4-7是森远股份（300210）2017年1月16日的分时走势图，该股盘中出现了连续下跌的走势，在股价下跌的过程中可以看到，成交量始终保持着放大的状态，这说明连续的下跌是因为盘中有大量的抛盘在进行主动性的卖出，在资金不断地出货的时候，任何做多行为都会导致资金的亏损。

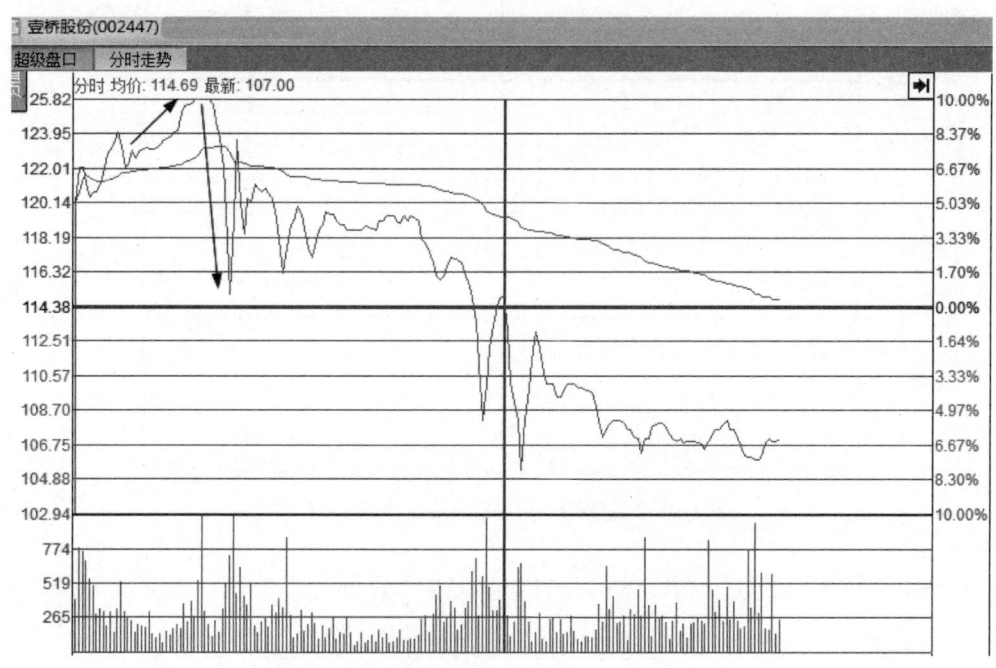

图4-8　壹桥股份（002447）分时走势图

图4-8是壹桥股份（002447）分时走势图，当日该股跳空高开，开盘后很快冲至涨停板。然而，仅在涨停板上停留了数分钟之后，该股就开始直线杀跌。对比冲击涨停板的上涨角度和直线杀跌的下跌角度，可以看出做空力量更加强大。在本来应该多方占优的局面下，一度涨停后，该股却出现了直线杀跌的不和谐之音，看来此时的涨停只是强弩之末了。若该股真想涨停、真能涨停，就不会纵容空头如此肆虐了，空头已经初步掌握了控制权，因此，投资者可以考虑择机离场了。

下跌的角度能体现空头杀跌的力度，一般来说，下跌的角度越陡，杀跌的力度就越大；反之，则杀跌力度就小。通过下跌角度的变化同样可以看出空头力量的变化，相邻两波下跌的角度如果在变小，则说明空头杀跌的力度在缩小，很可能止跌；反之，则说明空头杀跌力度在增强，须回避。

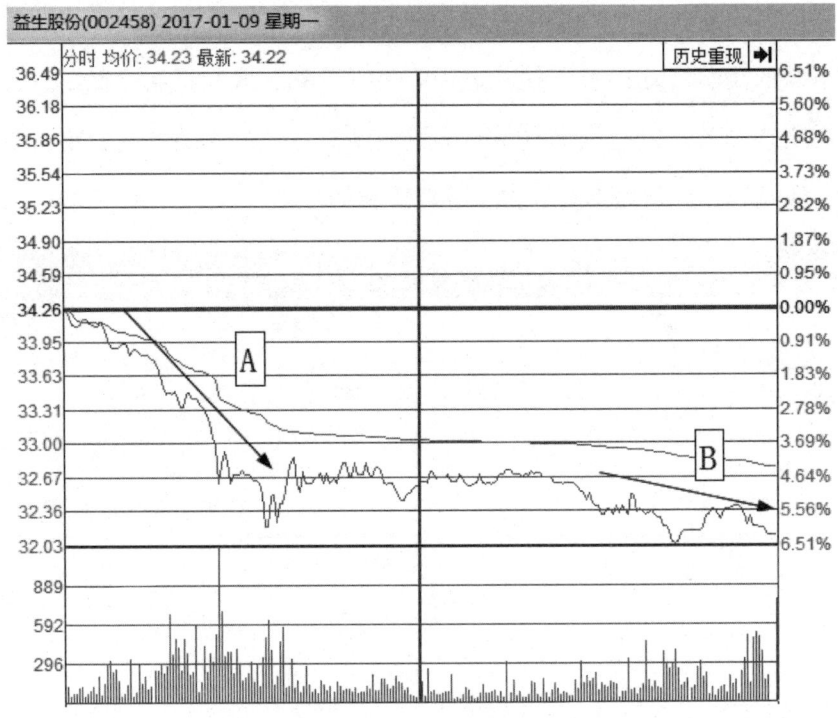

图4-9 益生股份（002458）分时走势图

图4-9是益生股份（002458）2017年1月9日的分时走势图，A段股价强势下跌，下跌角度非常大，这是抛盘出逃的表现，也可能是主力刻意暴力打压，总之，下跌力度非常大，能回避就应及时回避。强势下跌通常伴随着较大的成交量，大卖单密集抛售，股价强势下跌也就是自然的事。此后该股成交量大幅萎缩，说明抛盘减少，但是由于买盘不进场，股价还得继续下跌，形成了B段的下跌走势。B段下跌角度稍缓，也说明下跌动力比A段小。不过这并不代表下跌动能接近衰竭，更不代表下跌趋势会逆转。趋势逆转还需要多头进场，该股直至收盘多头都没有表现出来。

图4-10是博信股份（600083）2017年1月16日的分时走势图，在图中，我们可以看到有两段较有力度的下跌，尤其是在第二波强有力下跌的推动下，将股价直接打压至跌停板，投资者见此情况应迅速出局。垂直的下跌说明空方力量的强大，行情处于上涨时很少会见到这种情况，只有在下跌时才会经常见到这种极端的走势，所以垂直的下跌是我们进行短线操作时应当极力回避的。

第四章 盘口分时看盘技巧

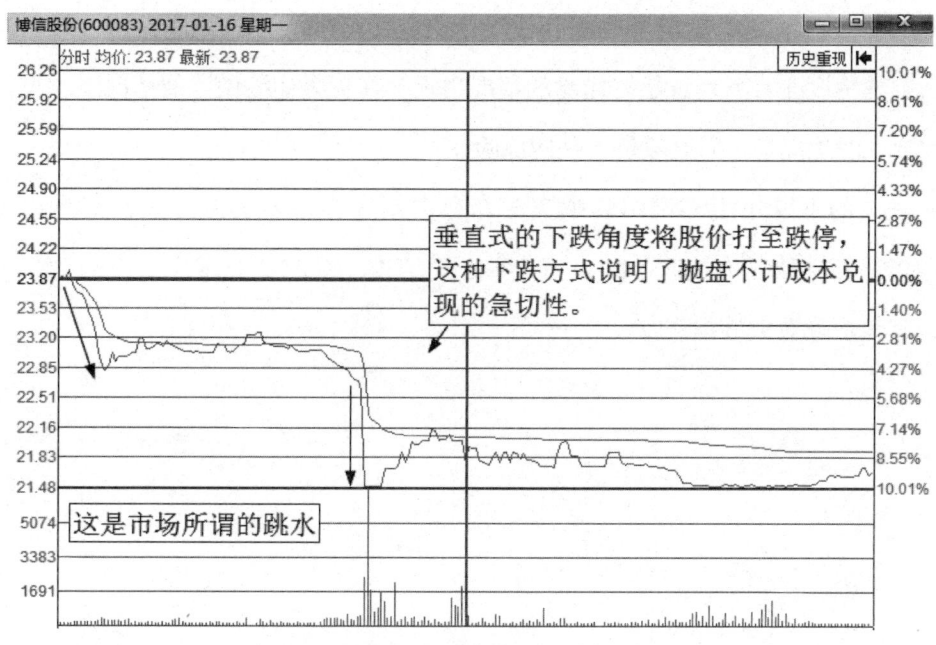

图4-10 博信股份（600083）分时走势图

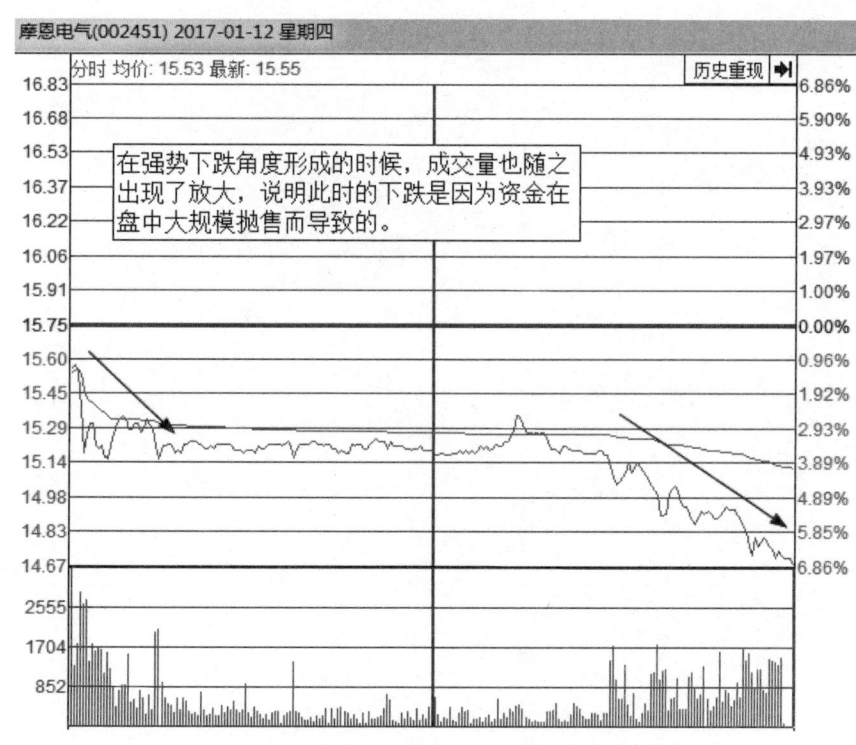

图4-11 摩恩电气（002451）分时走势图

图4-11是摩恩电气（002451）2017年1月12日的分时走势图，该股在盘中下跌

的时候，分时线每一轮的杀跌都会引发成交量急剧放大，这说明在这一天盘中资金做空的力度非常大，总是有抛盘的情况出现，在资金连续做空的情况下，投资者一定要及时地离场，回避股价下跌的风险。

较大的下跌角度，说明盘中空头完全占据优势，多头无力或者不愿意承接卖盘，从而导致股价加速下跌。当这种下跌角度出现时，通常投资者应该择机离场，避免遭受更大的损失。

第二节 反弹力度和量能分析

一、反弹力度

1.小力度反弹

小力度反弹走势是在个股下跌过程中经常会见到的反弹形态，其时间短，上涨力度小，根本无力将股价推高，很快就会继续下探，对于这种走势，投资者必须随时注意风险的再次到来。

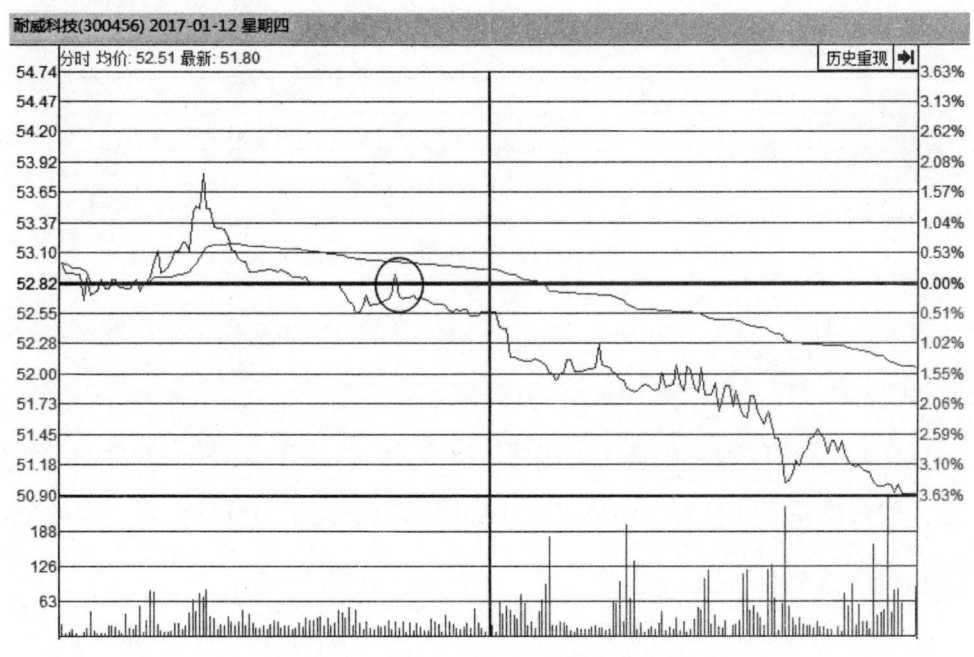

图4-12 耐威科技（300456）分时走势图

图4-12是耐威科技（300456）2017年1月12日的分时走势图。如圈圈所示，股价反弹时间短，说明盘中做空的力量大于做多力量，多方展开的攻势很难对其产

生威胁，投资者看到这种走势还是应回避为妙。小力度反弹的出现，说明盘中做多的力量不强，甚至很弱，根本无法与空方抗衡，只要空方稍加力度打击就失败了。小力度反弹大多出现在个股强势下跌的过程中。如果股价反弹的时候力度很虚弱，那就表示股价后期持续性下跌的概率将会是很大的。投资者见到这样的走势时要及时回避，持股者也要及时抛出手中的股票出局。

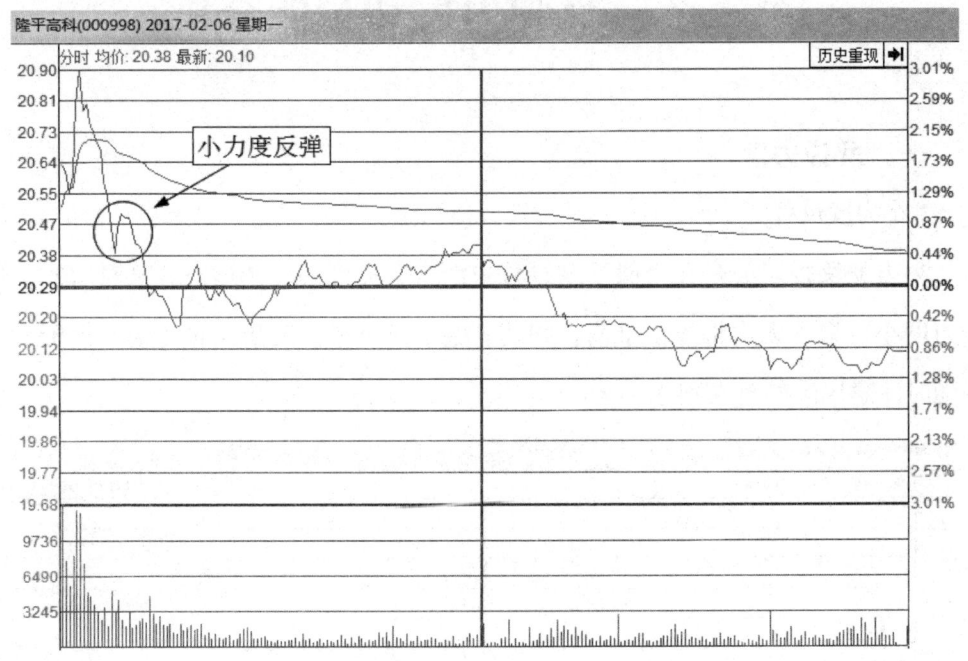

图4-13　隆平高科（000998）分时走势图

图4-13是隆平高科（000998）2017年2月6日的分时走势图。该股开盘经过一段时间的上冲以后，便出现了快速的下跌走势。

在股价下跌的中途，于图中圆圈处，出现了一次反弹的走势，反弹的时间非常短，仅仅维持了几分钟就结束了，反弹时间短正是小力度反弹最主要的技术特征。

它的形成说明盘中空方依然很强大，多方根本无法组织起有效的反击。

因此，当小力度反弹走势形成时，投资者一定要继续留在场外观望，因为小力度反弹往往标志着股价后期还将会继续下跌。

第四章　盘口分时看盘技巧

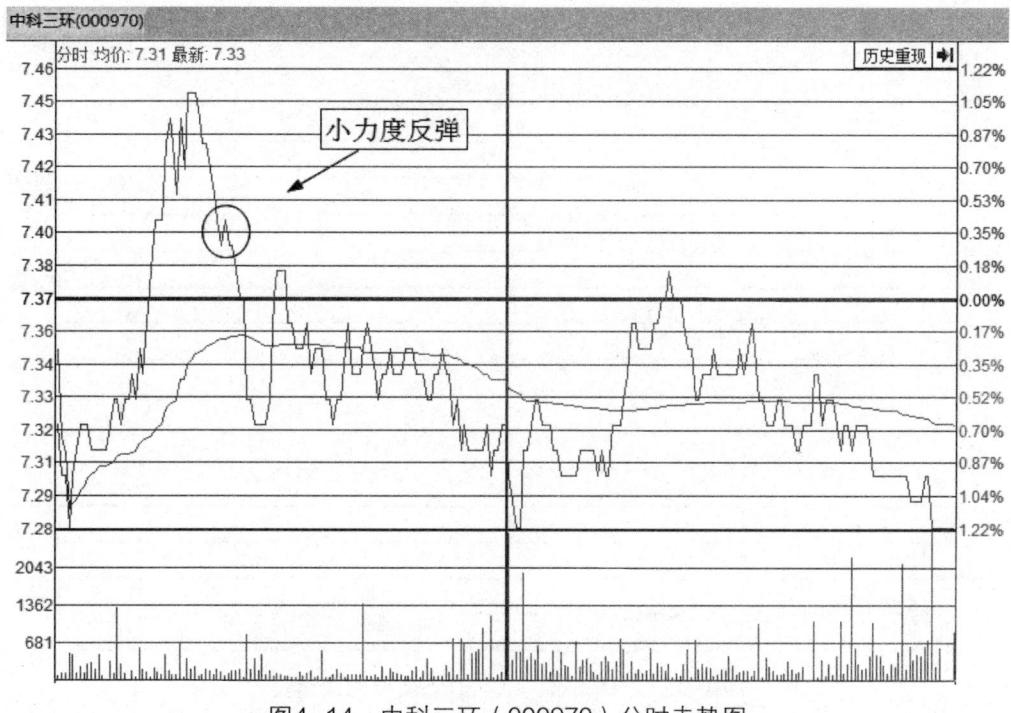

图4-14　中科三环（000970）分时走势图

图4-14是中科三环（000970）的分时走势图。该股开盘低开以后，股价出现了短线上涨的走势，当上涨走势形成的时候，投资者需要对成交量的变化进行综合分析。

由图可以看到，在股价上涨的过程中，成交量根本没有配合放大，这说明此时的上涨可信度较低，得不到资金入场支撑的上涨很容易出现快速的回落走势。

短线上冲结束以后，股价便出现了快速的回落，下跌的中途出现了一次反弹的走势，反弹的时间非常短，仅仅两三分钟反弹走势便结束了。

小力度反弹的出现说明盘中做空的力度依然较大，多方根本无法与之抗衡，故反弹的时间才会很短。

小力度反弹走势形成以后，股价将会在后期继续下跌，因此，投资者不能在小力度反弹区间内进行操作。

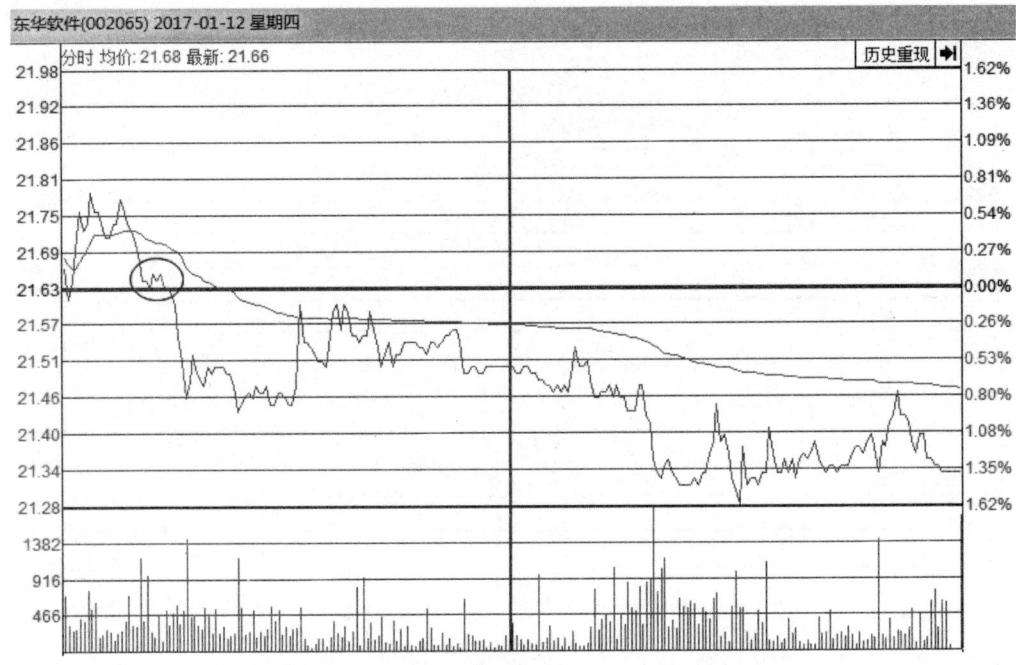

图4-15 东华软件（002065）分时走势图

图4-15是东华软件（002065）2017年1月12日的分时走势图。该股在下跌的初期出现了一次反弹的走势，从时间上来看，这一次的反弹属于标准的小力度反弹，它说明盘中做空的力度很大，多方无力与之抗衡。下跌的幅度大而反弹的幅度小，说明当前的反弹性质为标准的小力度反弹，只要小力度反弹走势形成，那么，股价在后期持续下跌的概率将会是极大的。

小力度反弹的出现说明多方在盘中的力量非常虚弱，根本无法有效地组织反击，强大的空方抛盘根本不允许股价出现较大的上涨幅度。此时，由反弹的幅度便可以准确地判断出盘中空方的强大。

在这种情况下，投资者是不能入场操作的。

图4-16是永东股份（002753）2017年2月15日的分时走势图，该股11点后出现了大力度的上涨，但是，在股价上涨的过程中，成交量始终没有出现放大的迹象，这说明股价在上涨的时候并没有得到资金的认可，得不到资金的支持，上涨行情将会很容易结束。

第四章 盘口分时看盘技巧

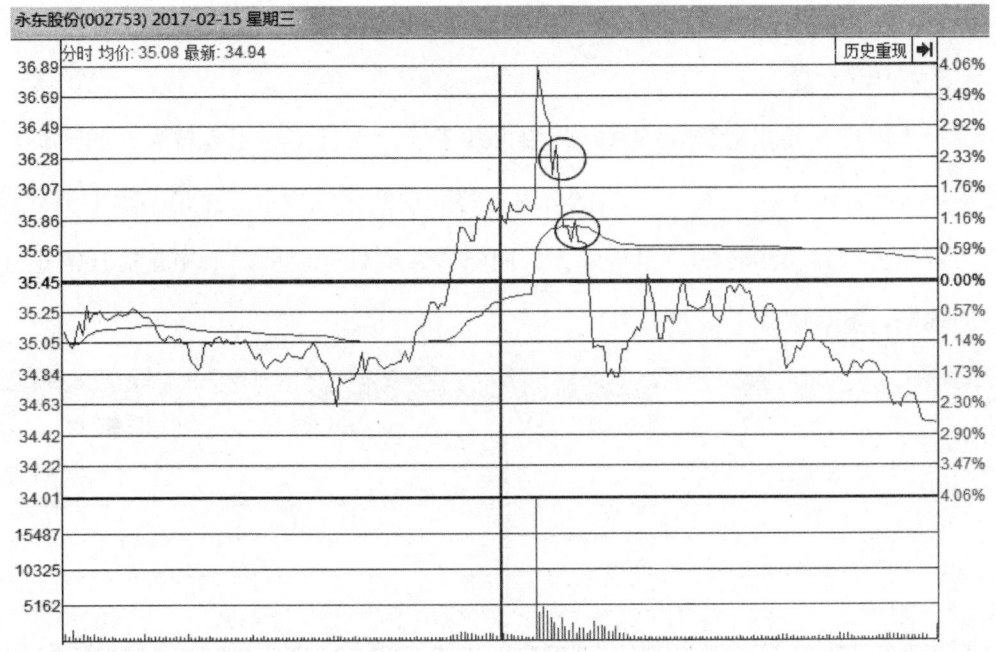

图4-16 永东股份（002753）分时走势图

股价在形成了下跌走势的时候，出现了两次明显的反弹走势，虽然这两次反弹的位置各不相同，但是它们却有着明显的共性：

首先，在反弹走势形成的时候，反弹的时间都很短，这是小力度反弹一个明显的技术特征；

其次，当股价向上反弹的时候，反弹的幅度非常小，反弹的高度极为有限，这是小力度反弹另一个明显的技术特征。

结合股价反弹形成的时间与反弹的幅度，投资者就可以十分准确地识别出股价未来将会继续下跌的信号。

从反弹的时间来看，多方在时间上没有主动权，而从反弹幅度上来看，多方在力量上也没有太大的优势，在空方力量强大的情况下，投资者有什么理由要入场进行操作呢？

只要反弹走势形成了小力度的形态，那么，股价在后期将有大概率是会继续下跌的。

因此，一般只有非常弱势的股票才会出现小力度反弹，投资者一旦发现，应

103

该抓紧时间择机离场或者回避。

2.大力度反弹

大力度反弹是指股价在下跌过程中出现了反弹，且反弹幅度较大，如图4-17搜于特（002503）2017年1月16日的分时走势图中圆圈处所示。这说明盘中多空双方力量对比明显，多方的力量很强大，而空方暂时处于弱势。后市走势还需进一步的观察，审时度势。

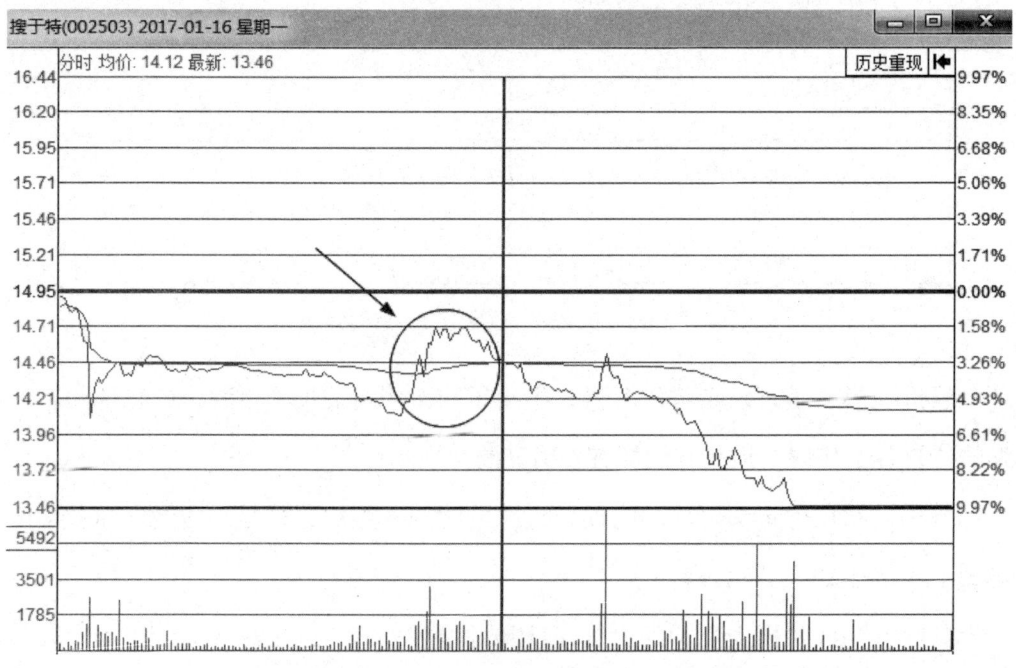

图4-17　搜于特（002503）分时走势图

二、反弹量能

1.缩量或无量反弹

缩量反弹是指股价经过下跌后开始反弹，在反弹的过程中，成交量萎缩的过程。无量反弹与缩量反弹相类似，但成交量减少得更厉害。

图4-18是煌上煌（002695）分时走势图。如圆圈所示，缩量反弹，这说明场内资金做多意愿不强，较少愿意参与，这样的上涨真实性值得怀疑，投资者不宜介入。

第四章 盘口分时看盘技巧

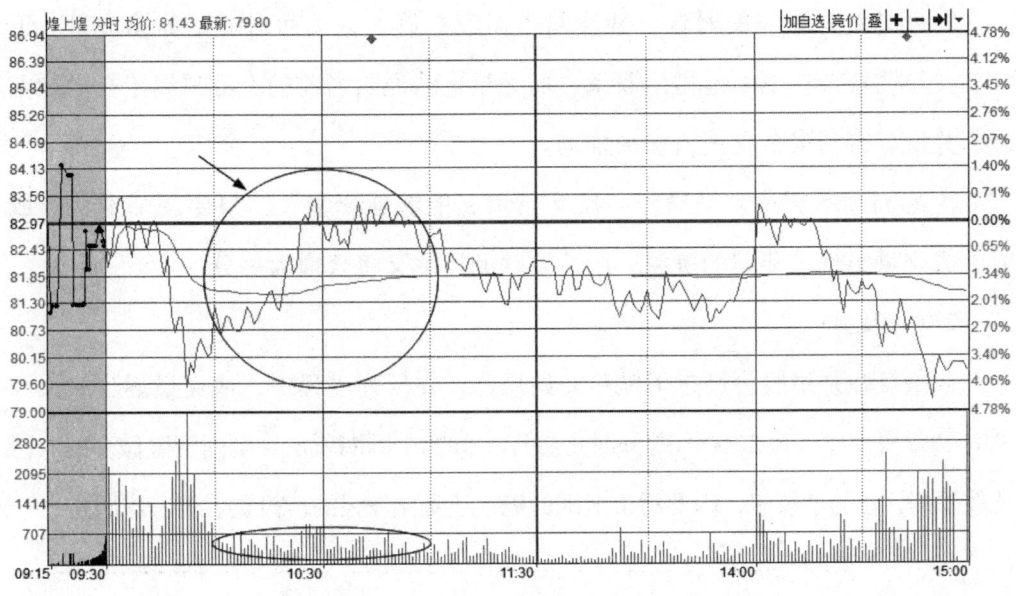

图4-18 煌上煌（002695）分时走势图

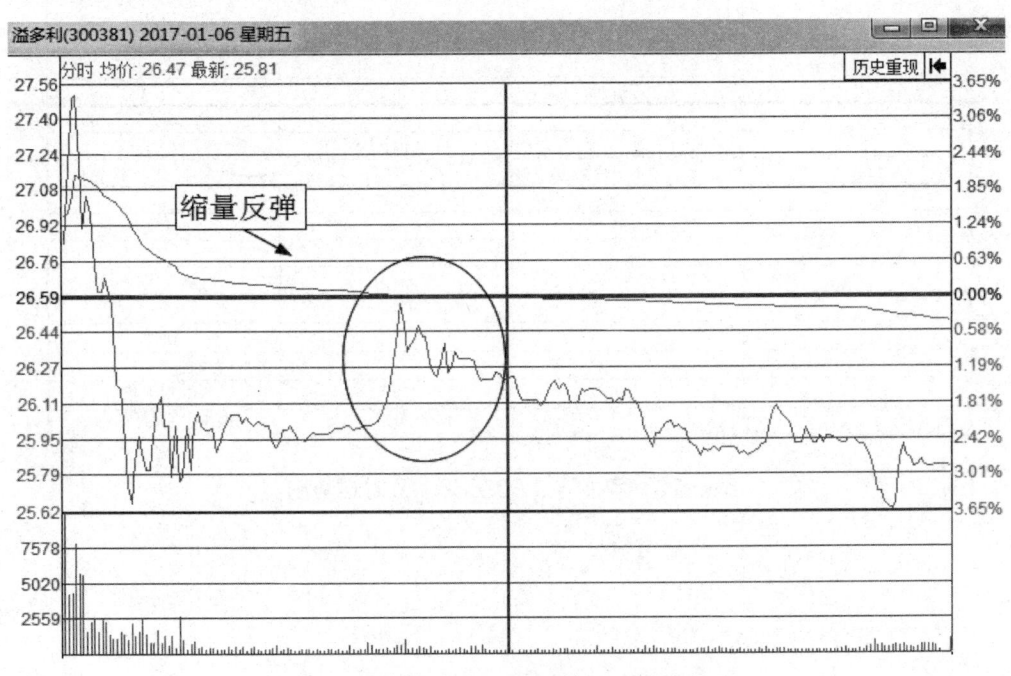

图4-19 溢多利（300381）分时走势图

图4-19是溢多利（300381）在2017年1月6日的分时走势图。在股价下跌的时候，出现了一次反弹走势，此时的反弹是下跌结束的信号吗？要回答这个问题必须结合成交量一起分析。

在反弹走势形成的时候，成交量不但没有放大，反而形成了萎缩迹象。下跌放量说明资金在不断地抛出股票，而无量上涨说明当前的上涨只属于技术性上涨，并没有得到资金真正入场的推动。

主流资金不愿意入场操作，反弹行情又能够延续多久？只要反弹走势形成时，成交量出现了萎缩的迹象，股价下跌的概率又将会增大一分。

2. 放量反弹

放量反弹是指股价经过下跌后开始反弹，在反弹过程中，成交量逐步放大。图4-20是粤水电（002060）的分时走势图，如图中圆圈所示，场内资金做多的意愿比较强烈，参与者较多，因此后市上涨的概率还是比较大的，投资者可考虑跟进。

图4-20　粤水电（002060）分时走势图

第三节 调整分析

一、回调时间和力度

1.短时回调和弱力度回调

短时回调是在强势个股上涨过程中经常会见到的调整形态，指的是股价出现调整走势以后，调整的时间非常短。

这种调整的形成往往表示盘中做多的力度非常大，根本不给空方任何反击的机会。

因此，对于短时回调走势，投资者必须要重点关注。

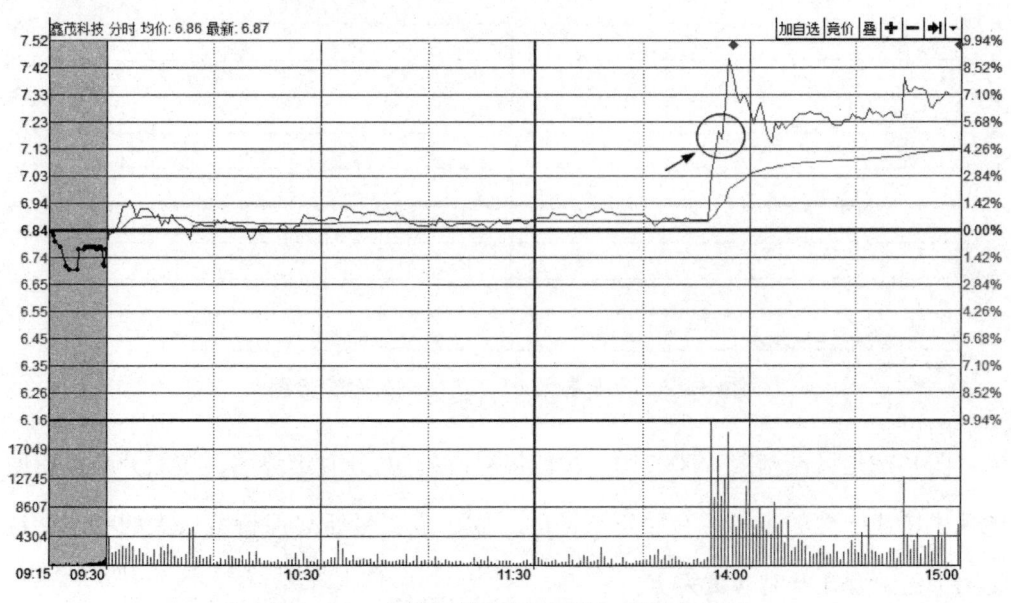

图4-21 鑫茂科技（000836）分时走势图

图4-21是鑫茂科技（000836）的分时走势图，该股突然强势陡峭上升，接着

又有了一段短时间的回调，然后继续大幅上涨。

在这种情况下，往往回调的时间越短，再次上涨的可能性就越大，投资者可抓住时机买入。

短时回调是强势股的表现，这种调整表示盘中做空的力度很虚弱，无力将股价打压下来，盘中做多力量占据明显的上风。

让我们再从回调力度的角度来分析，该股在迅速上涨后，进入调整阶段，但回调力度远远小于上涨力度。

这说明多方力量强大，抛压无力将股价大幅度回调。回调后再次突破前期高点时可以介入，投资者应敏捷地抓住时机。

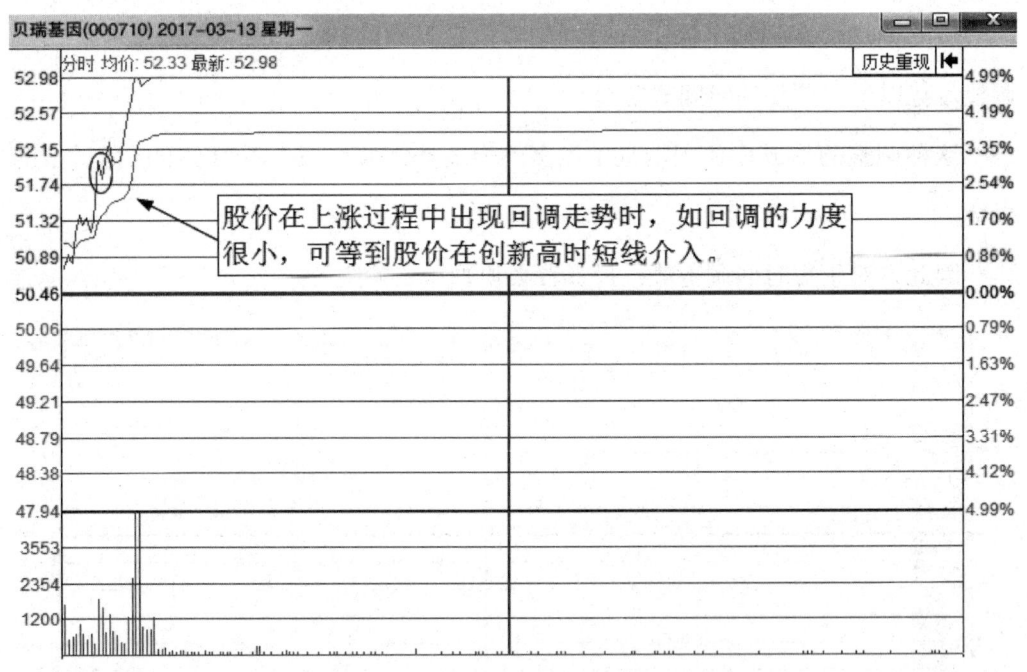

图4-22　贝瑞基因（000710）分时走势图

图4-22是贝瑞基因（000710）2017年3月13日的分时走势图，该股开盘以后便出现了快速上涨的走势，在股价上冲的时候，成交量始终保持着放大的状态，这说明量价配合在此时非常完美。

股价经过一段时间的快速上冲以后，出现了弱力度调整走势，这是在强势股上涨过程中经常会见到的调整形态，弱力度调整指的是股价出现调整走势以后，股价回落的幅度非常浅。

这种调整形成往往表示盘中做空的力度很虚弱，根本无力将股价打落下来。所以，对于弱力度调整走势，投资者必须要重点关注。

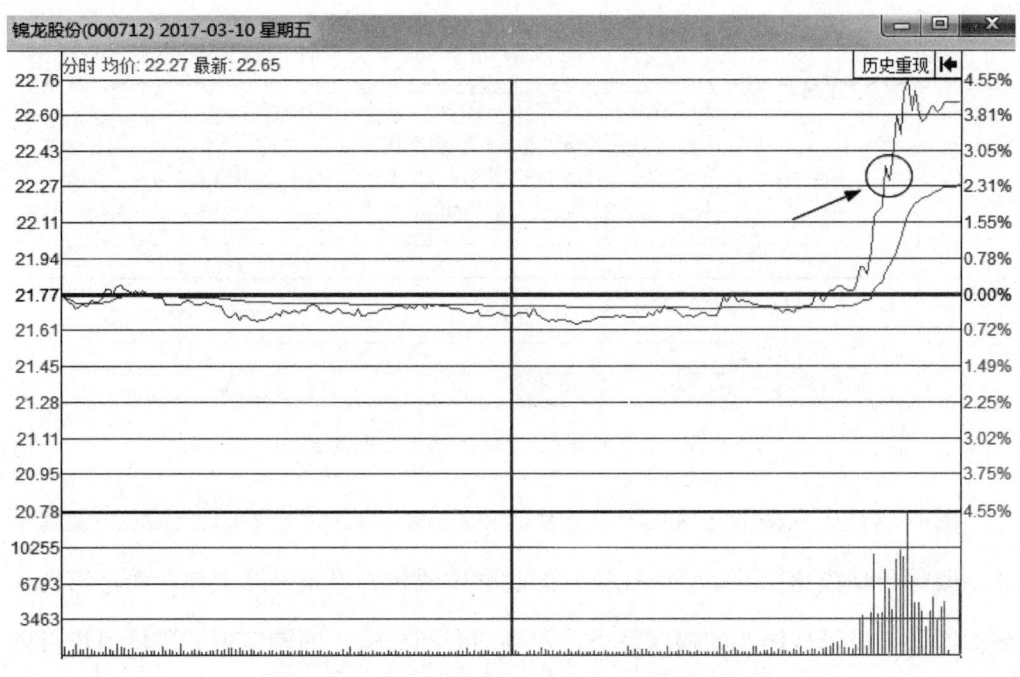

图4-23　锦龙股份（000712）分时走势图

图4-23是锦龙股份（000712）的分时走势图，尾盘半小时，成交量出现了放大迹象，在主流资金纷纷向场中介入的情况下，股价展开了大幅度的上涨行情。

经过一段时间的上涨以后，股价出现了回调的走势，面对股价的回落，投资者不应当感到恐惧，而是需要对回调的时间进行细致的分析。

该股在股价回调的时候所用的时间非常短，仅仅只有两三分钟，如此短时间的回调说明多方根本不给空方以反攻的机会。

该股经过短时间的弱力度调整以后，股价便再度展开了强劲的上涨行情，所以，只要投资者发现股价调整的时候形成了弱力度回调走势，就要敢于在回调的低点或是股价再度创下盘中新高时积极地介入。

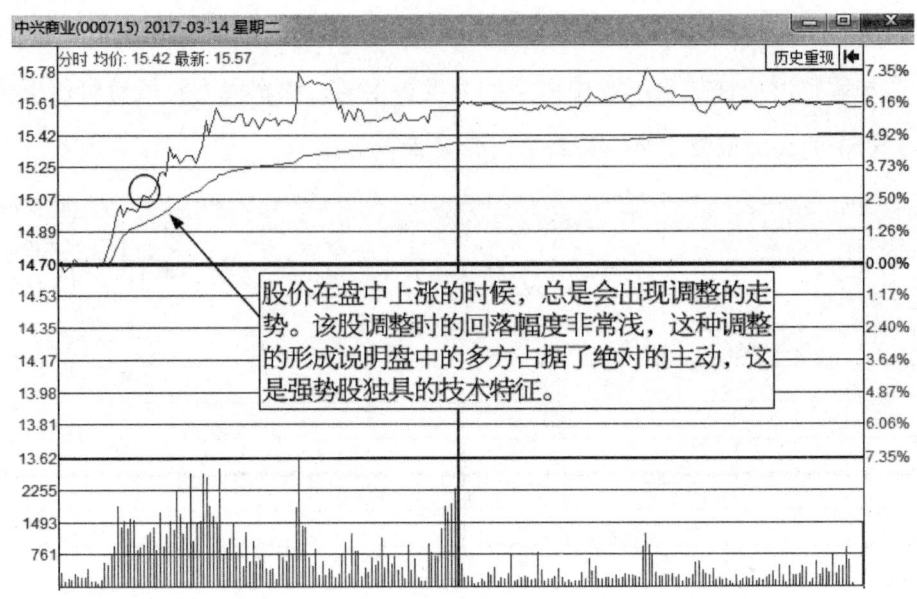

图4-24 中兴商业（000715）分时走势图

图4-24是中兴商业（000715）2017年3月14日的分时走势图，该股开盘后不久，股价出现快速拉升走势，在拉升的过程中股价并不是一路上冲，而是出现了多次回调，但每次回调的幅度极小，回调的时间极短，回调结束后股价很快再创新高。盘中出现这种走势时，表明此时多方主力已经高度控盘，这种短暂快速的回调结束后，股价往往会不断地创下新的高点。这是强势股的走势特征，投资者可对此类个股进行跟踪，而盘中股价的回调则是介入的好时机。

2.中时回调和中度回调

图4-25是康欣新材（600076）的分时走势图。该股在尾盘迅速上涨，接着又进入一段与上涨时间相接近的回调阶段，这说明盘中的多空双方力量暂时维持平衡。这时就要综合考虑量能，看其是否能再次放大。随后该股成交量突然再次放大，又进入新一轮的强势上涨阶段。

让我们再从回调力度来分析：该股在尾盘快速上涨，但很快便进入一个回落调整阶段，且回调力度与上涨力度基本相同。这说明多方和空方的力量相当，抛压无法将股价大幅回调，多方的抵抗能力也比较有力，因此股价不会下跌太多，这时，后市的走势就要看成交量能否再次放大了。

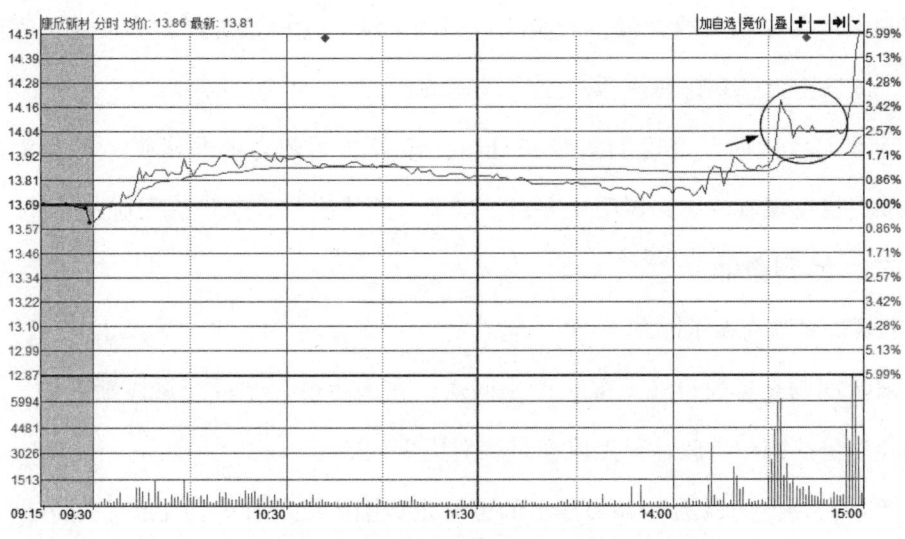

图4-25 康欣新材（600076）分时走势图

在中度调整走势结束以后，股价再次形成了上涨的走势，成交量出现了明显放大的迹象，这种走势说明，股价得到了资金再度入场的推动，形成中度调整走势的个股才有可能在后期继续上涨。

3.长时回调和强势回调

图4-26是麦达数字（002137）的分时走势图。该股在盘中有所上涨，随后便进入了长时间的回调（图中箭头处），回调时间达上涨时间的数倍，这说明盘中

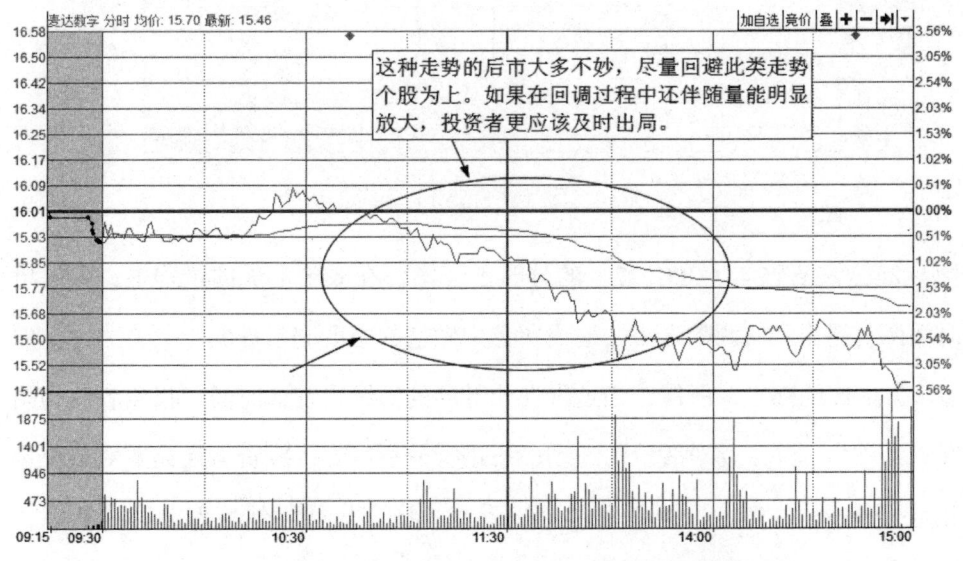

图4-26 麦达数字（002137）分时走势图

抛盘的力量大于做多的力量，股价难以持续上涨。这种情况通常表明主力在顺势出货，或者主力感到抛压沉重，难以继续做高。

让我们再从回调力度的角度来分析，该股的回调力度非常强，简直就是下跌，成交量也跟着放大，说明做多力量虚弱，短线投资者应坚决回避。

二、回调量能

1.缩量回调或无量回调

缩量回调是指股价在上涨后产生回落，在回落过程中成交量逐渐萎缩。无量回调和缩量回调相类似，只是成交量相对更少一些。

图4-27是万向钱潮（000559）的分时走势图。该股在一段上涨后进入回调阶段，成交量也明显减少，成交量萎缩说明持股者有较稳定的心态，如果回调结束后成交量再次放大，后市股价上涨很可期待。

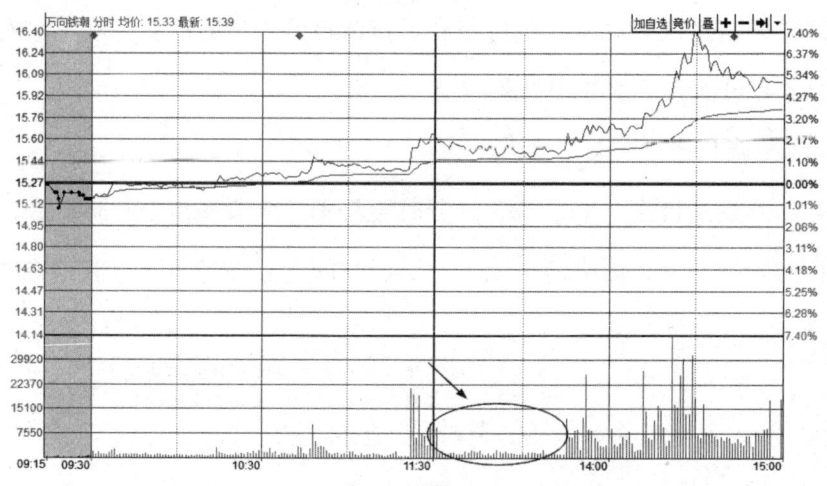

图4-27　万向钱潮（000559）分时走势图

图4-28是银河磁体（300127）的分时走势图，在股价上涨的过程中，如果出现短时回调与弱力度回调的走势，这说明盘中做空的力度非常虚弱，空方力度弱便意味着多方力度的强大，所以，当这种性质健康的回调出现的时候，投资者应当耐心地在盘中做多。除了要对股价的波动形态进行分析以外，投资者还需要对成交量的变化进行分析，在股价回调的时候可以看到，成交量始终保持着萎缩的状态，这说明盘中的资金持股心态非常稳定，并没有因为股价短暂的回落而进行抛售。

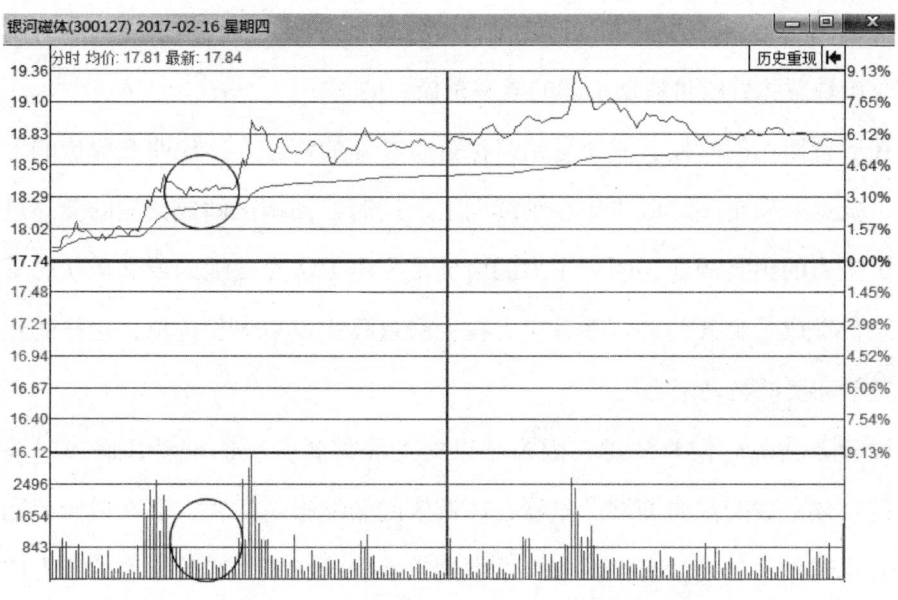

图4-28 银河磁体（300127）分时走势图

盘中资金没有大量地向场外流出，说明这些资金依然对后市看好，因此，股价在后期上涨的概率就会是极大的。回调成交量萎缩，回调结束再次放量，是上涨途中回调走势形成时最完美的量价配合形态。

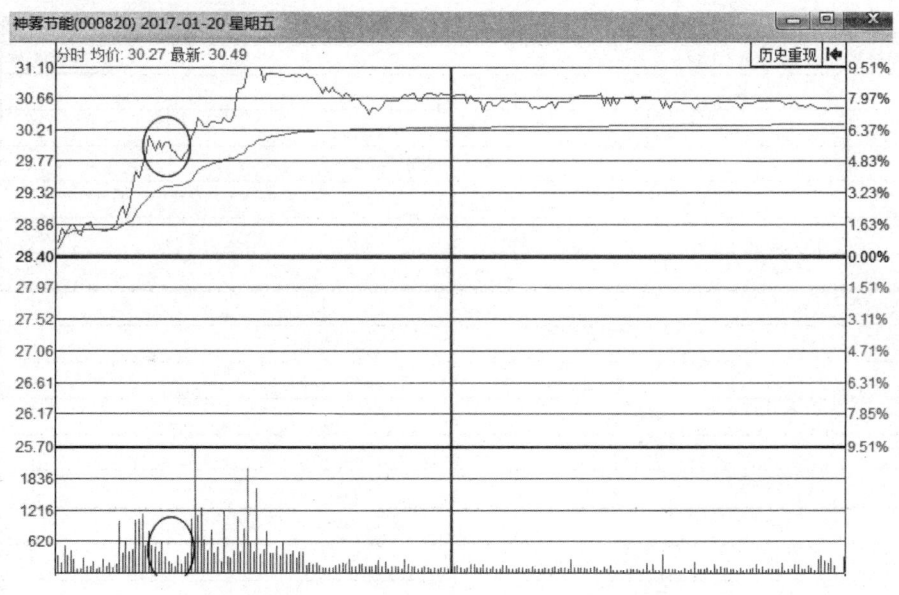

图4-29 神雾节能（000820）分时走势图

图4-29是神雾节能（000820）2017年1月20日的分时走势图，该股开盘后出现

快速上涨的走势，在上涨途中股价的回调形态非常完美，短时回调与弱力度回调的同时出现意味着股价后期上涨的概率是极大的。

在股价回调的时候，成交量始终保持着萎缩的状态，这说明在股价的上涨过程中，资金一致看多，股价还会继续向上。同时，回调区间成交量的萎缩进一步限制了主力的出货操作，因为主力的巨资是根本无法在萎缩的成交量状态下离场的，股价形成了上升趋势，并且主力在上涨过程中没有出货迹象，这样的走势难道不是最完美的波动形态吗？

股价上涨的时候要放量，因为健康的上涨需要资金的推动，而当回调走势出现的时候，成交量要萎缩。量能在回调区间萎缩得越厉害，那么股价后期上涨的概率就越大，越是没有人在上涨途中抛出手中的股票，股价上涨的压力就会越小，从而上涨空间就会相应放大。

2.放量回调

放量回调是指股价在上涨后产生回落，由于卖盘增加，抛压增强，有逐步出货迹象，而形成放大的成交量。面对这种回调，投资者应谨慎，以退出为上策。

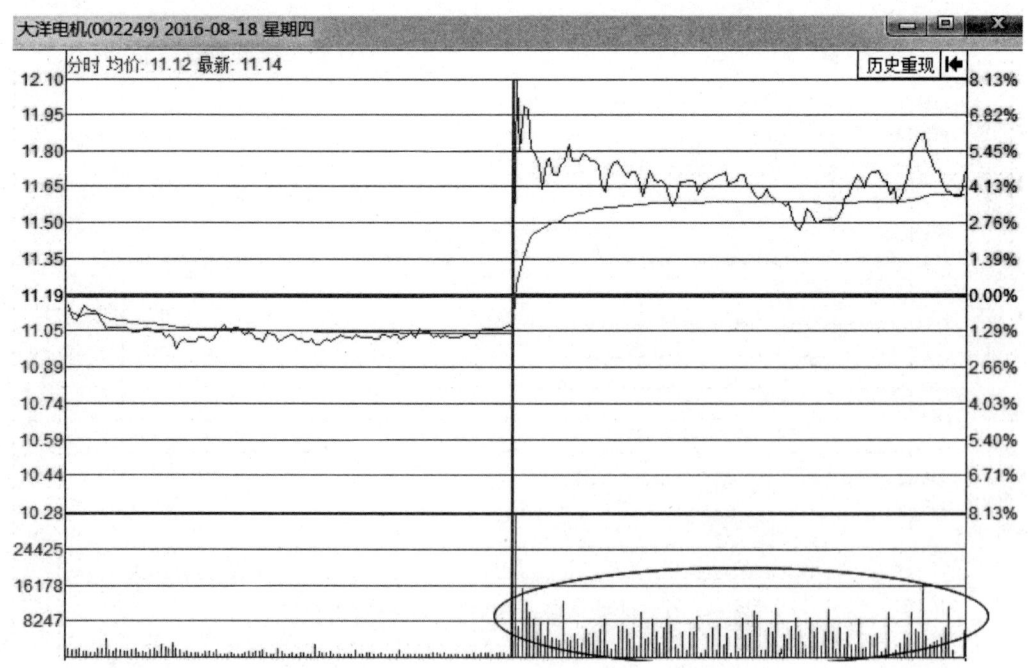

图4-30　大洋电机（002249）分时走势图

图4-30是大洋电机（002249）2016年8月18日的分时走势图，该股午后开盘急速大幅度拉升，随后进行回调，成交量明显比早盘放大，有拉高出货的嫌疑。这种情况的出现说明主动性卖盘增多，抛压逐步加强。该股后市持续走弱就是个很好的说明，投资者要格外小心，最好先出局观望。

第四节　波长分析

一、上涨波长分析

拉升波长代表一个拉升波段的持续力度，波长越长，说明多头进攻的力度越大，甚至有的股票能一波拉至涨停，是超级强势的表现。一般的拉升则是有涨有跌，波浪式推进。我们可以根据相邻波段的拉升波长来推断多头的进攻力度变化。如果一波比一波长则说明拉升的力度在增强，可适当跟进；反之，则是拉升的力度在减弱。顺便提醒一下，拉升波长的比较只是操作的一个参考，并不是决定性因素，还需要结合其他技术来综合研判。

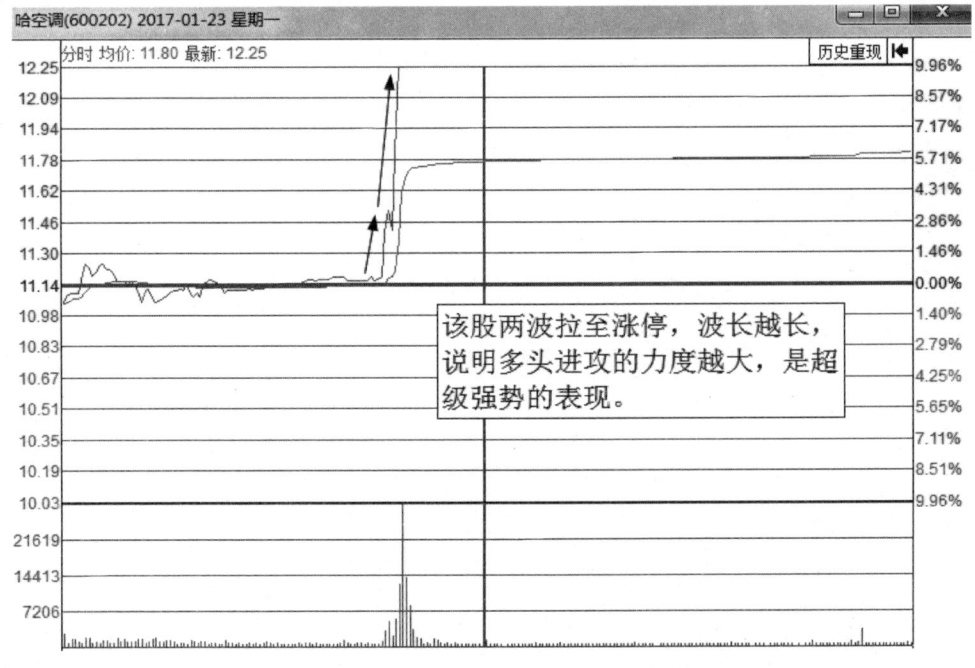

图4-31　哈空调（600202）分时走势图

图4-31是哈空调（600202）2017年1月23日的分时走势图。该股在盘中突然大幅拉升，两波拉至涨停，这两个长波的直线拉升显然是主力极度强势的表现。谁能两波拉至涨停？只能是实力超强的主力所为。

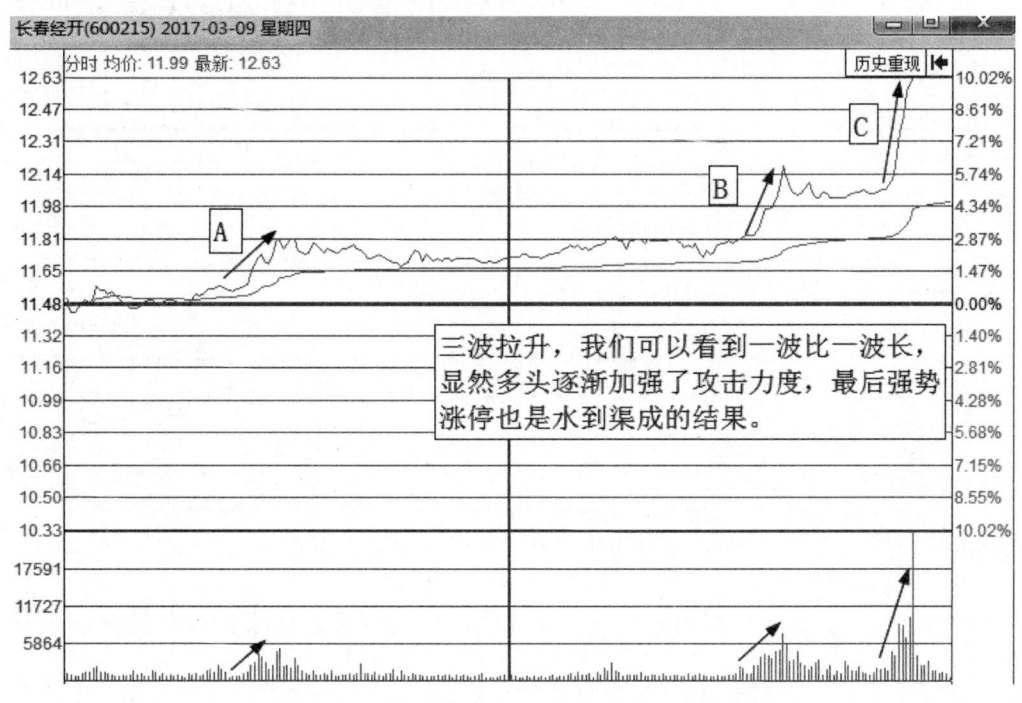

图4-32　长春经开（600215）分时走势图

图4-32是长春经开（600215）2017年3月9日的分时走势图，该股开盘后不久A段放量拉升，但量能不是很大，涨幅也有限。接着B段的拉升稍微长点，量能有明显放大。最后C段飙升至涨停板，成交量迅速放大。三波拉升，我们可以看到一波比一波长，显然多头逐渐加强了攻击力度，最后强势涨停也是水到渠成的结果。波长的延伸还需要量能的配合，这一点投资者需注意，本例也是量价配合较好的典范。

二、下跌波长分析

下跌的波长代表杀跌的力度，波长越长说明下跌的力度越大。有的股票能一波杀到跌停板，这是空头力量宣泄的极致。我们也可以通过下跌波长的对比来推断空头力量的变化。如果下跌的波长在缩短，则说明下跌动能在衰减；如果下跌的波长在延长，则说明下跌的动能在增强。

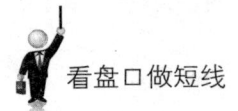

看盘口做短线

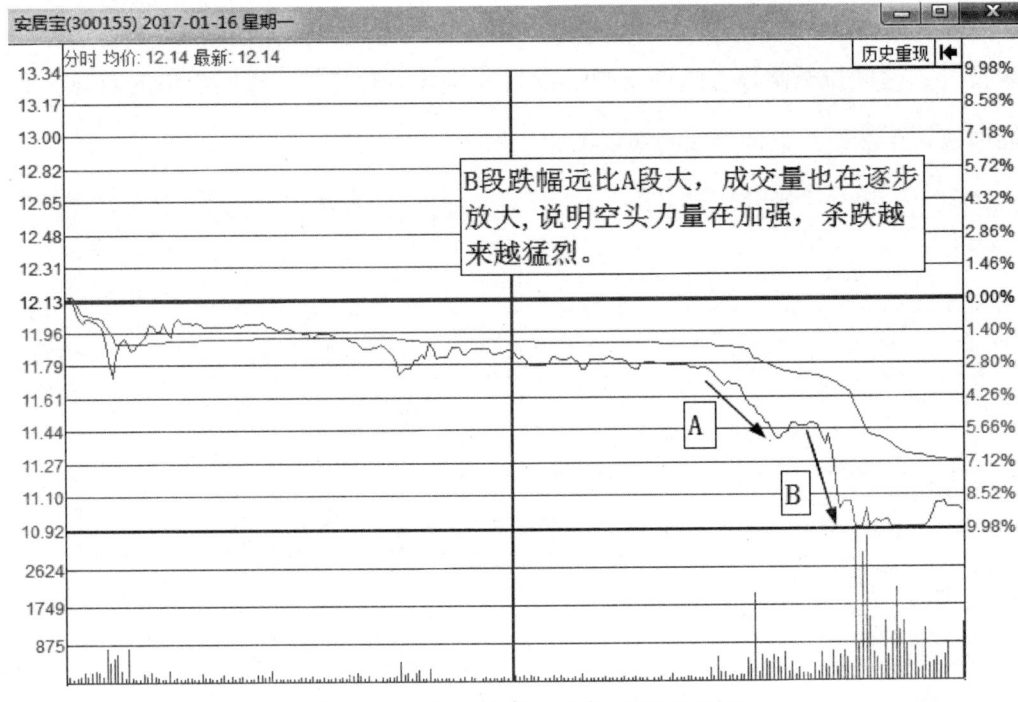

图4-33 安居宝（300155）分时走势图

图4-33是安居宝（300155）2017年1月16日的分时走势图，让我们看该股下午的走势，A处是横盘后下跌，然后反弹，幅度较小，接着继续下跌，走出B段跌势。B段跌幅远比A段大，说明空头力量在加强，杀跌越来越猛烈。从成交量来看，在两波下跌的过程中，成交量也在逐步放大，说明卖盘越来越踊跃。如此对比，我们可以看出该股的空头在增强，短线须趁早回避。

第五章

盘口分析技巧解读

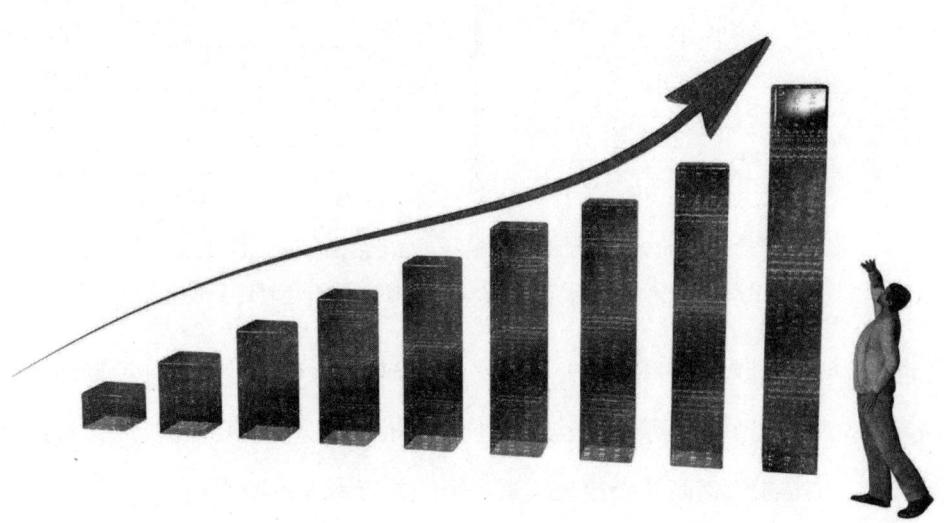

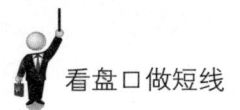
看盘口做短线

第一节 解密分时图出货的几种走势

一、盘口语言之利用高开出货

股价处于上涨的高位区域，突然某一天出现跳高开盘的现象，有的甚至以涨停板开盘，但收盘时股价却低于开盘价，此时要警惕主力利用高开进行出货。

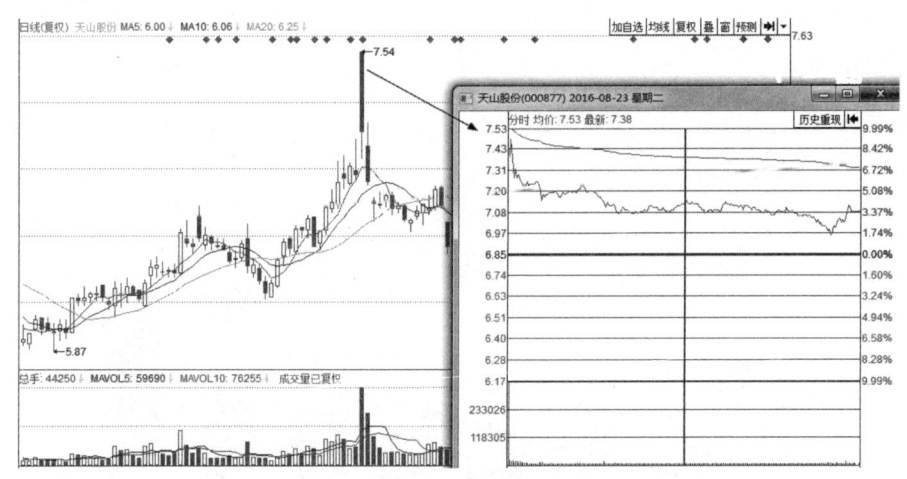

图5-1 天山股份（000877）日K线图和分时走势图

图5-1是天山股份（000877）2016年8月23日的日K线图和分时走势图，该股大幅高开，但开盘后回落跳水，全天即使反弹也不能站上均价线，成交量创下当时的天量。这是主力借高开出货的模式，短线投资者应果断卖出。

图5-2是金牛化工（600722）2016年12月28日分时走势图，观察图例，该股早盘高开高走，股价向上拉升，很快就被拉至涨停。但这种涨停走势并没有持续到尾盘，只是持续了半个多小时，涨停板就被打开，股价开始下跌，虽然尾盘依然以0.23%左右的涨幅收盘，但却低于早盘的开盘价。对于这种"高开→涨停→下

跌"的股票，如果此时股价已经处于上涨行情末期，那么盘中股价的上涨便是主力在利用对敲拉升股价，引诱投资者进场接盘，以便其进行盘中出货。

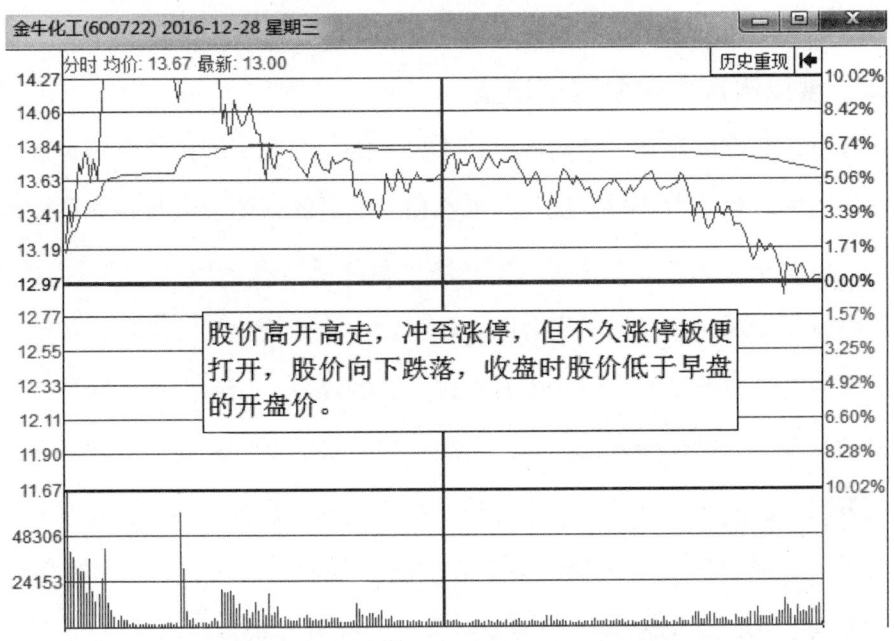

图5-2 金牛化工（600722）分时走势图

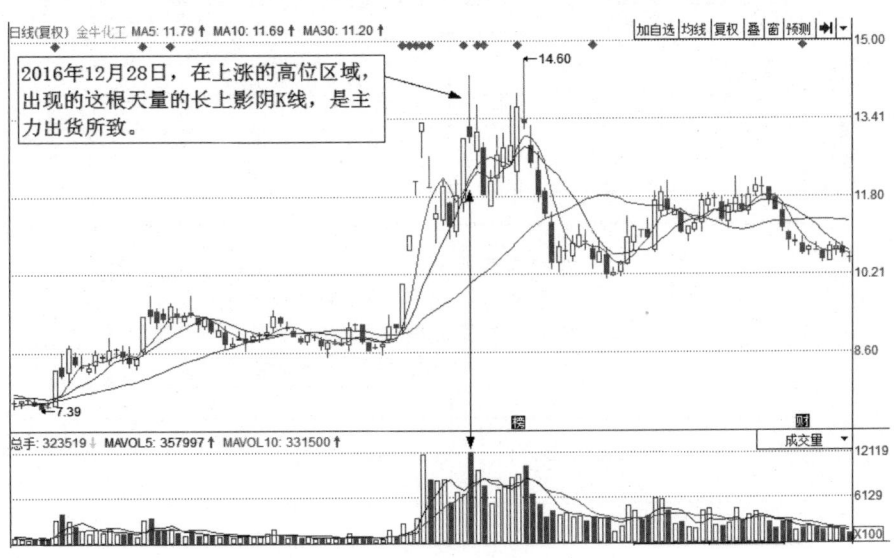

图5-3 金牛化工（600722）日K线图

图5-3是金牛化工（600722）2016年12月28日的日K线图，从图中可以看到，股价的高开、涨停、下跌低收，在K线图中便形成了这根高位长上影的K线形态，

成交量天量放出，此后该股进入了下跌走势。投资者在操作中见到盘中出现这种走势时，一定要结合当前的K线走势进行分析。如发现主力有出货的现象，持股者应马上清仓离场；持币者不要开仓买入，以免上了主力的当。

二、盘口语言之盘中震荡出货

开盘后，股价拉升到一定的高位，不再上涨，而是出现横盘震荡走势。一般来说，如果主力想要继续拉升股价，那么横盘的时间就不会太长；如果横盘的时间过长，就要小心主力在利用震荡引诱跟风盘进场，以达到出货的目的。图5-4是新筑股份（002480）的分时走势图，该股盘中出现快速上涨走势，在创下新高后股价不再继续向上拉升，但也没有出现下跌的现象，而是以横盘的方式运行，这种横盘状态一直持续到收盘。对于出现这种走势的个股来说，一种可能是主力有意做多该股，因此在盘中护盘，这种走势多出现在股价启动阶段或者上涨行情中。但如果在高位区域中出现这种走势，便可能是主力在利用横盘震荡进行出货。这种走势会诱惑场外的投资者买入，而主力正好趁机将筹码移交。

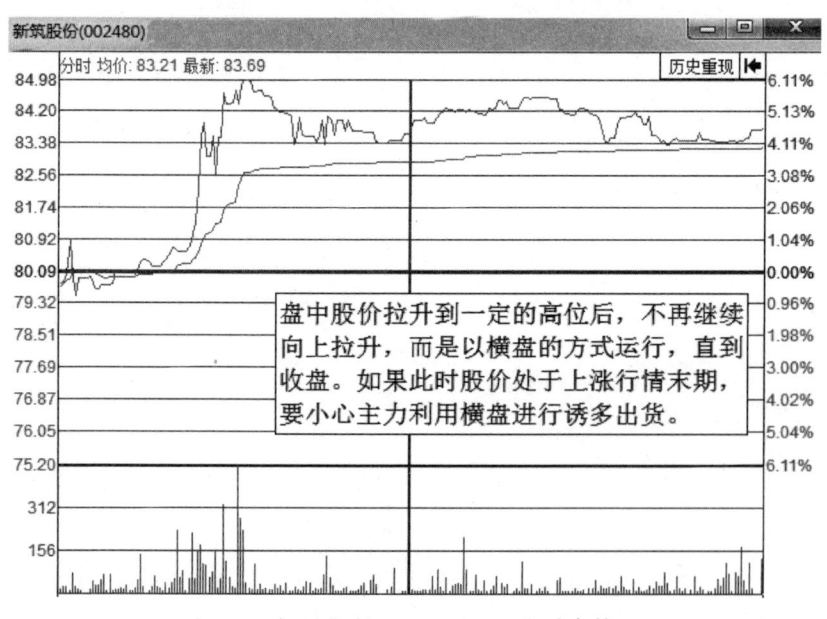

图5-4 新筑股份（002480）分时走势图

图5-5是新筑股份（002480）的日K线图，从图中看到，该股收出一根长阳K线，在长阳K线出现的接下来几个交易日，股价明显滞涨，一直在此区域震荡，

这个震荡的过程并不是主力想要拉升股价,而是在利用震荡继续诱多出货。从该股的后期走势可以看到,股价以放量长阴K线打破了震荡的格局,之后股价一路下跌,进入熊态。

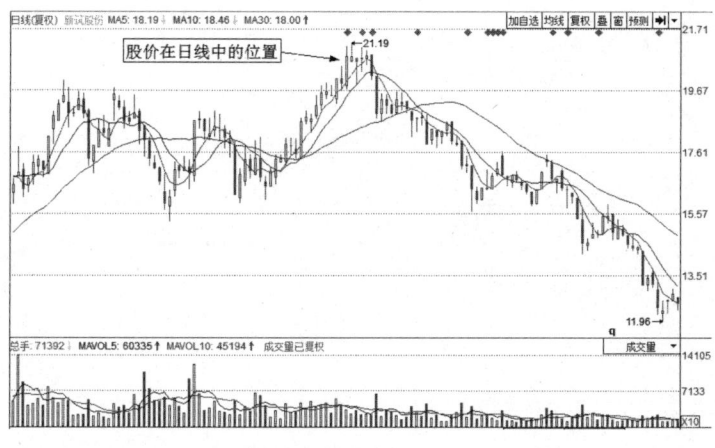

图5-5　新筑股份(002480)日K线图

三、盘口语言之低开低走出货

开盘低开低走,如果此时股价在K线图中处于高位区域,短线投资者可在盘中反弹时进行减仓操作,一旦跌势确立,应马上清仓出局。

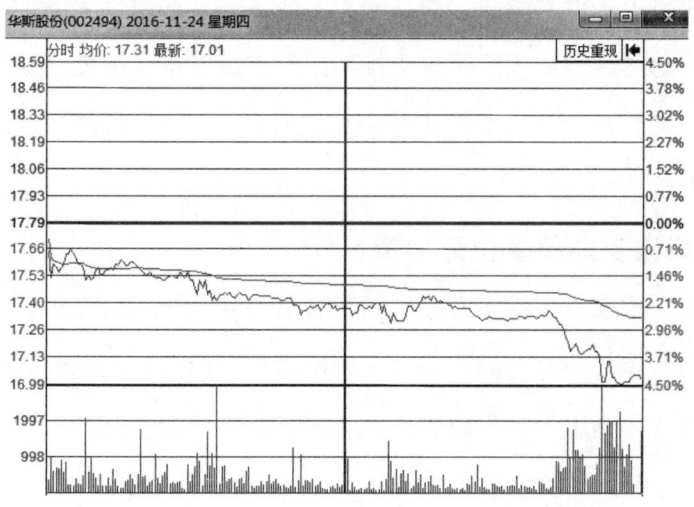

图5-6　华斯股份(002494)分时走势图

图5-6是华斯股份(002494)2016年11月24日的分时走势图,观察该图,该股低开后股价以阴跌的方式向下滑落,不断创新低,期间反弹的力度较弱,且尾盘

放量下跌。对于出现这种走势的个股来说，多是主力已经不再看好该股的后期走势，在盘中出货。

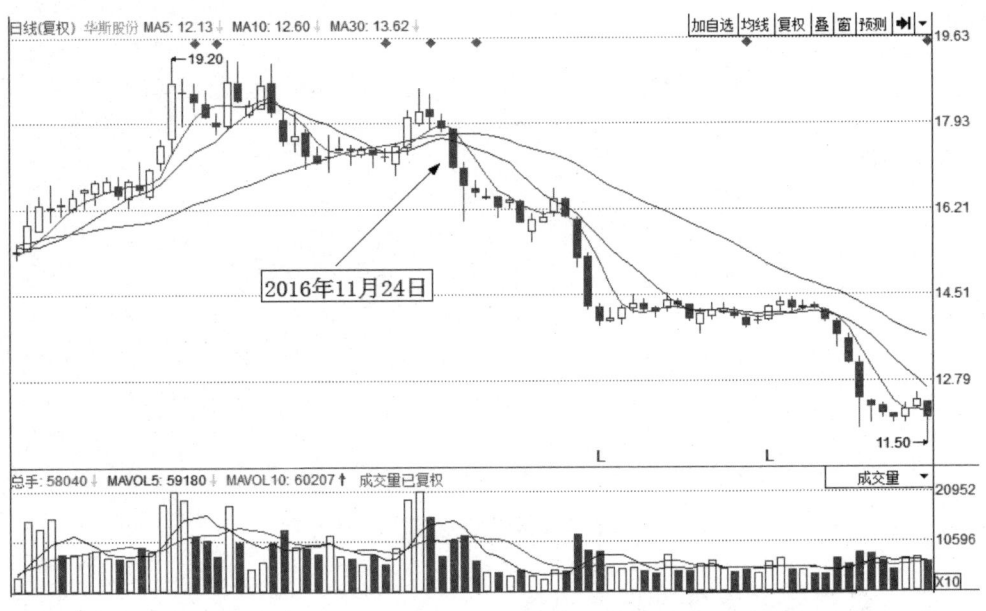

图5-7　华斯股份（002494）日K线图

图5-7是华斯股份（002494）的日K线图，由于盘中分时图的低开低走，因此在11月24日收出了一根大阴线，而这根大阴线正出现在股价上涨的高位区域，并且在大阴线出现之后，均线系统多头排列的形态也发生了改变，短期均线与中长期均线形成死叉。我们从后期的走势中可以看到，在大阴K线出现之后，该股进入了下跌走势。

四、盘口语言之尾盘拉升出货

一般来说，若主力控盘实力强，真正有意拉升个股，会在早盘或盘中展开操作，不会在最后十几分钟内搞偷袭。出现尾盘拉升出货这类分时形态的个股，多处于高点位置区，是主力运作收盘价，为次日预留出货空间的一种操盘手法。因而，在实盘操作中，我们应注意其风险。

图5-8是锦江股份（600754）2016年3月25日的日K线图和分时走势图，在全天的运行中，股价高开低走，分时线始终运行于均价线下方，直至尾盘阶段，个股快速上扬，向上突破均价线，在收盘前成功达到涨停价位。在K线形态中作

出一根漂亮的大阳K线，让投资者感觉该股当天的高开低走只不过是主力挖坑洗盘，后期股价还会继续上涨，以此来引诱投资者进场洗盘。从日K线图来看，当日正处于短期大涨后的高点，主力靠运作收盘价来拉高个股，这或许是主力控盘能力不足的体现，或许准备拉高出货了。因而，我们应在次日及时卖股离场。

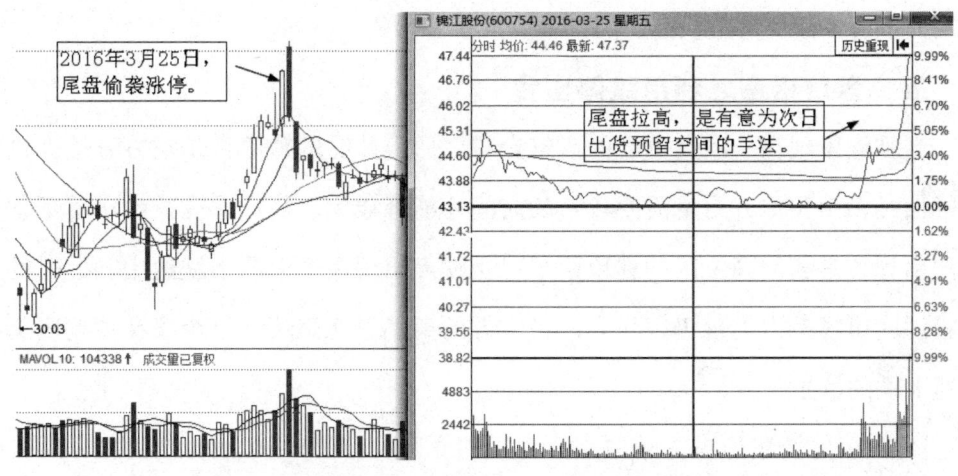

图5-8 锦江股份（600754）日K线图和分时走势图

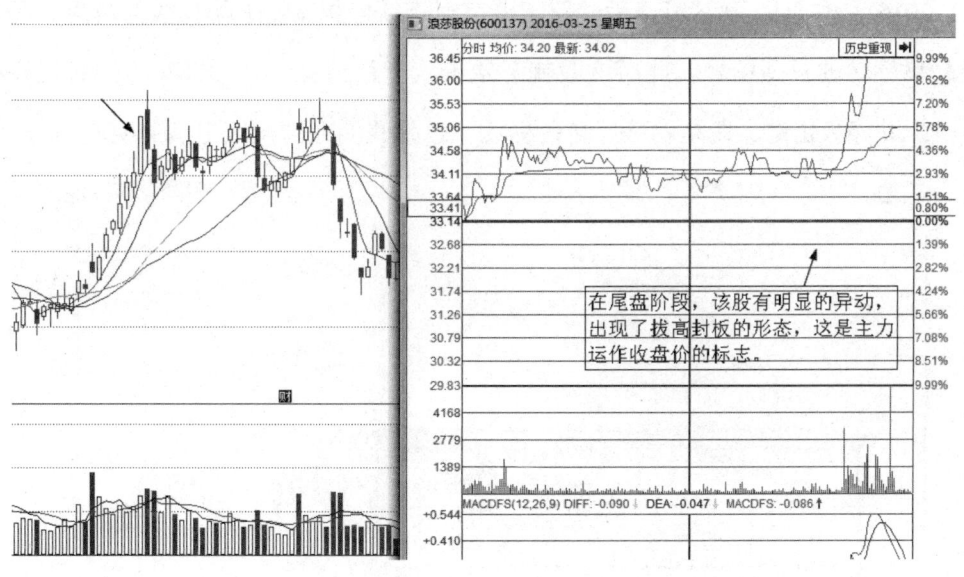

图5-9 浪莎股份（600137）日K线图和分时走势图

图5-9是浪莎股份（600137）2016年3月25日的日K线图和分时走势图，该股收盘前突然拔高，是主力刻意运作收盘价的产物。在操作上，一旦该股后市滞

涨，我们应果断离场，特别是在个股中短线涨幅较大的背景下，此种情况下的收盘前拔高，多是主力为了次日出货预留空间。

尾盘拉升是为了修饰K线图，在尾盘的最后刻意往上拔高，人为地制造日K线图上的大阳线，显示做多信心，这种情形下，有可能是主力货没出完，或者自身的实力不济，需要尾盘快速拉高，第二天接着出货。

五、盘口语言之利用跌停出货

当跌停出现在个股高位区的盘整走势之后，此时的跌停板是空方开始大量出逃的信号，由于空方力量需要较长的时间才能释放完，因此它往往预示着下跌趋势的出现，是我们高位区的逃顶信号；当跌停出现在个股的下跌途中，此时的跌停板说明市场空方力量仍很强大，且空方的离场意愿坚决，是个股在短期内仍将加速下跌的信号。

图5-10是长江传媒（600757）2016年1月4日跌停板的日K线图和分时走势图，该股在此前出现了长时间的上涨，累计涨幅较大，随后于高位区出现滞涨走势。2016年1月4日，该股开盘后一路走低，封于跌停板，空方抛压极为沉重，是个股趋势反转的强烈信号。此后该股就开始步入下跌趋势中。2016年1月4日出现的这一个跌停板走势，既是趋势反转的标志，也是我们在高位区出逃的明确信号。

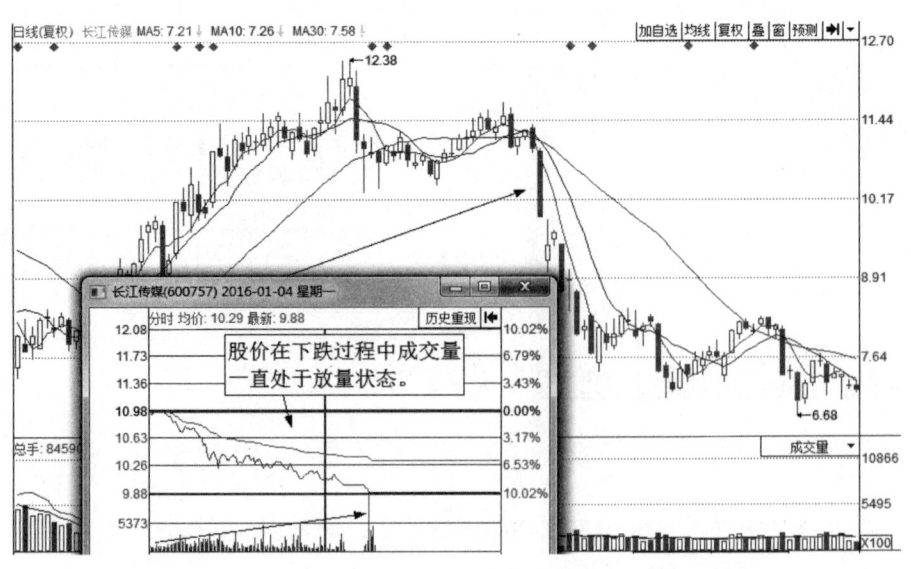

图5-10　长江传媒（600757）日K线图和分时走势图

第五章　盘口分析技巧解读

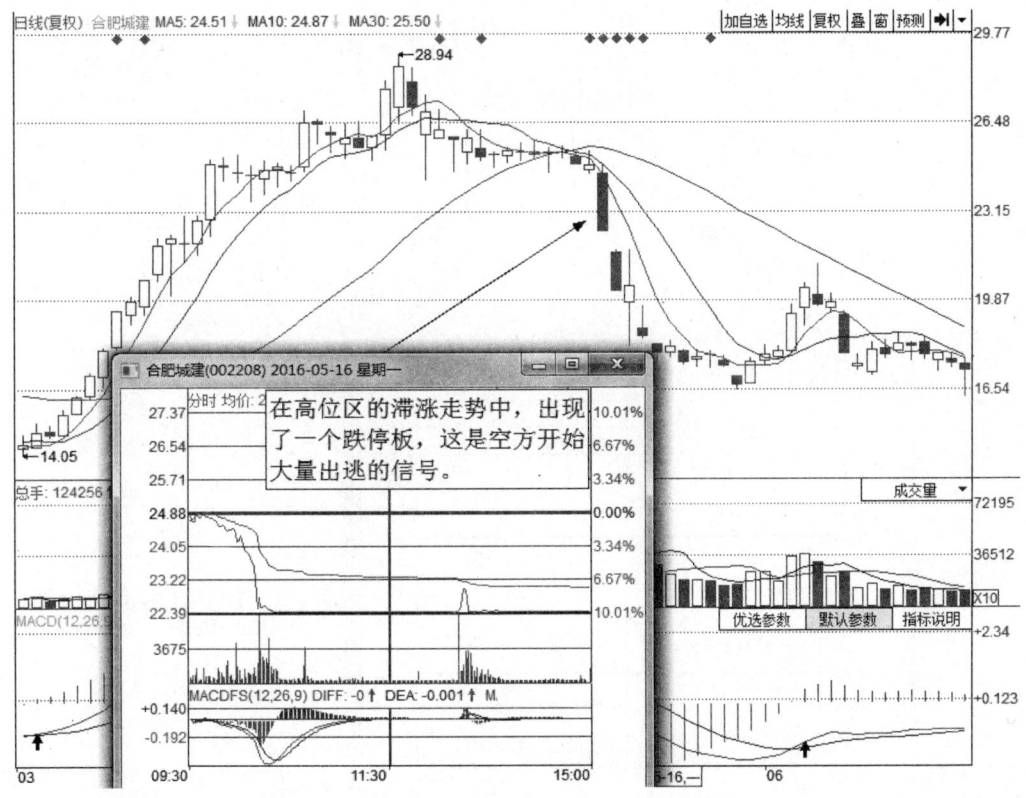

图5-11　合肥城建（002208）日K线图和分时走势图

图5-11是合肥城建（002208）的日K线图和分时走势图，该股在经历了持续的大幅上涨走势后，在高位区出现了滞涨的走势。

在滞涨走势中，该股于2016年5月16日出现了一个跌停板走势。如跌停板出现在个股高位区的盘整走势之后。

此时的跌停板就是空方集中抛售的信号，由于空方力量需要较长的时间才能释放完。

因此它往往预示着下跌趋势的出现，是我们高位区的出逃信号。

当2016年5月16日出现了跌停走势时，投资者此时已经面临财富缩水现象。如果投资者仍没有在这一形态出现后选择卖出，而是选择长期持有的话，到最后可获取的收益将所剩无几，甚至是亏损，这是投资者必须注意的。

图5-12　浙江众成（002522）日K线图和分时走势图

图5-12是浙江众成（002522）的日K线图和分时走势图，该股在大幅上涨后，在高位区出现震荡滞涨走势，于2016年9月2日出现了一个放量跌停板，这是空方开始大量抛售的标志，也是个股顶部构筑完毕的信号。一般来说，跌停板是空方抛压极为沉重的表现，如果跌停板出现在个股大幅上涨后的高位滞涨区，则往往是顶部构筑完毕的信号，它预示着个股随后将步入下跌走势中，是我们明确的逃顶信号之一。

图5-13是*ST冀装（000856）的日K线图和分时走势图，股价在创出13.86元的高点后，随即横盘。2016年5月6日，该股大幅下跌，在K线形态上出现跌停，此时短线投资者应立刻出局。此后该股接连出现5个跌停板，股价快速下跌，行情彻底终结。若2016年5月6日投资者没有抓住这次机会出逃，对该跌停卖出信号无动于衷，损失将会很巨大。

第五章 盘口分析技巧解读

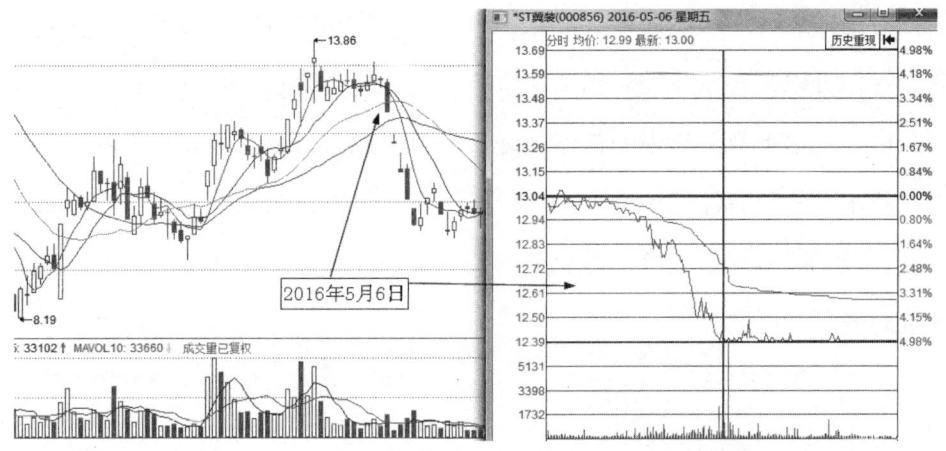

图5-13 *ST冀装（000856）日K线图和分时走势图

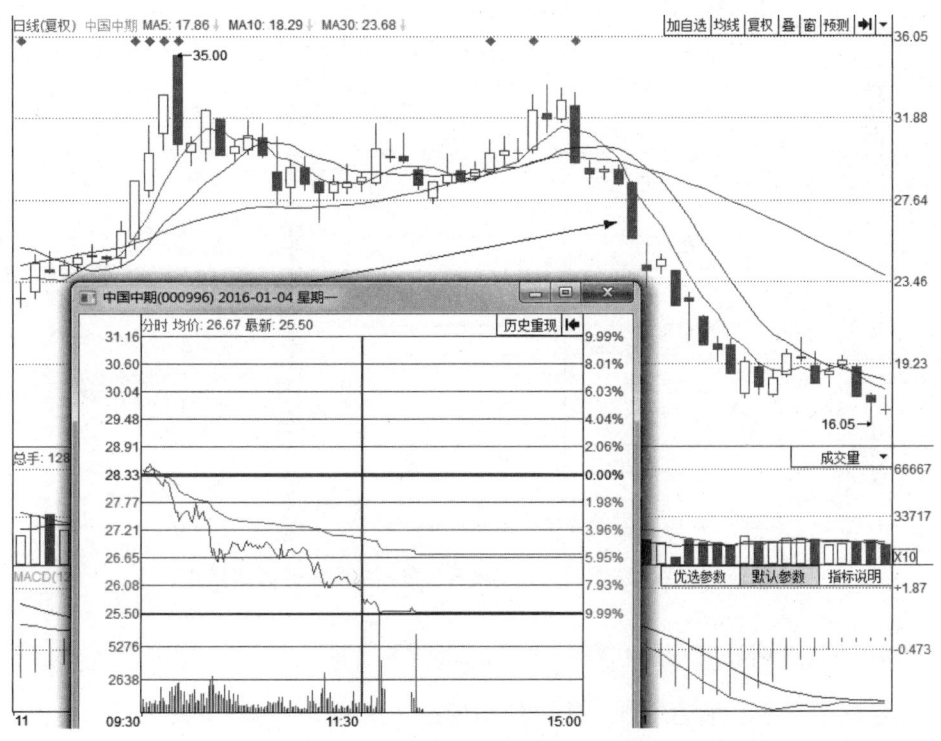

图5-14 中国中期（000996）日K线图和分时走势图

图5-14是中国中期（000996）的日K线图和分时走势图，此股由于前期的大涨使得市场获利盘数量众多（由于画面容量有限，因此只截取了部分K线走势，其实正式启动时的股价是13.50元，从这个价格到最高价的35.00元，股价已经翻倍）。2016年1月4日当日出现的跌停板走势充分说明了获利盘抛售愿望强烈，这

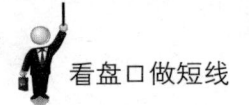

是空方力量突然转强的显著标志。跌停板是空方发动的进攻，通过这一个跌停板走势，我们可以预料该股随后仍会在空方的强抛压下出现下跌。可以说，持续大幅上涨后，在途中突然出现的跌停板是市场多空双方力量快速发生实质性转变的表现，预示个股随后仍将在空方力量的打压下而下跌，是我们短线卖出该股的明确信号，投资者应果断出局，避免随后因股价快速下跌而造成账户资金快速缩水的尴尬局面。

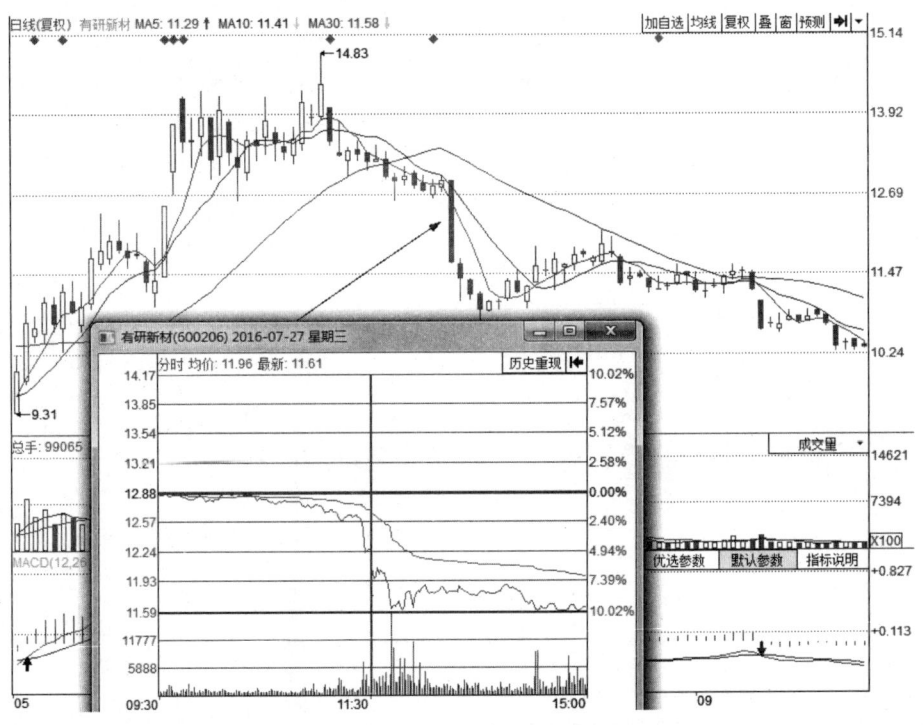

图5-15　有研新材（600206）日K线图和分时走势图

图5-15是有研新材（600206）的日K线图和分时走势图，图中箭头处该股出现了快速深幅下跌，最后出现一个跌停板形态，这是空方抛压异常沉重，主力资金全无护盘意图的体现。从K线走势图中可以看到，当日该股正处于高位盘整震荡区的向下破位处，这一跌停板预示着一轮下跌行情的展开，是卖股离场的信号。

跌停形态在实战中屡屡带来巨大的杀伤力，若此形态出现在创出一轮行情的高点之后，则是投资者卖出平仓的机会。出现此种形态时，后市看淡，投资者应立刻逃命，否则"性命"不保。对于此，希望投资者保持高度警惕。

六、盘口语言之利用涨停出货

由于其他一些较为明显的出货方式容易导致跟风卖盘，使得在主力出货期间股价也大幅下滑，为了避免由此带来的损失，一些主力会采取涨停板出货手法。此时主力进行出货操作不会引起股价的大幅下跌，具有一定的隐蔽性，又能保障出货获得一定的利润。

主力在高位获利后，通常会选择偷偷出货，此时如果使用下跌的方式卖出手中的股票，是得不偿失的。所以，很多时候主力的出货是非常隐蔽的，在投资者还没有察觉的情况下，不知不觉就悄悄地出掉了手中的股票。在所有操作手法中，有一种出货方法最为隐蔽，那就是：涨停出货。一般而言，当个股形成涨停走势的时候，在涨停的位置都会堆积大量的买单，而这些买单对于主力来说就是最好的出货对象，那么主力是如何利用涨停板的方式在盘中进行出货操作的呢？下面将作详细的讲解。

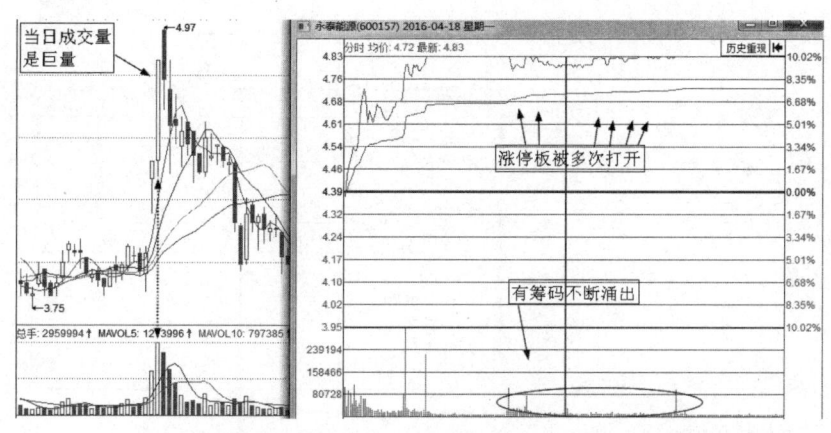

图5-16 永泰能源（600157）日K线图和分时走势图

图5-16是永泰能源（600157）2016年4月18日的日K线图和分时走势图，该股一开盘便陡峭上升，在开盘的时候引起了很多投资者的关注，快速拉抬股价吸引了更多投资者的资金。经过短时间的上冲，股价便快速地封至涨停板处，有些投资者一看股价形成了涨停的走势，会更加积极地入场进行买入操作，因此涨停价将会在极短的时间内聚积起数量异常强大的买盘。这些买盘对于主力出货来说便是极佳的对象，因此，随着连续抛单的出现，股价的涨停板被连续打开了多次，

成交量在涨停板的价格处密集放大，这说明主力利用涨停板吸引来投资者后，又继续进行了出货的操作，因此才会在K线图中留下密集放大的成交量。该股最后虽然以涨停收盘，但途中涨停屡次在盘中被打开，反复出现多次。冲击涨停却不去封住涨停板，泄露了主力无心做多的心理。

有些短线投资者喜欢追击涨停板，而主力恰恰利用这种追涨的心态，通过涨停板的掩护，隐蔽小心地抛出手中的股票。主力通过先挂大单封涨停，等后边散户买盘量放大时就撤单，同时卖出自己手中的股票。主力短线运作，在涨停板位置慢慢出货，即使收盘最后还是以涨停报收，后续交易日也走不了多远。

一般来说，若个股中短线涨幅较大、涨停板当日又反复开板且放出大量的话，极可能是主力开始出货的信号，应引起我们的警惕。

除了盘中反复开板、短线涨幅较大、当日量能这几个要素之外，涨停板次日和随后几日的表现，也是我们分析主力市场行为的关键。如果主力借助于涨停板大力出货，那么个股后面的走势会较为疲软。

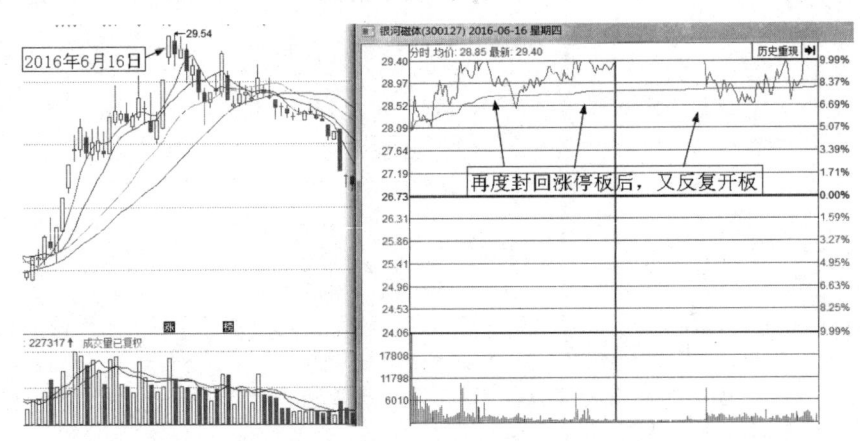

图5-17 银河磁体（300127）日K线图和分时走势图

图5-17是银河磁体（300127）2016年6月16日的日K线图和分时走势图，该股多次封板又开板，主力的真正意图是想给投资者追涨上车的机会吗？显然，主力是不会这么仁慈的，涨停板打开只不过是主力借机会出逃罢了。从日K线图来看，该股的中短线涨幅较大，盘中开板是主力借涨停之机出货的标志，投资者应卖股离场，规避风险。

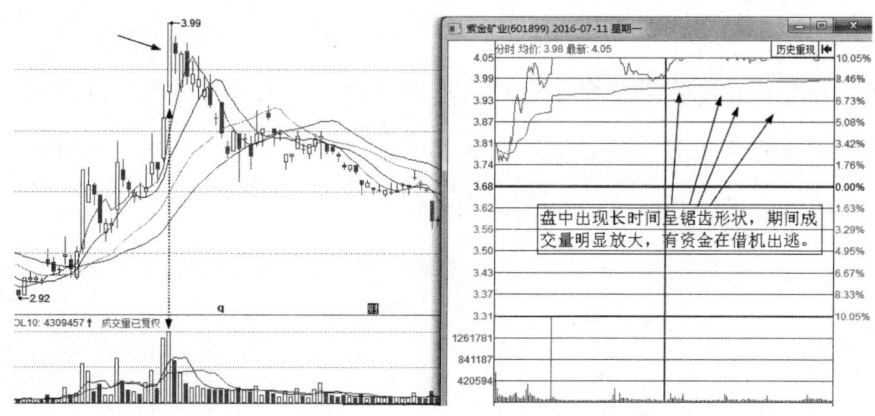

图5-18 紫金矿业（601899）日K线图和分时走势图

图5-18是紫金矿业（601899）2016年7月11日的日K线图和分时走势图，2016年7月11日一个高开的涨停板似乎使个股将要加速上涨，但该股当日在盘中阶段却出现了类似于锯齿板的运行方式，且期间量能大幅放出。很明显，这种量能已远远超出了洗盘范畴，它是主力借涨停板短期大力出货形成的。个股随后的走势不容乐观，我们应及时卖股离场。涨停打开次数越多，说明多空分歧也越大，多头承受接盘的资金和心理力量也越受到考验，继续上涨的胜算也会降低许多。若是主力借涨停出货，该股更是上涨渺茫。

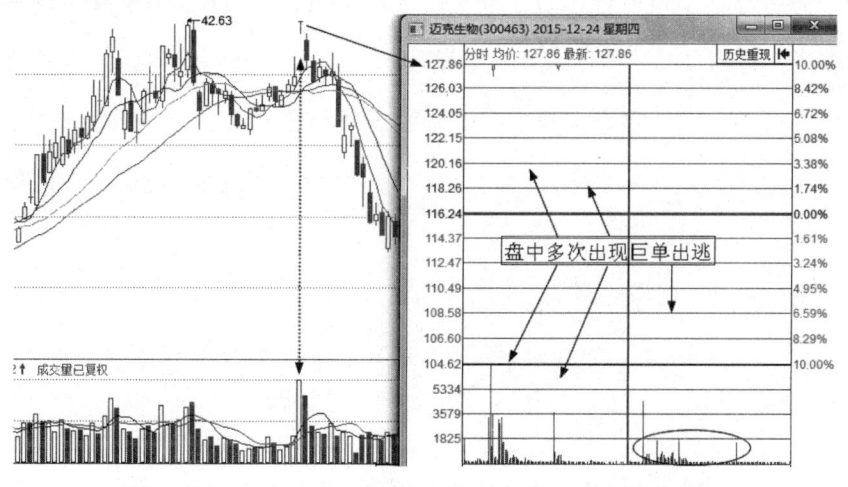

图5-19 迈克生物（300463）日K线图和分时走势图

图5-19是迈克生物（300463）2015年12月24日的日K线图和分时走势图，在涨幅较大的背景下，个股当日再度在前高位置封上涨停板，但在盘中却微幅开

板，这源于巨单的抛售，极可能是主力开始出货的信号，应引起我们的警惕。再加上当天K线图上的成交量是近期天量，天价天量，投资者后市须谨慎了，如果主力借助于涨停板大力出货，那该股后面的走势会较为疲软。随后几日该股的表现不佳，投资者须清仓离场，方可避免损失。

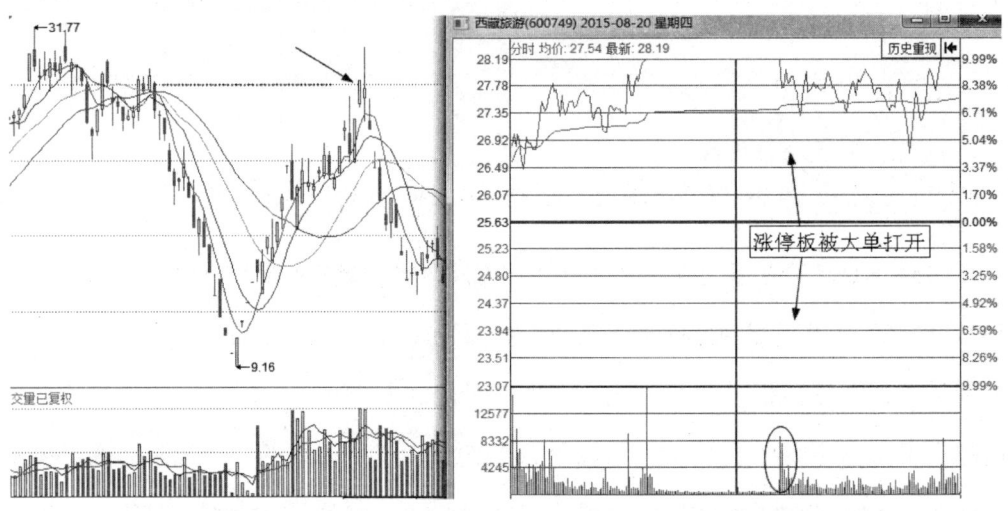

图5-20　西藏旅游（600749）日K线图和分时走势图

图5-20是西藏旅游（600749）2015年8月20日的日K线图和分时走势图，该股在上午强势涨停，午盘阶段出现了明显的大单砸盘，从日K线图来看，该股有一定的短线涨幅，且当日的位置区域有双重抛压阻挡，一是短线获利盘，二是前期解套盘。所以，盘中出现的砸盘点与主力资金的出货行为有关，投资者须谨慎小心。

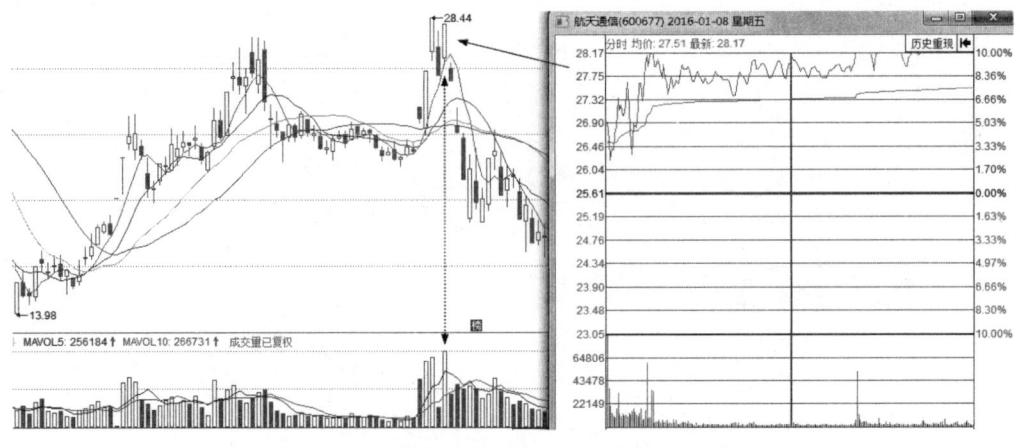

图5-21　航天通信（600677）日K线图和分时走势图

图5-21是航天通信（600677）2016年1月8日的日K线图和分时走势图，在短线涨幅较大的背景下，此股当日又再度涨停，但这个涨停板却被多次打开，当日成交量创出了近1年来的新高，可以称之为天量。如此大的量能，又出现在短线涨幅巨大的背景下，卖盘必有主力的一部分，投资者对后市须小心。再结合该股后续几日的下跌走势，更能确定2016年1月8日当天是主力借助涨停板出货了。

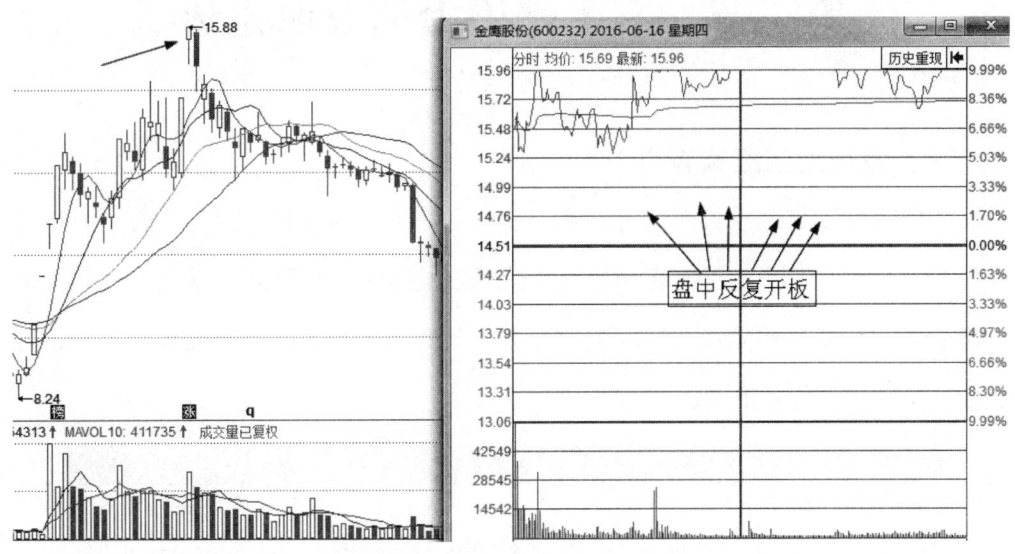

图5-22　金鹰股份（600232）日K线图和分时走势图

图5-22是金鹰股份（600232）2016年6月16日的日K线图和分时走势图，该股当天大幅高开，随后上封涨停板，但该股并没有牢牢封死涨停，在全天的交易中，于涨停板价位上反复打开，很明显，这是有资金在借机出逃。一般来说，涨停板反复打开出现的时间越长，代表当日的涨停板越弱势，这是主力涨停出货手法的一种体现。

炒作手段高明的市场主力往往以涨停板为幌子，达到顺利派发筹码的目的。当某只股票连续一段时间暴涨后，主力先用大笔买单封在涨停板上，等待散户跟单增多后，主力悄悄撤单，并将筹码抛售给散户。等到涨停价即将打开或稍稍打开后，主力再次用大笔买单封在涨停价上。主力通过这种方法反复操作，诱使投资者在涨停价上跟风追涨，从而达到出货的目的。

第二节　有上涨潜力的分时走势

一、股价上扬挺拔有力

个股之所以呈现强势上扬的走势，往往是因为主力的积极拉升，而主力在盘中拉升个股时，其股价形态多会呈现出流畅、挺拔的上扬形态，这是连续大买单扫盘所致的，而这种流畅上扬的股价形态也是我们分析个股是否强势、主力是否有较强拉升意愿的着手点。

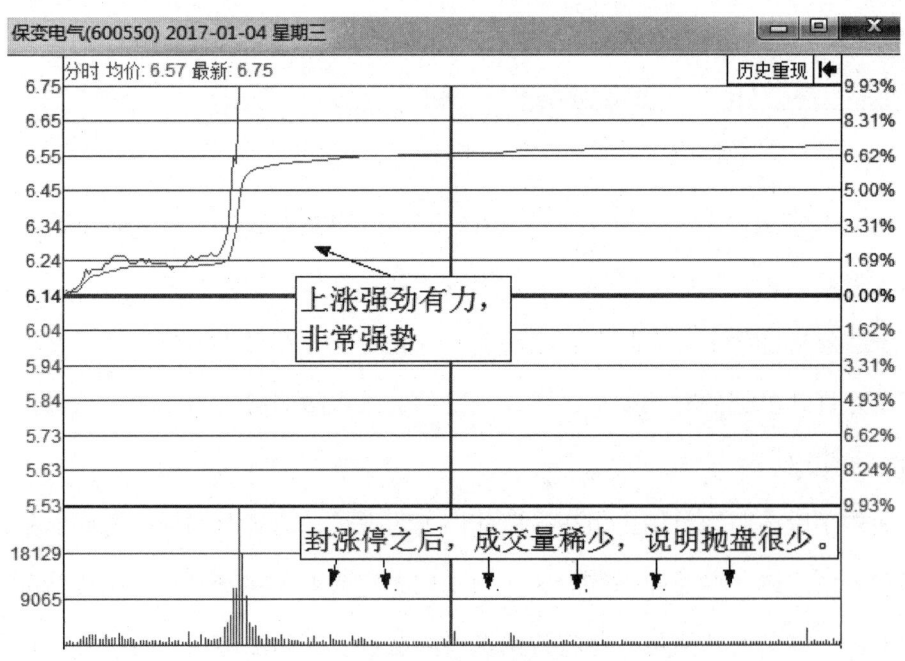

图5-23　保变电气（600550）分时走势图

图5-23是保变电气（600550）2017年1月4日的分时走势图，该股的股价和分时均价线走势很有力度，非常顺畅，上涨坡度陡峭，这一切都说明该股非常强

势。该股拉升时成交量放大，说明盘中资金开始积极地进场，成交量放大是股价上涨的根本动力。投资者可积极进场操作，获取收益。

弱势的个股由于没有资金入场的积极推动，盘中的分时线走势会非常的曲折，并且成交量的变化也是没有任何规律可言的。而强势股则不同，因为有资金积极涌入，所以强势的分时线通常会非常流畅和刚劲有力，上升角度也会比较大，因此投资者对于具有这样走势的个股，应该要积极地介入。

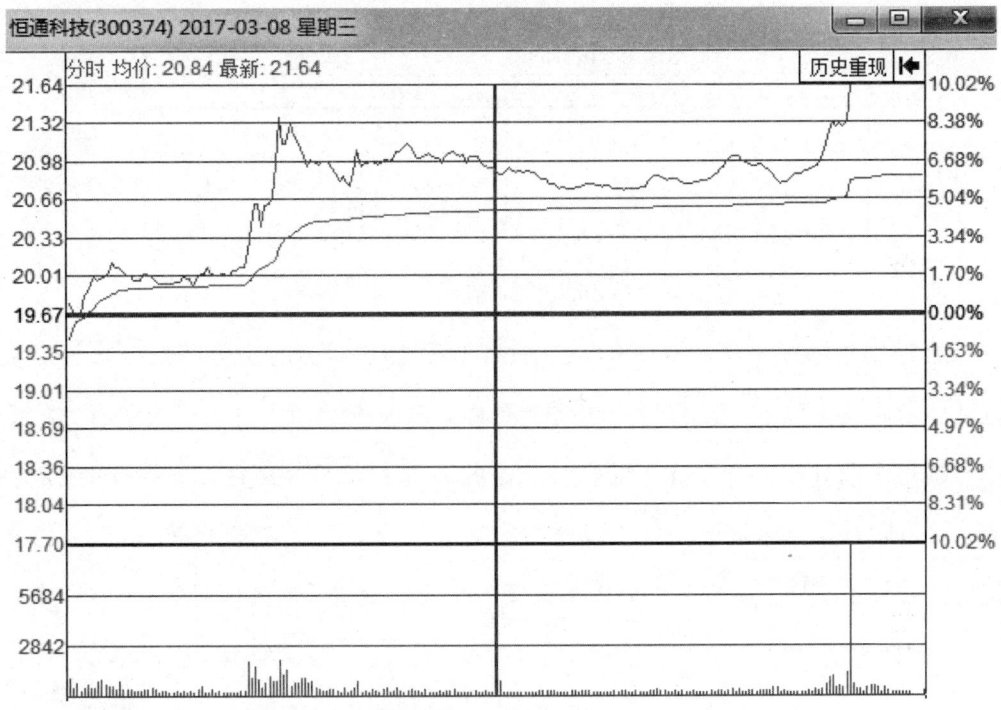

图5-24　恒通科技（300374）分时走势图

图5-24是恒通科技（300374）2017年3月8日的分时走势图，当日该股在早盘时间段就出现了流畅的上扬形态。很明显，这是主力资金通过连续大买盘扫盘、拉升所致，是该股处于强势状态的反映。

二、股价运行于均价线上方

股价运行于均价线上方说明市场的买盘力量较强，是个股处于强势的表现。如果均价线呈缓慢上升形态，而股价又以均价线为支撑时出现上涨，从而使得股价节节升高，这是个股处于多方主导的体现。

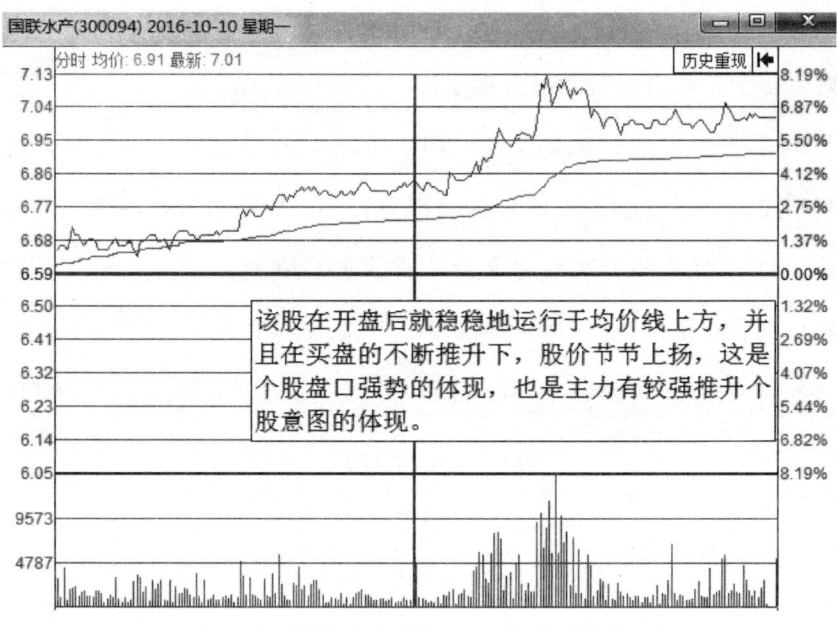

图5-25 国联水产（300094）分时走势图

图5-25是国联水产（300094）2016年10月10日的分时走势图，当日该股稳健地运行于均价线上方，且均价线缓慢上移，对股价的稳步上扬形成了有力的支撑，这是个股处于多方主导下的强势状态的表现。如图5-26是该股的日K线走势图，可以看到，当日该股正处于盘整后的突破上行阶段，这种强势的分时图形态就更为可靠地反映了多方正强势做多该股，是我们短线看涨的信号。

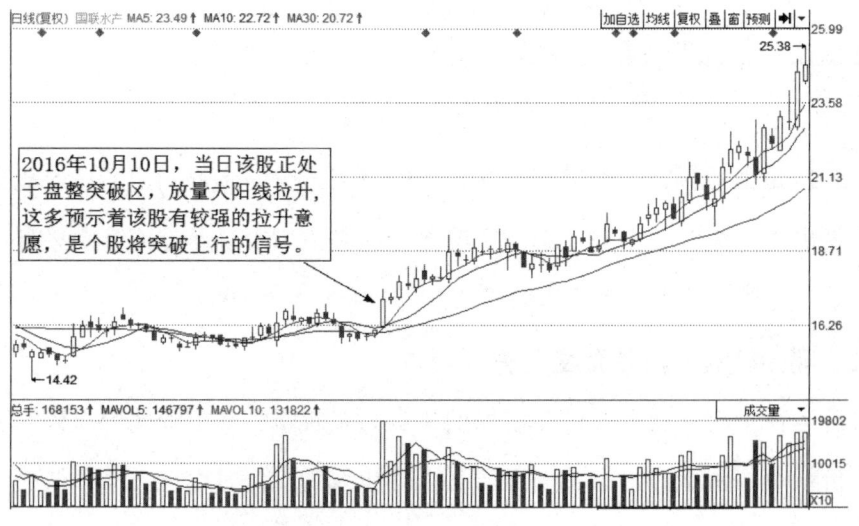

图5-26 国联水产（300094）日K线图

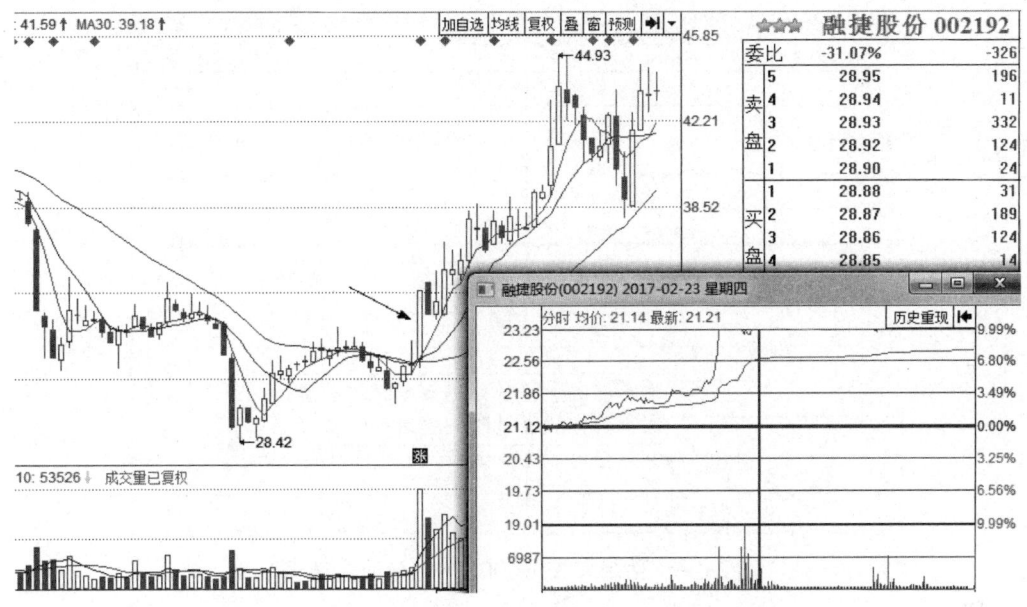

图5-27 融捷股份（002192）日K线图和分时走势图

图5-27是融捷股份（002192）2017年2月23日的日K线图和分时走势图，从图中左侧的日K线走势中可以看到，当日该股正处于一波深幅调整后的低点。

让我们再来看右下角的分时走势图，该股在开盘之后节节上扬，股价与均线价皆保持了持续上扬的形态，且股价稳稳运行于均价线上方。

这是买盘力量开始大幅转强的信号，也预示着阶段性下跌走势的结束，此时可以作为短线买股的时机。

三、分时量配合关系理想

成交量可以反映买卖盘介入情况，如果一只个股快速上扬时，有明显放大的量能支撑，则说明这是买盘较为充足且介入力度较大的表现，这种上涨也较为真实，可以作为我们的看涨信号。

反之，如果个股在快速上扬中，分时量没有出现有效放大，则这种上涨很有可能是虚涨，我们不可以盲目追高。

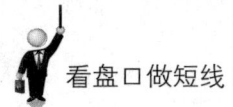

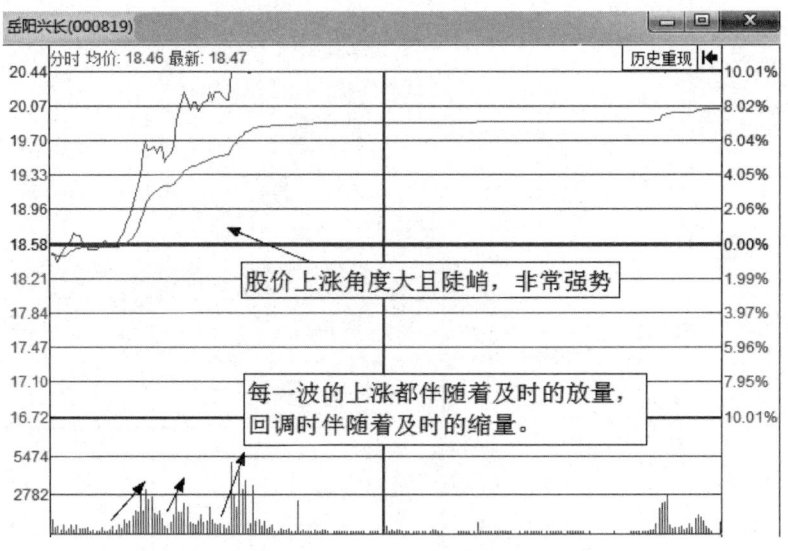

图5-28 岳阳兴长（000819）分时走势图

图5-28是岳阳兴长（000819）的分时走势图，该股开盘震荡一段时间后，开始放量上攻，分时均价线随着买盘力度的不断增加而变得陡峭上升。股价在上涨时，成交量也伴随着出现放大的走势，这说明资金开始入场进行积极的操作，股价每一波的上涨均得到了成交量放大的支持，只要成交量不断地放大，就可以支撑股价不断健康地上涨。该股分时均价线上涨时的走势流畅并且刚强有力，明显处于强势。

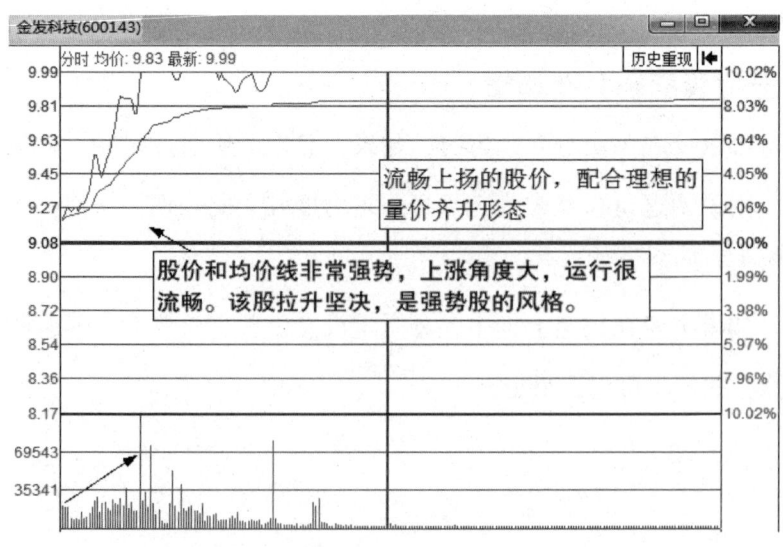

图5-29 金发科技（600143）分时走势图

图5-29是金发科技（600143）的分时走势图，该股开盘以后便出现了快速上涨，股价在上涨的时候均价线运行流畅且刚强有力，股价的上涨角度也非常之大，这种走势说明盘中做多的力量非常强势。

股价每往上涨，成交量便会配合放大，这是完美的量价配合关系，只有量价配合完美的个股，才有能力不断地连续上涨。

该股的上涨过程比较简单，单一的上涨形态说明股价的上涨动能非常之大，股价在上涨的时候没出现横盘震荡的状况，成交价格是始终连续向上的，因此构成了股价连续的上涨。在强势个股走势上，这种流畅的分时均价线运行状况是可以经常见到的。投资者见到此类个股，应及时买入。

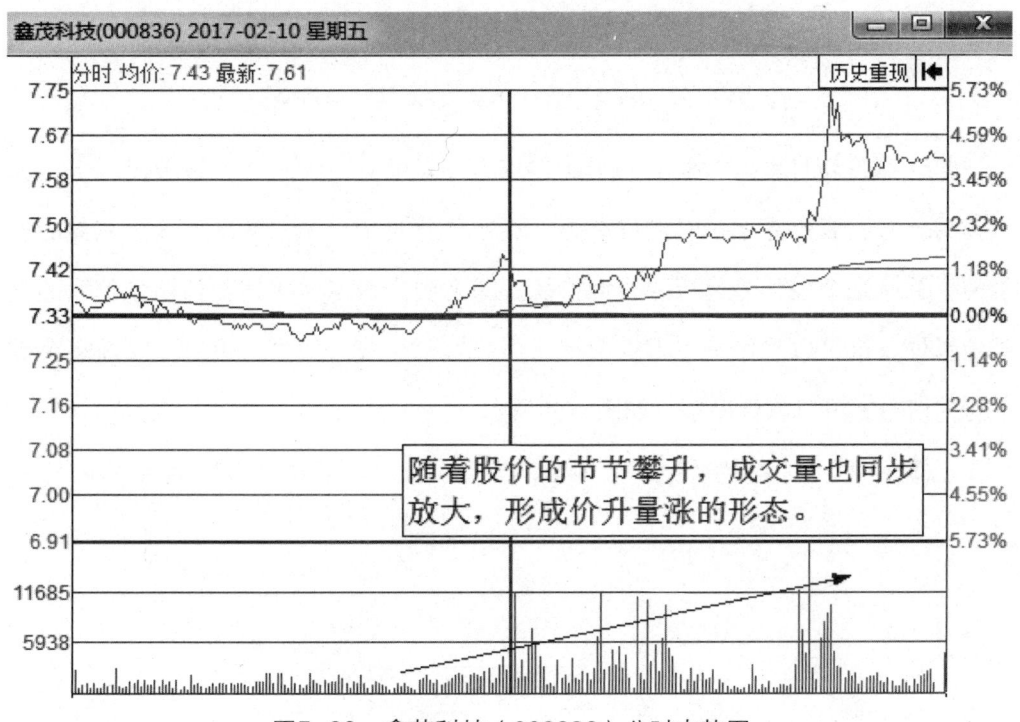

图5-30　鑫茂科技（000836）分时走势图

图5-30是鑫茂科技（000836）2017年2月10日的分时走势图，随着股价在盘口中的节节攀升，分时量也呈逐步放大的态势，这说明个股的上涨是源于充足买盘资金的推动，这是个股上涨较为坚实的体现。

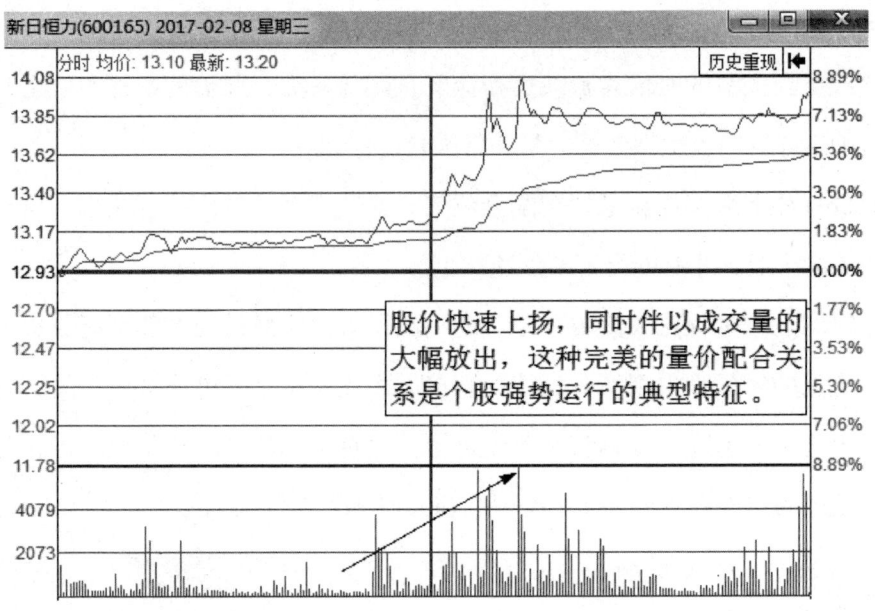

图5-31 新日恒力（600165）分时走势图

图5-31是新日恒力（600165）2017年2月8日的分时走势图，该股出现了快速上扬的走势，股价在上扬时挺拔有力、流畅，分时量也大幅放出，这种完美的量价配合关系是个股强势运行的典型特征。考虑到个股当时正处于长期盘整后的突破位置处，这可以看作是主力资金有意强势拉升个股的信号，也是个股即将突破上行的信号，可以积极做多，如图5-32所示。

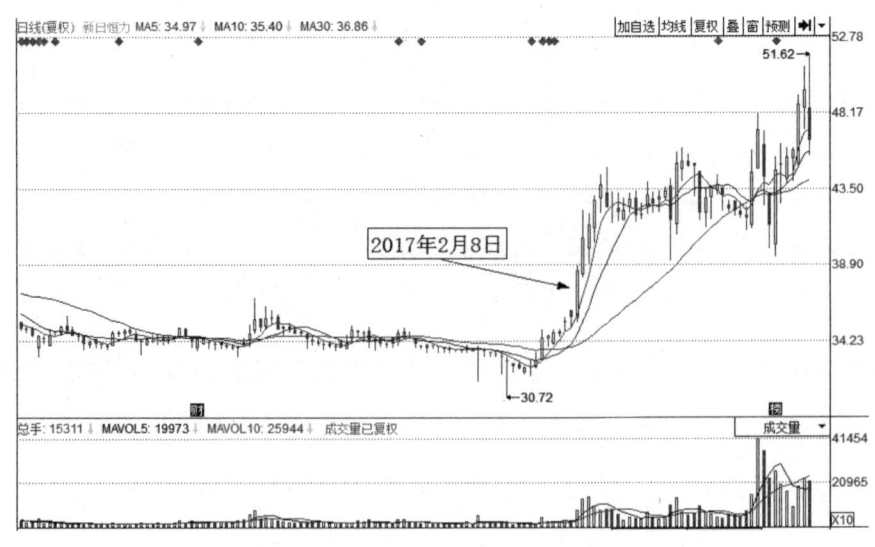

图5-32 新日恒力（600165）日K线图

四、走势强于大盘

大盘是我们分析个股强弱力度的一个参照物。如果个股当日的盘中走势明显强于大盘，一般来说，这类股票多有主力资金参与，且主力向上拉升的意愿较为强烈。成功地捕获这类强势股，将使我们在股市中获取的利润远远大于市场平均水平。

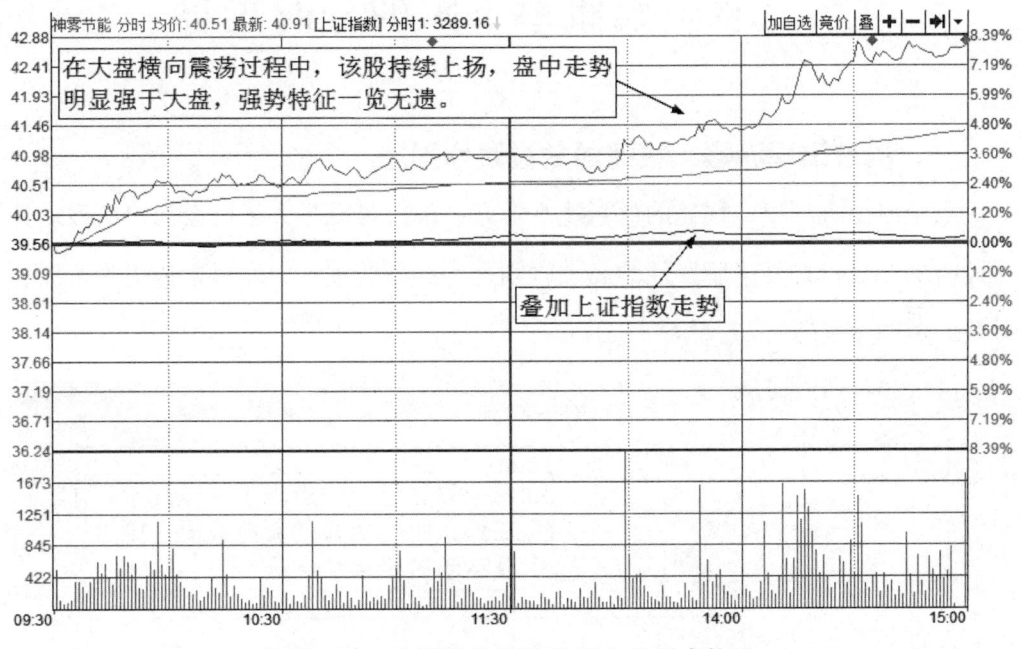

图5-33　神雾节能（000820）分时走势图

图5-33是神雾节能（000820）在2017年4月7日的分时走势图，通过对比可以看出，当日该股的走势较为强劲，该股盘中分时图远强于当日大盘，很明显有资金在强势拉升该股。

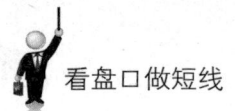

看盘口做短线

第三节　大概率下跌的分时走势

一、股价出现深幅、快速的放量跳水形态

当个股出现深幅、快速的放量跳水形态，很有可能是大量抛盘涌出所致。如果此时的个股恰好处于阶段性的高点，则这种形态所预示的调整走势更为可靠，是我们短期看空的信号。

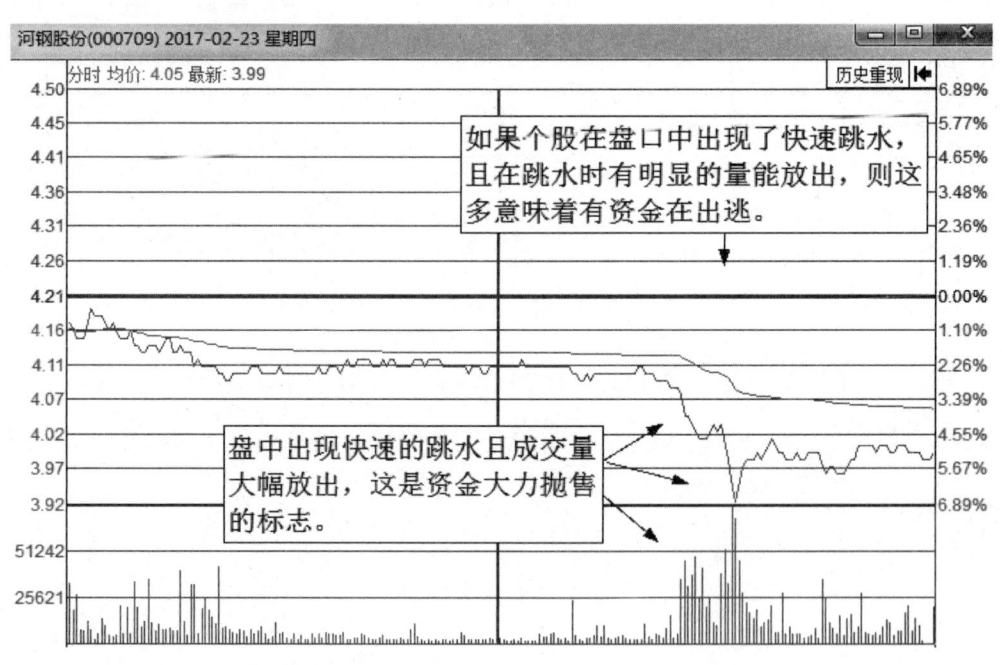

图5-34　河钢股份（000709）分时走势图

图5-34是河钢股份（000709）2017年2月23日的分时走势图，该股的盘口出现了跳水走势，在快速跳水的过程中可以看到分时量的明显放大，这往往是抛压较重所致。

如果此时的个股又正处于高位区，则主力出逃的可能性就越大，个股随后继续弱势运行的概率也就越大。

如图5-35所示，该股属于明显的高点，因而，这种深幅、快速的放量跳水形态的分时图，可能是个股随后将出现下跌走势的信号。

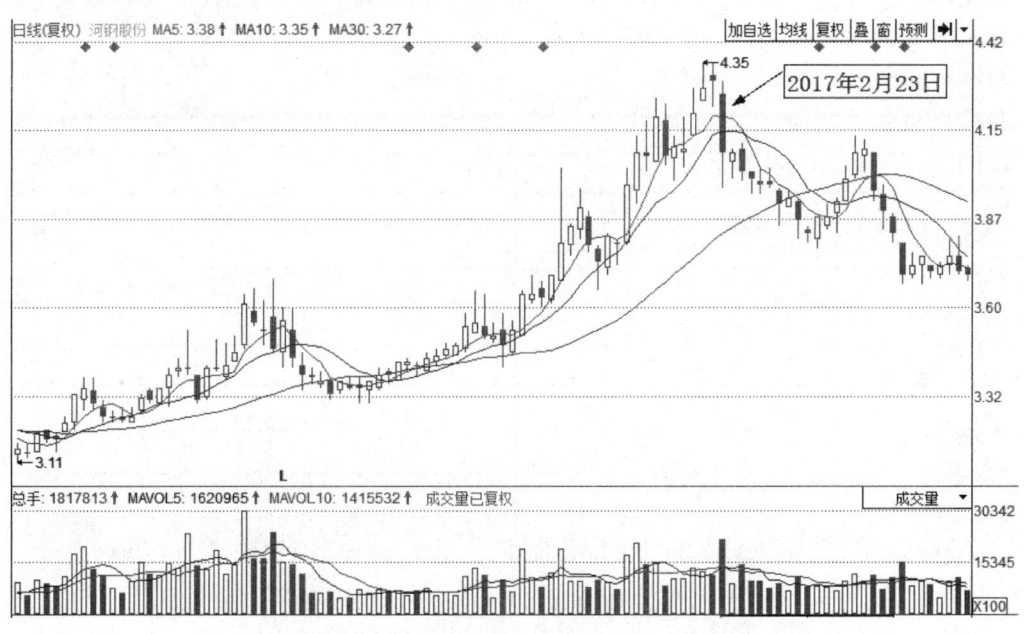

图5-35　河钢股份（000709）日K线图

二、股价持续运行于均价线下方

当股价持续地运行于均价线下方时，说明市场的卖盘力量较强，是个股处于弱势的表现。

图5-36是太极集团（600129）2016年12月5日的分时走势图，当日该股运行于均价线下方，并且在尾盘还出现了放量，这说明市场抛压沉重，个股当前处于空方主导下的弱势状态。

图5-37是该股2016年12月5日前后的日K线图，当日该股正处于盘整后的向下破位区。

因而，这种弱势的分时图形态就更为可靠地反映了多方无力上推个股，空方对个股的打压加重，是个股破位下行的可靠信号。

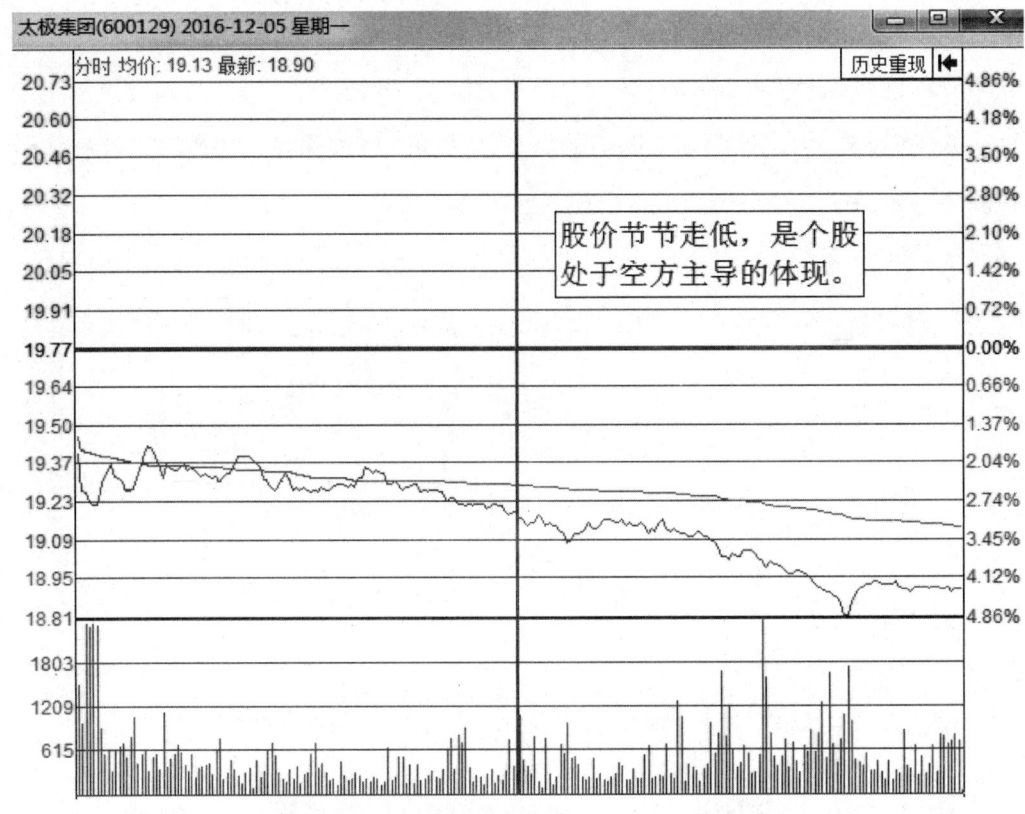

图5-36　太极集团（600129）分时走势图

图5-37　太极集团（600129）日K线图

三、股价走势弱于大盘

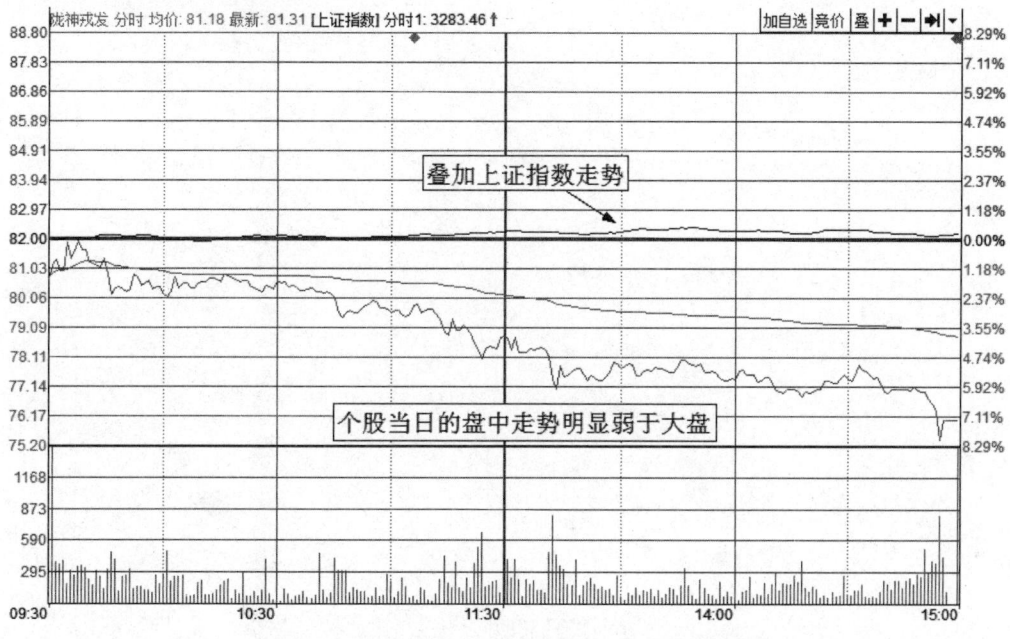

图5-38 陇神戎发（300534）分时走势图

图5-38是陇神戎发（300534）2017年4月7日的分时走势图，当日大盘收红，而此时该股却出现了大幅下跌，走势明显弱于大盘。通过对比可以看出，这是一种极为弱势的形态。在短线操作中，这类弱势股是我们应回避的品种。

第六章

深度解读盘口分时量能

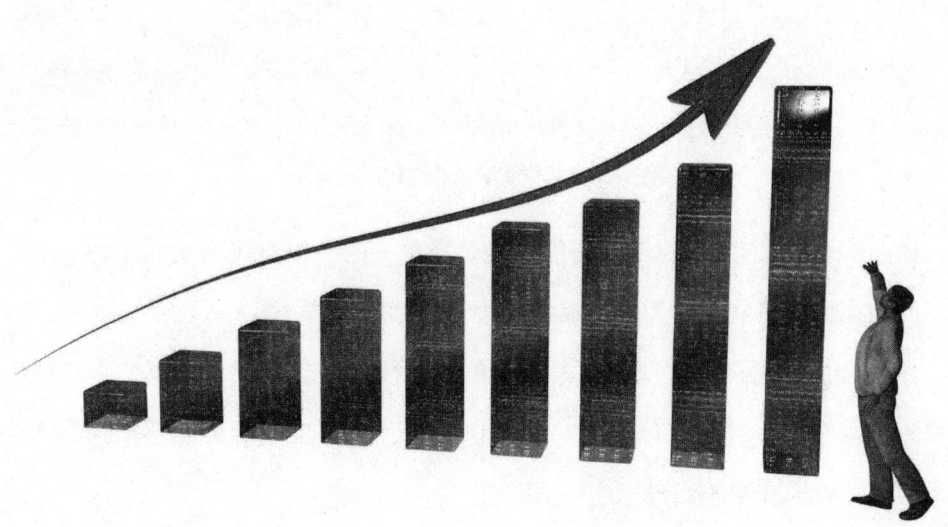

第一节　解析多功能的对倒型量能

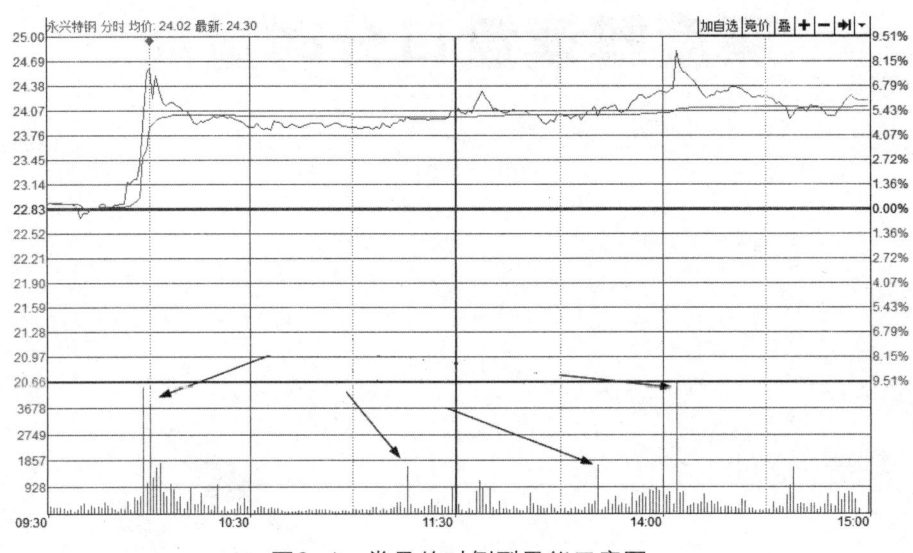

图6-1　常见的对倒型量能示意图

如图6-1所示，所谓对倒型量能，就是指单一的、以自买自卖为主的、前后关联不大的孤独型量能，这类量能通常呈现为孤零零的样子。

如果大盘低迷，则表现为孤零零的单一量柱，十分刺眼。相反，大盘热闹的时候，则夹杂在凌乱的跟风盘中。从盘口来看，对倒型量能突兀感很强，人为的迹象很明显，成交很不自然。

在分析的时候，要结合股价的空间位置来考量，如果在空间位置的高位，一般属于诱多行为，目的在于吸引跟风盘，借机拉高出货。

1.形态特征

成交量突然呈现单根突兀的放大，呈现出单根独立的量柱，没有持续性，一根量柱放大后下一根就立即缩小。

2.形成原因

这是主力在对倒时形成的特征，主力对倒的目的，要根据股价所处的位置来判断，吸货、洗盘、拉升、出货都会用对倒来误导市场，让看不懂的人做出误判操作。

3.实战操作要领

对倒量出现后，最好的行动就是按兵不动，任凭主力忽悠，我自岿然不动。

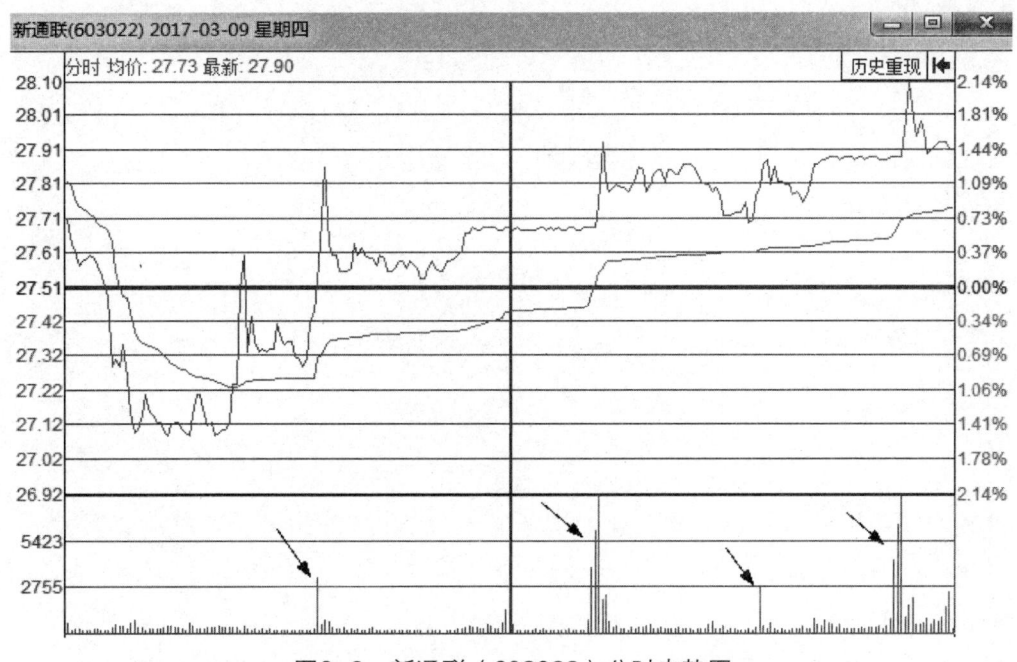

图6-2　新通联（603022）分时走势图

对倒型量能还有一个功能：试盘，就是测试盘口，通过瞬间的快速拉升或者快速打压，测试盘口的属性。

图6-2是最为常见的向上试盘动作，其目的在于测试上方的抛压，鉴别筹码的稳定性。从量能的角度来看，表现为单一的量能，前后都没有明显的密集成交量能。试盘动作出现之前，量能比较平静，成交稀少，属于比较真实的成交。出现快速的突袭式拉升之后，很快又回归平静，在波形上表现为快速回落。临盘实战的时候，股民遇到这样的盘口，不必急于介入，可以放入自选股跟踪分析。

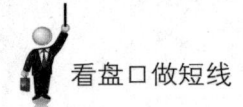

个别主力谨慎操作拉升股票，股价走高要先运用试盘，如果股价没有出现下跌，那么"探路"通过。"探"的目的是"进"。如果人们教条地认为上影线长或高开阴线就一定有大抛压而刻意卖出，那么当发现这是个错误的决策时已错过了行情。如果出现上影线长或高开阴线，而且成交量没有放大，始终在一个窄幅区域内徘徊，那是主力试盘的表现。如果股价在试盘后再度呈放量上扬趋势，那么投资者就可以没有顾忌地持股；如果呈现下跌倾向，那么就说明主力试出上方确有很大抛压阻力，此时可做抛股动作。

第二节 解析无庄的散乱型量能

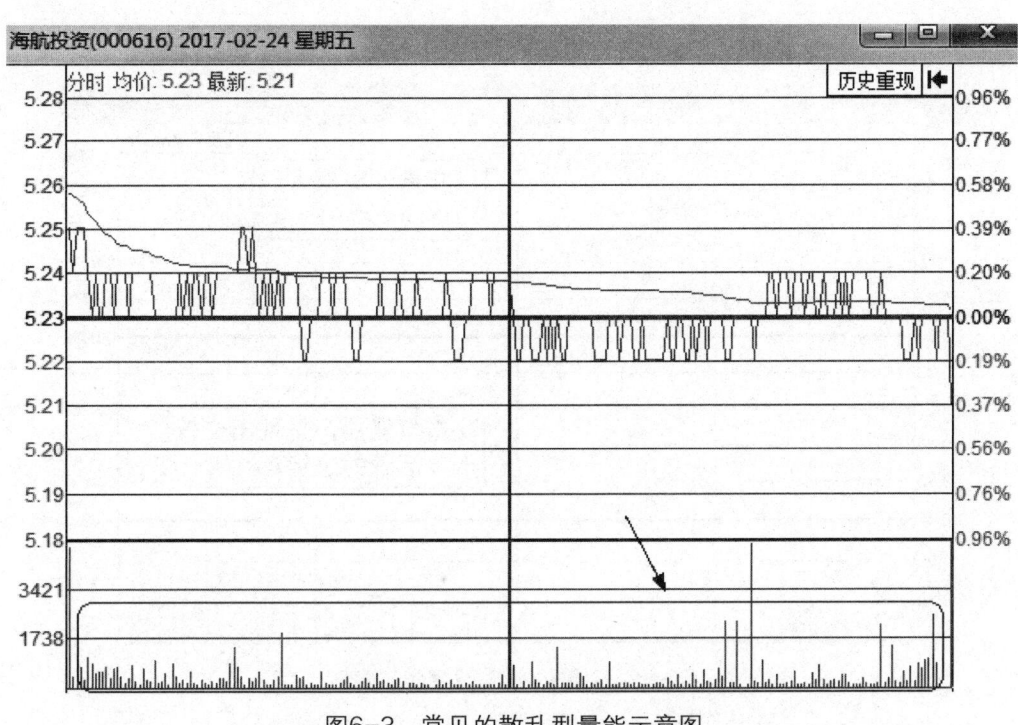

图6-3 常见的散乱型量能示意图

如图6-3所示,所谓无庄,是指没有庄家或者暂时没有庄家操纵当下的股价,盘面上显示出散乱的样子。这时形成的量能,就称为无庄的散乱型量能。

从分时图上的波形来看,该股图形无规律,凌乱不堪。从成交量柱来看,有明显的突兀感,且量柱的前后缺乏内在联系。如果结合大盘的走势来看,则明显表现出随波逐流的态势。结合波形和量能分析,不难看出整个盘口无序、无韵律、无节奏,以散乱为主。一旦遇到这样的品种,短线交易者应当坚决回避。

看盘口做短线

第三节　解析吸货的攻击型量能

1.攻击型量能

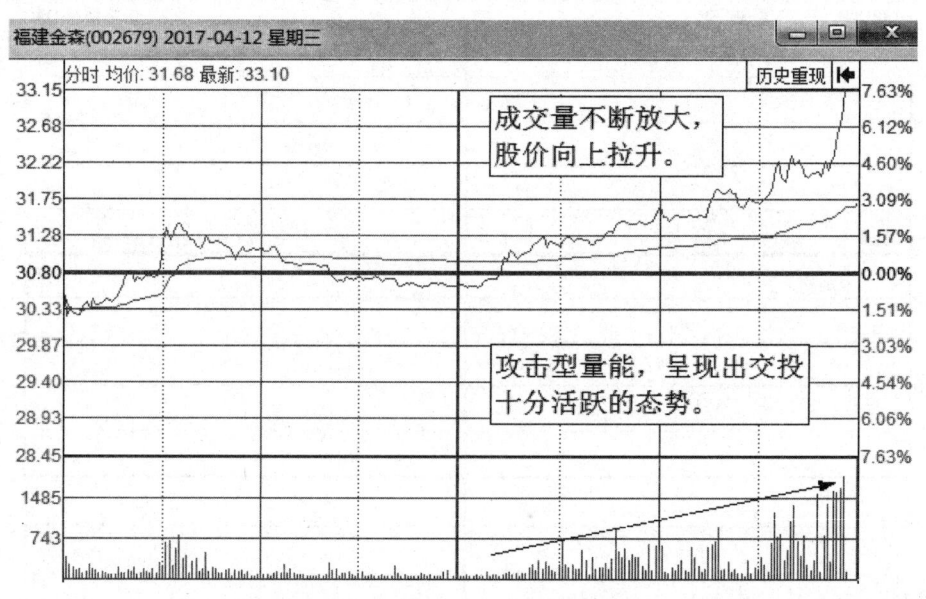

图6-4　常见的攻击型量能示意图

如图6-4所示，所谓攻击型量能，就是指向上发起进攻，主动吃进的筹码越多，成交量柱就越长，成交量柱由小到大呈现出放大特征，是拉升股价而留下的量能。

攻击型量能从图形上来看，是有预谋、有计划、有组织的行为。从相对应的波形来看，呈现为明显的攻击波，而且层次分明。攻击型量能是主力投入资金拉升股价的操盘结果，在盘口上，表现为明显的向上攻击走势。

攻击型量能和对倒型量能不同，前者属于主动向上吃进筹码，属于建仓行为，后者则是为了激发交投热情而进行的自买自卖行为。

（1）形态特征。

在一段时间内，成交量持续地放大，量柱由低到高甚至成倍地集中放大。

（2）形成原因。

只有连续地大量买进，才会形成攻击型量能，这是主力机构在大量地买进，在收集那些看不懂行情的持有者的筹码。

（3）实战操作要领。

在底部发现攻击型量能后，投资者可择机跟进。

2.递增型量能

攻击型量能有时候会表现出递增型量能的特征，两者有很多相似之处，这里我们顺便了解一下递增型量能，如图6-5所示。

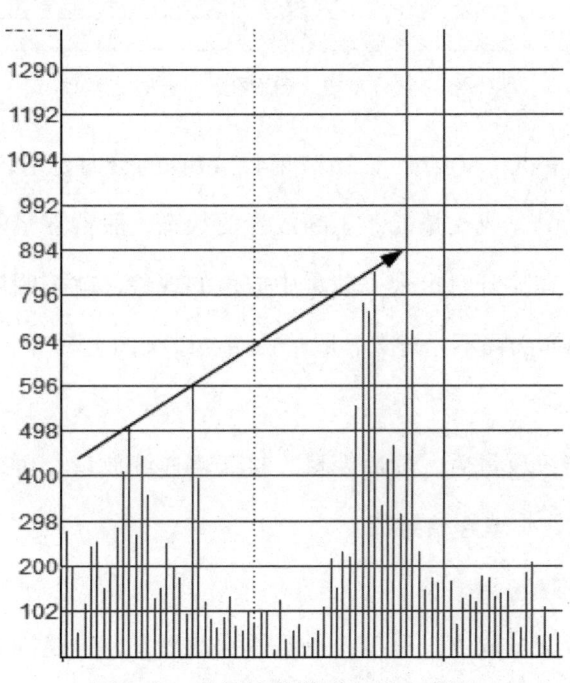

图6-5　常见的递增型量能示意图

股价在盘中出现拉升走势时，成交量不断放大，这种现象的出现多是股价真实的上涨。如果出现这种走势的个股前期股价涨幅很小，那么股价盘中出现放量上涨的现象便是主力已经开始做多此股，对于投资者来说这是跟进的好机会。

在实战中，如果在股价处于空间位置低位的时候发现明显的递增型量能可以积极地跟踪分析，一旦进入快速拉升阶段，短线投资者就可以积极跟进。

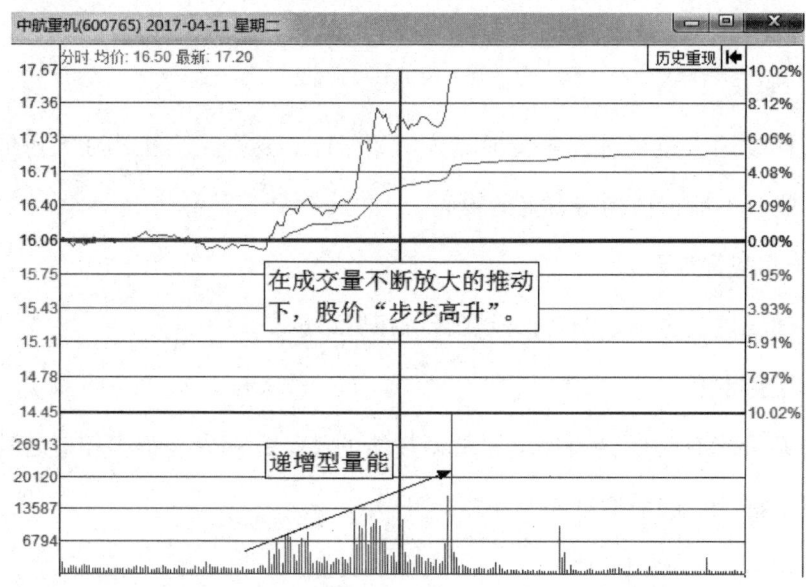

图6-6　中航重机（600765）分时走势图

图6-6是中航重机（600765）2017年4月11日的分时走势图，观察该股，股价在盘中向上拉升时，成交量处于不断放量的状态，股价在量能的支撑下一路走高。如果盘中个股在拉升时出现不断集中放量的现象，就表明该股主力有意做多此股，只要股价前期涨幅不是过大，股价往后会继续向上攀升。

（1）形态特征。

成交量一波连续放量后，随后缩量，接着再连续放量，再缩量；但后一波的量大于前一波的量，形成递增量能。

（2）形成原因。

股价上涨，成交量放大，呈现出价涨量增的形态，这是因为市场做多力量大于做空的力量，导致了递增量能的形成。

（3）实战操作要领。

当发现个股呈现出价升量涨的递增型量能形态后，投资者就要趁盘中回调择机买进，不要犹豫。

第四节　解析出货的密集型量能

当股价盘中出现下跌走势时，成交量集中放大。这种现象的出现多半是由于股价真实的下跌，如果此时股价已经处于上涨行情末期，那么这种放量下跌就表示主力已经开始出货，而投资者只有跟随主力卖出才能规避被套的风险。

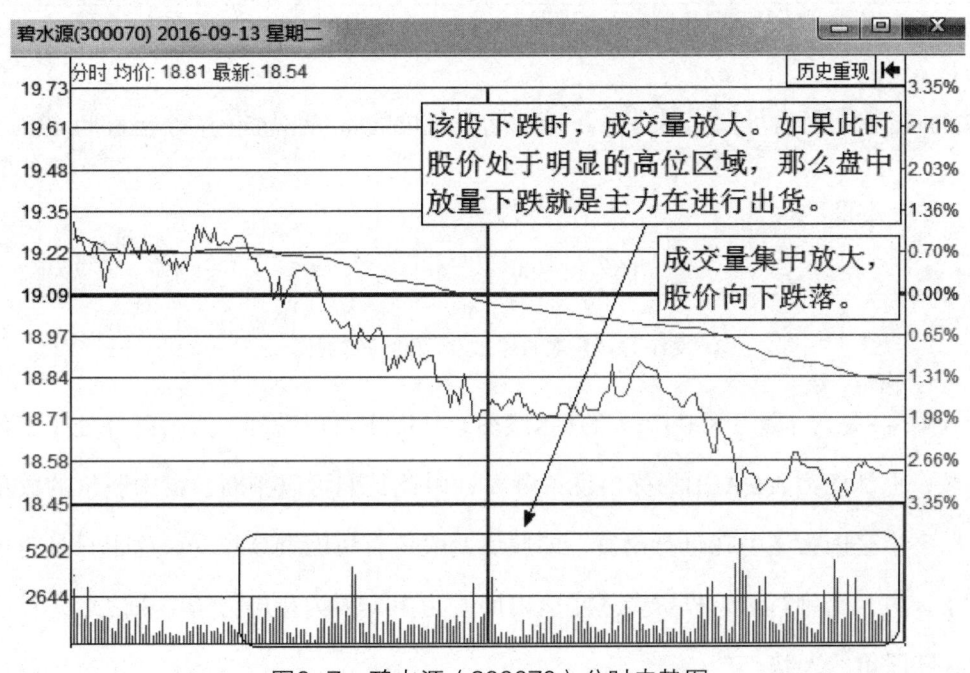

图6-7　碧水源（300070）分时走势图

图6-7是碧水源（300070）2016年9月13日的分时走势图，该股开盘后不久，股价就开始向下跌落，此时成交量处于集中放大状态。无论是顶部区域的个股，还是底部区域的个股，放量下跌都会引起投资者的恐慌性抛盘，这就需要投资者结合多种技术进行分析了。如果此时股价处于顶部区域，那么盘中股价出现放量

下跌走势时，投资者就可以跟随主力卖出股票；如果确定此时股价处于底部区域，投资者就可以暂时以观望为主。

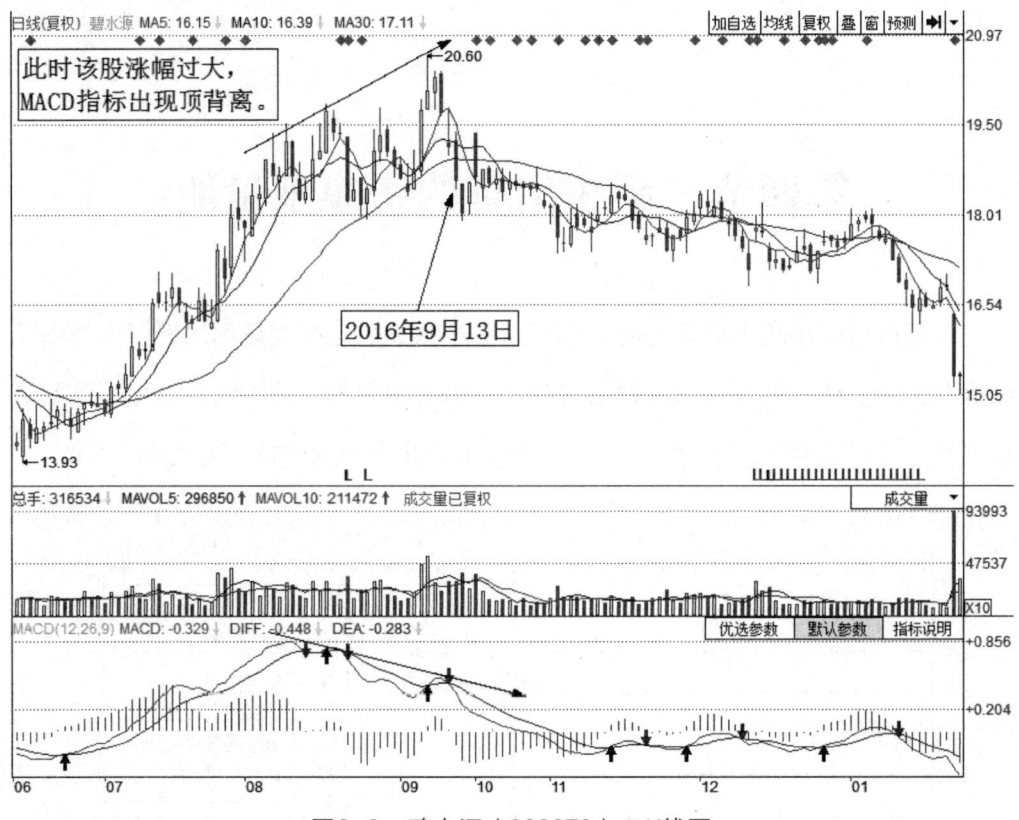

图6-8 碧水源（300070）日K线图

图6-8是碧水源（300070）的日K线图，从图中可以看到，股价已经处于高位区域，上涨乏力，MACD指标出现顶背离，由此我们可以判断，盘中股价的放量下跌多半是因为主力在进行出货。即便后期股价有可能继续拉升，这也只是鱼尾行情，对于这种行情，投资者还是应以回避为主，因为鱼尾行情结束之后，往往会伴随股价的大跌。

第六章 深度解读盘口分时量能

第五节 解析"上天"的封板型量能

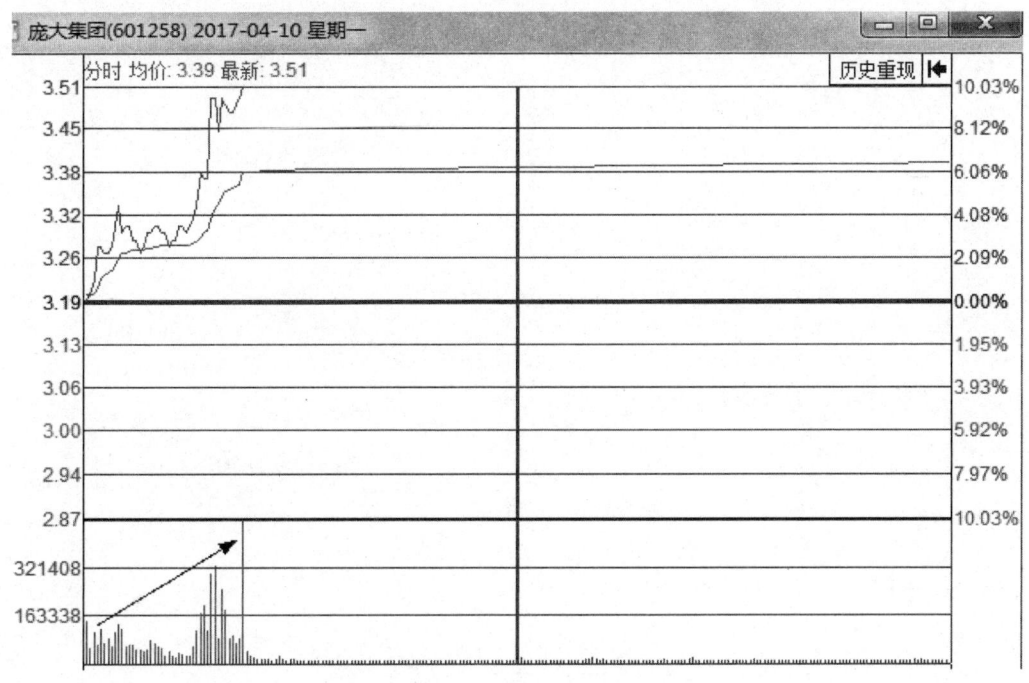

图6-9 常见的封板型量能示意图

1.形态特征

如图6-9所示,封板型量能是指成交量持续地、成倍地集中放大,股价连续上涨直至涨停,它与攻击型量能最大的区别在于,封板型量能会使股价连续攻击到涨停板,而攻击型量能却不一定会使股价上涨到涨停板。

2.形成原因

封板型量能是主力不停地买进盘中所有抛盘而形成的,主力势在必得,不到涨停板不罢休。

3.实战操作要领

在发现封板型量能出现的时候，投资者一定要结合股价所处的高低位置来决定如何操作。

第七章

正确认识短线交易的秘密

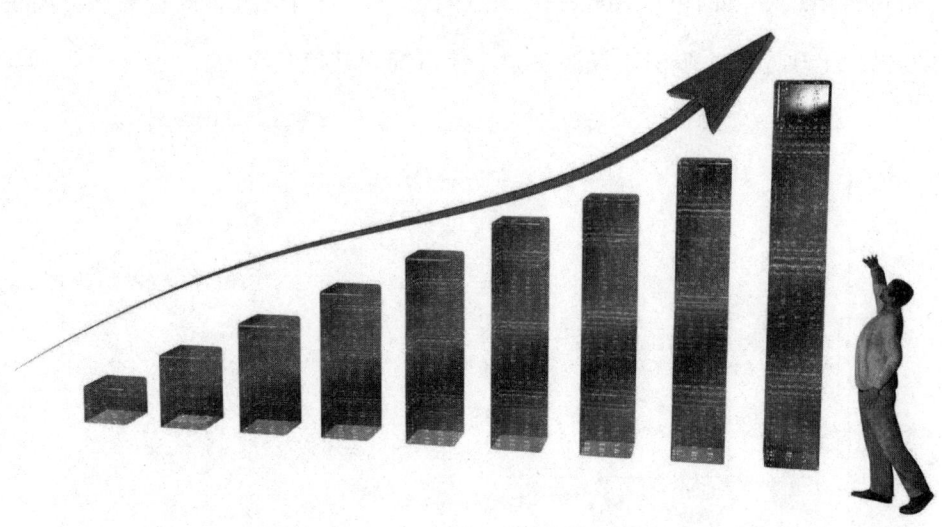

第一节　短线操作的绝佳买点

说一千道一万，炒股最后还是要体现在买股上，这是检验学习成果，更是每个投资人获取利润的直接方式。好的买入点是取得投资成功的关键，那么如何把握好买点呢？具体如下。

一、大阳过平台

股价经过一段时间的上涨后，主力吸够了筹码，构筑平台进行整理，同时清洗浮筹。在平台整理结束，一波拉升开始时，主力常用一条带量大阳线冲过平台。带量大阳线一方面可以冲破平台高点的阻力，说明突破有效；另一方面主力也用它做出上攻态势，吸引市场注意力，让市场为其拉升出力。

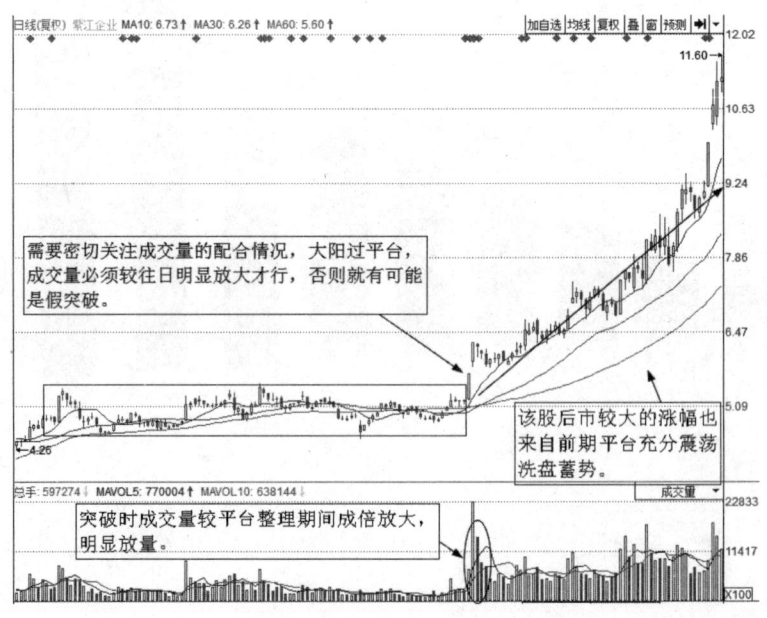

图7-1　紫江企业（600210）日K线图

第七章 正确认识短线交易的秘密

图7-1是紫江企业（600210）的日K线图，该股放量大阳过平台，这是进攻的信号，预示着股价将加速上行，是投资者介入的良机。明显放大的成交量说明突破成色较好，可靠性较强，值得信赖。如果突破时，成交量并没有随之放大，则可靠性就会大打折扣，投资者介入时要保持谨慎。后市该股果然展开了轰轰烈烈的上涨行情，产生了惊人的爆发力，股价在短短的时间内涨幅就达到了1倍。这种股票横盘时间较长，所以爆发起来涨幅也比较惊人，我们要做的是把股票拿稳。

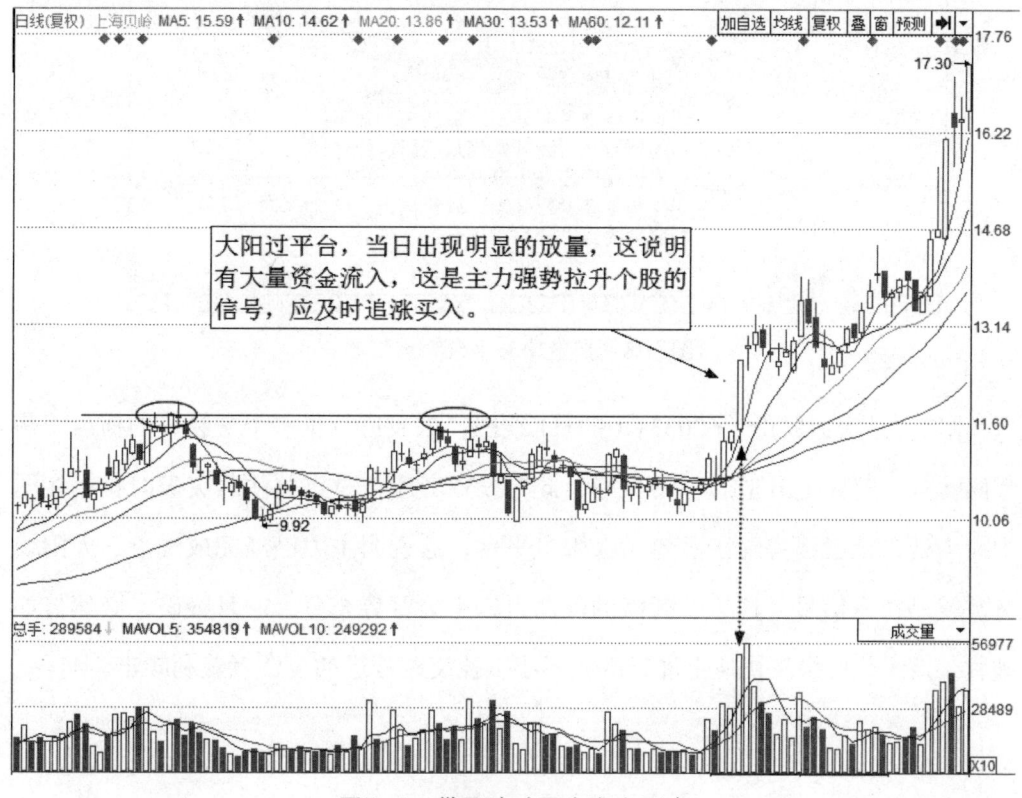

图7-2 带量冲破平台高点形态

图7-2是上海贝岭（600171）的日K线图，该股的股价经过一番较长时间的震荡调整之后，在图中箭头处再度起涨，一个放量大阳线使得该股突破平台，这是强势拉升个股的信号，它预示着新一轮的上升行情即将展开，是升势仍将延续下去的标志。既然股价已创新高，投资者也就没有必要再犹豫了，可以积极地追涨买入。

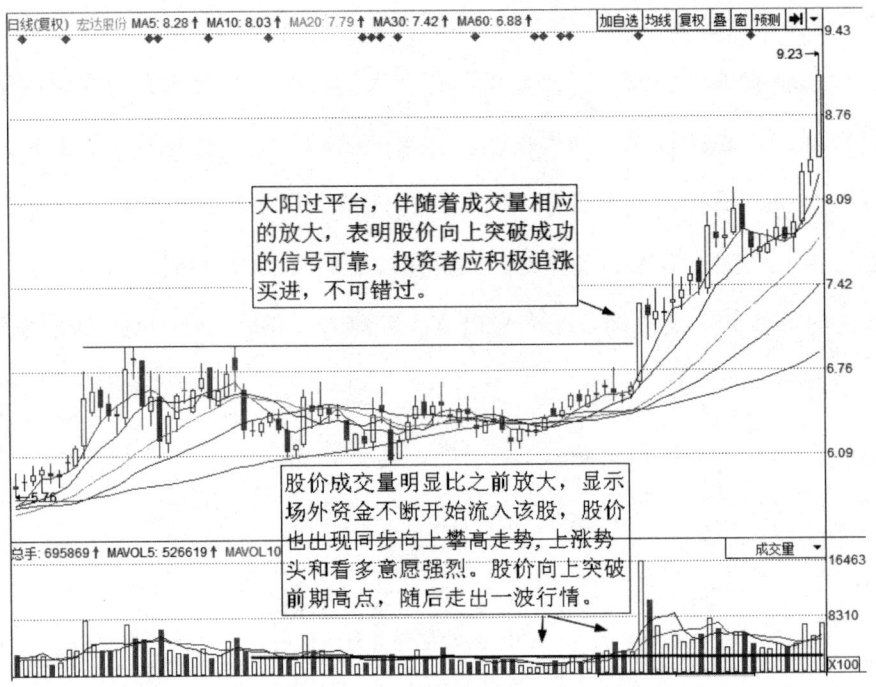

图7-3 带量冲破平台高点形态

图7-3是宏达股份（600331）的日K线图，该股进行了多个交易日的横盘震荡整固蓄势，整体上升形态保持良好，此时投资者应该重点关注其突破时机，在图中箭头处，该股强势封于涨停，大阳过平台，这说明主力已经完成洗盘，大阳线突破就是拉升信号。这么长时间的震荡也让主力蓄势充分，一旦突破，必然势如破竹。该股此后果然快速上涨，涨幅不小，让突破抢进的投资者获利颇丰。

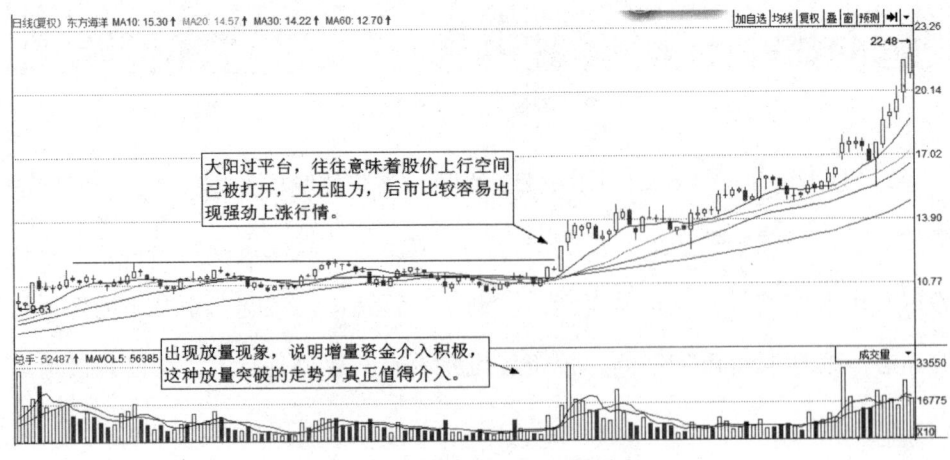

图7-4 放量冲破平台高点形态

图7-4是东方海洋（002086）的日K线图，图中箭头处，该股结束盘局，当日股价大阳线过平台，股价跃居前高之上，成功突破前高。像这样以大阳线突破前高的方式是最强势的动作，肯定不是散户所为，既然主力做多的决心如此鲜明，那么后市肯定还有较大涨幅，即使追高买进也没多大风险。大阳过平台可以说是主力吹响进攻的冲锋号角，投资者应积极跟进。

本例中，该股长期整盘震荡整理，然后在箭头处以大阳线突破创新高，说明主力蓄势攻关，有备而来。放量突破平台，这说明前面的套牢盘已经完全解套，上升空间彻底打开，后市应该还有更大涨幅，此时投资者可以积极跟进，等待收获赚钱行情。

大阳过平台通常有以下特征：

（1）股价经过一段时间的上升后，构筑平台，平台构筑时间越长，上涨空间越大。

（2）经过平台整理后，筹码大部分集中在平台区域。

（3）在构筑平台时，成交量慢慢减少，成交相对清淡，说明浮筹基本清洗完毕。

（4）股价缓慢地向平台的高点运行，某一日一条带量大阳线突破平台的高点，大阳线出现当日即是最佳买入日。

（5）MACD已出现红柱，但红柱不长。大阳线出现当日，成交量突破5日均量线，并有放大趋势，MACD红柱加长。

二、N结构买点

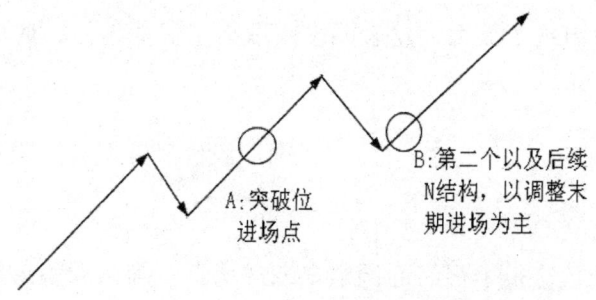

图7-5　N结构的两种入场方式

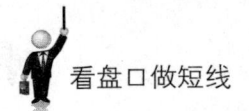

N结构操作策略在进场上主要有两种方法：突破初期进场和调整末期进场。对于上升走势中第一个N结构，一般采用突破进场；对于上升走势的第二个和此后的N结构，一般采用调整末期进场最佳，如图7-5所示。

下面，我们引用具体的例子介绍两种基本的进场策略，如图7-6所示，当股价突破前期高点，并且是以阳线突破前高，同时成交量也相应放大时，投资者可介入。

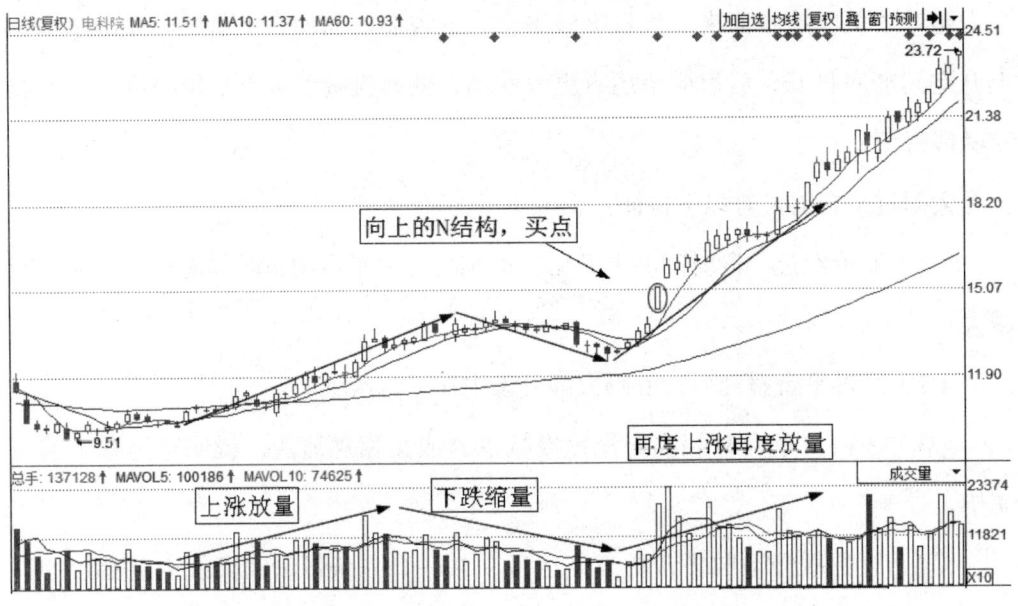

图7-6　电科院（300215）走势中的突破初期进场点

图7-6是电科院（300215）的日K线图，图中圆圈处我们根据N结构操作策略的进场分析，发现了进场条件的N结构和成交量N结构，于是进场条件就发生了。

价涨量增是非常好的看涨信号，股价在上涨。

同时成交量也出现了放大，这表明多头取得了优势地位，此后看多的可能性更大。

图7-7是莫高股份（600543）的日K线图，股价显著上升后出现回调，成交量有序放大缩小。

在图中圆圈处，这是个很好的调整末期进场点。确认调整末期一定要看到阳线才行，不见阳线不进场。

第七章　正确认识短线交易的秘密

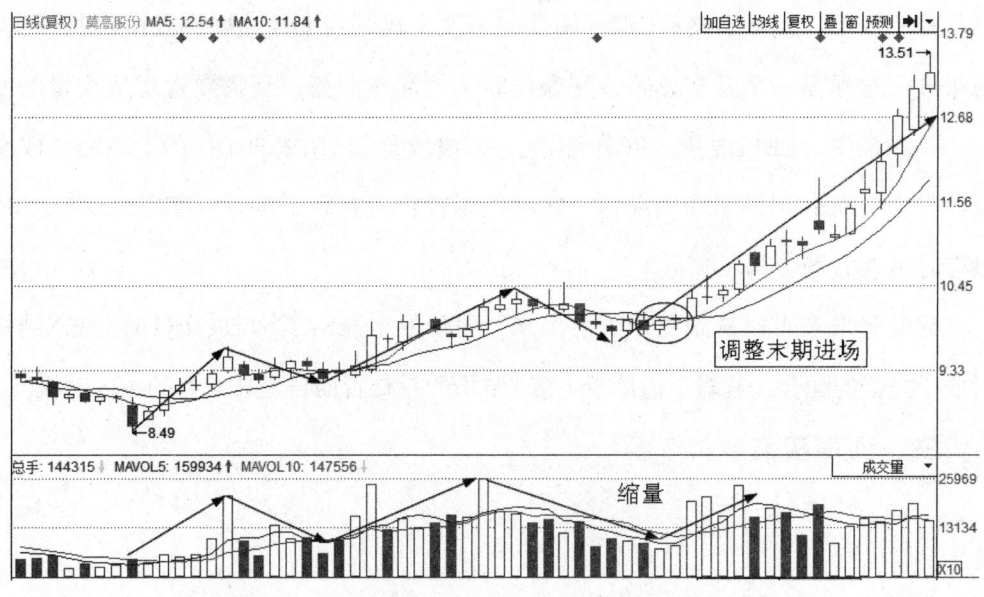

图7-7　莫高股份走势中的调整末期进场点

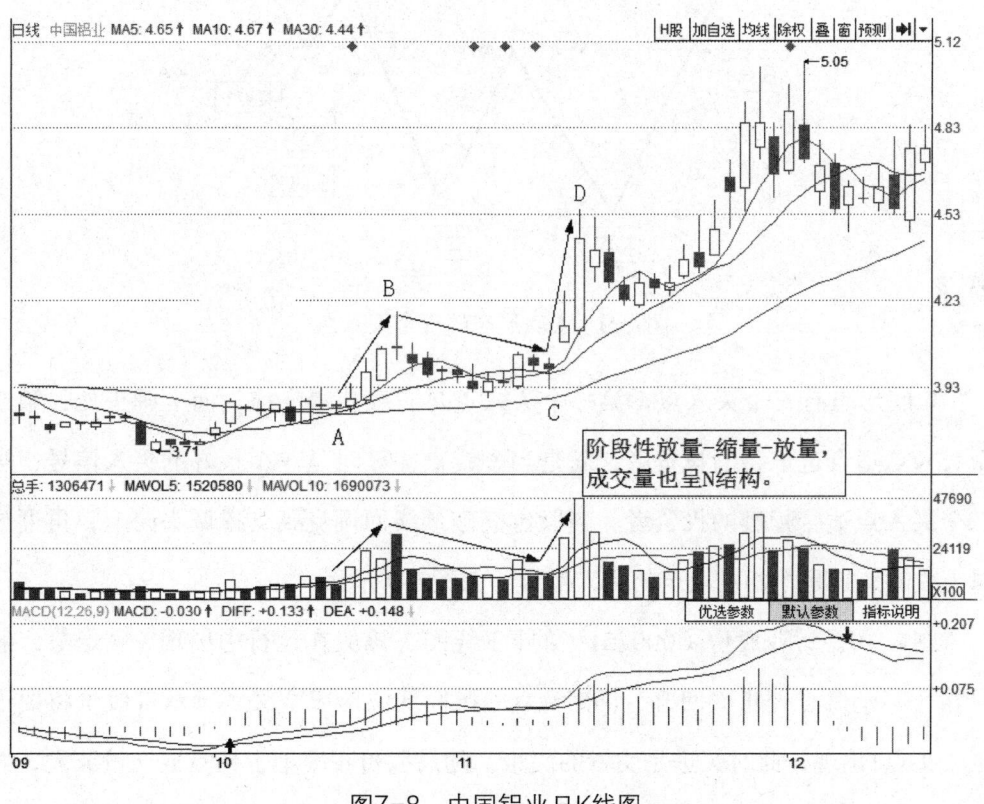

图7-8　中国铝业日K线图

图7-8是中国铝业（601600）的一段日K线图，股价从A点出现一波上涨，到B

点后有所回落，接下来又从C点开始发起一波上攻。在上攻途中突破B点时，可考虑跟进。这只是一个基本思路，在操作时不能简单照搬，还需要考虑成交量的变化。一般来说，AB段放量，BC段缩量，CD段放量。AB段和CD段的上攻需要成交量的配合，而BC段缩量说明在这一区域抛压较轻，有利于多方再度展开反攻（BC段有时是主力资金刻意洗盘）。

成交量形态可以从副图中观察出来，股价的上涨N结构与成交量的上涨N结构形成了完美的配合，这对于借助于上涨N结构的投资者而言是非常好的买入时机。

三、W底买点

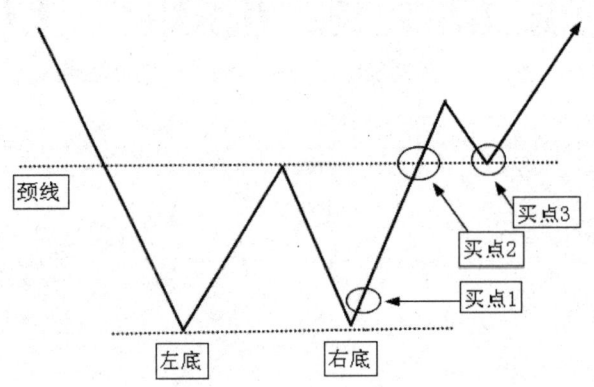

图7-9 W底形态的三个买入点

W底形态有三个买入点，第一个买入点是右底获得支撑，向上调头处；第二个买入点适合进取型的投资者，就是当颈线被突破时是一个很好的买入信号；第三个买入点适合稳健的投资者，当股价突破颈线回调受到支撑调头向上，再度放量上攻时，这是个相对安全的买入信号，如图7-9所示。

图7-10是锌业股份（000751）的日K线图，该股在运行中出现W底走势，股价在第二个低点处止跌回升，同时MACD指标低位形成金叉，预示着股价将要走强，买点1出现，此时买进是明智的决策。随后股价不断地上扬且成交量放大，并一举突破根据反弹画出的颈线，表明W底形态成立，股价将要进入上涨走势，买点2出现。

第七章 正确认识短线交易的秘密

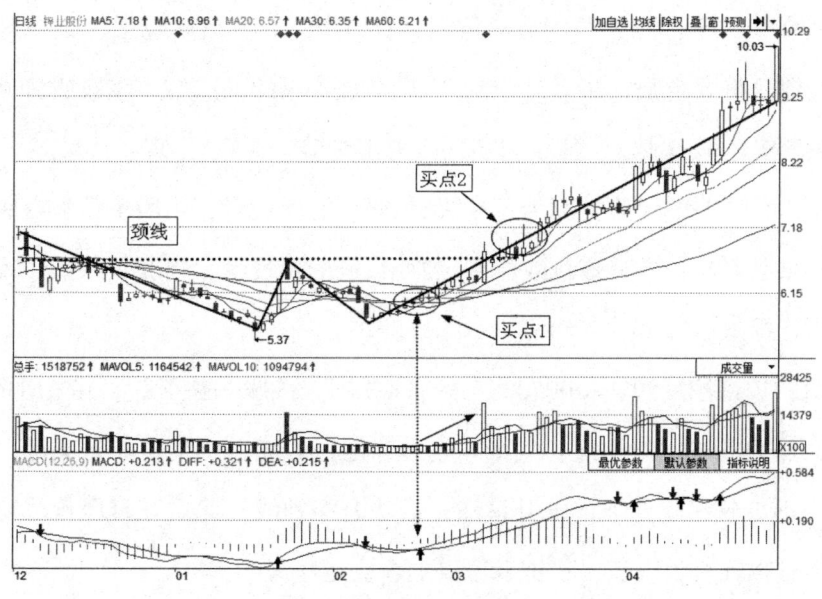

图7-10 锌业股份（000751）日K线图

本例中，该股有个风险控制，为以防万一走势不在预期之内，在右底买点1介入的投资者，可以将左底的最低点5.37元设为止损点；在突破颈线买入的投资者，可以将突破颈线的阳线的最低点设为止损点。

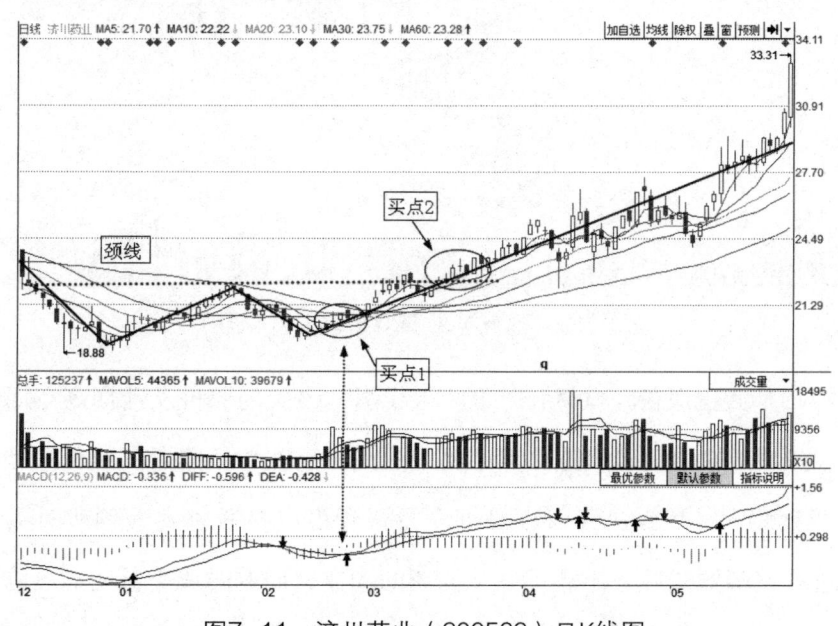

图7-11 济州药业（600566）日K线图

图7-11是济州药业（600566）的日K线图，该股出现下跌走势并形成W底结

169

构。该股在第二个低点止跌回升，同时MACD指标低位出现金叉，成交量跟随放大，表明股价将要走强，买点1出现。随后经过几天的上涨后，该股股价顺利突破颈线，表明W底形态成立，股价将要进入上涨走势，买点2出现。

本例中，该股的风险控制为：在买点1介入的投资者，当股价跌破右底的最低点时，应果断卖出；在突破颈线位买点2处买进的投资者，当股价跌破颈线位，可果断卖出止损。

如图7-12是德豪润达（002005）的日K线图，该股一路下跌，在7.78元初步企稳反弹，随后完成二次探底。判断W底形态是否形成，成交量非常关键。该股在成交量的逐步放大配合下，价升量涨，成功击穿颈线，此后几日股价成功守住颈线位，突破得到有效确认，投资者可以加仓或建仓买入。

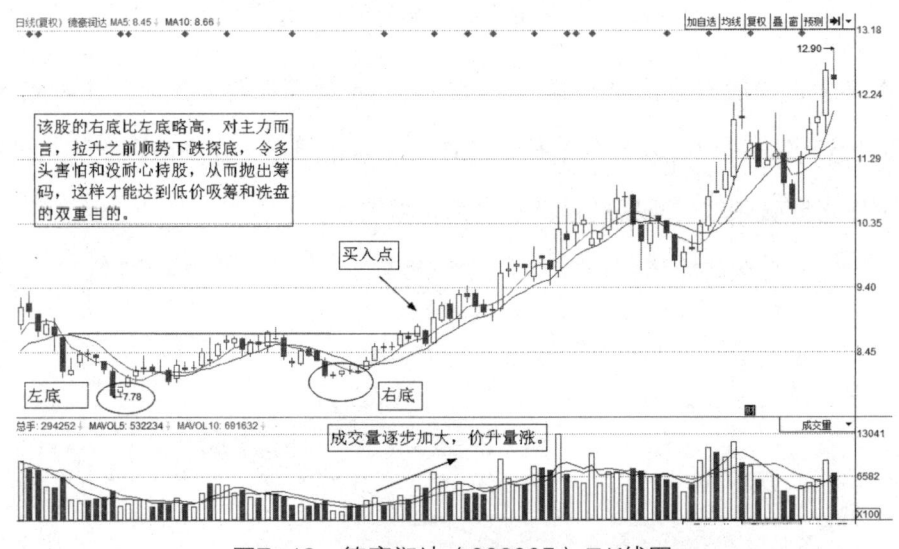

图7-12　德豪润达（002005）日K线图

图7-13是武钢股份（600005）的日K线图，该股的股价从前期高点回落，在走势图中形成W底的反转形态，其中两个低点出现在13元附近，股价突破颈线时成交量明显放大，W底已经可以确定，投资者可以在股价突破颈线时买入。随后，股价在突破颈线后，出现了一个回调的动作，回调时成交量明显萎缩，在颈线处明显受到了支撑，随即再度放量回升，投资者也可以在股价回升时买入或加仓持股待涨。本例该股突破颈线后，回调至颈线位置附近，获得支撑后再度上

涨，短期内实现了不小的涨幅，利润可观。

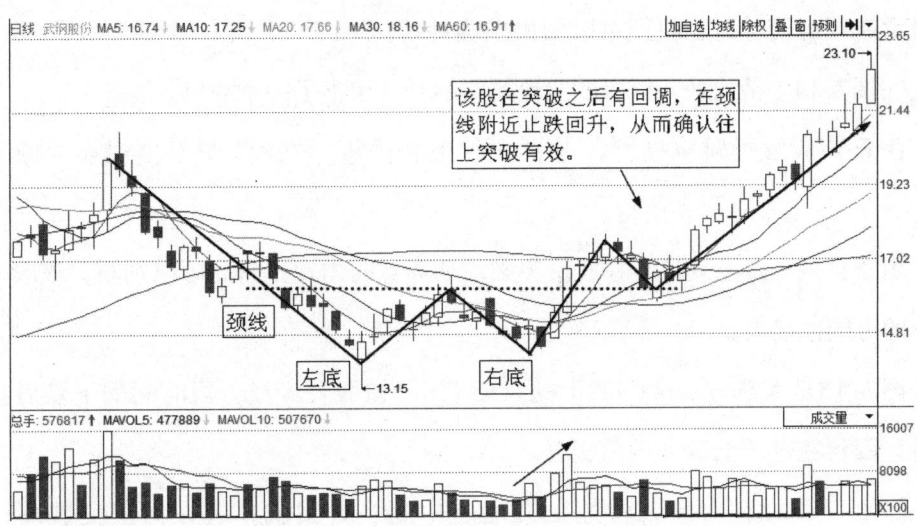

图7-13　武钢股份（600005）日K线图

四、向上缺口买点

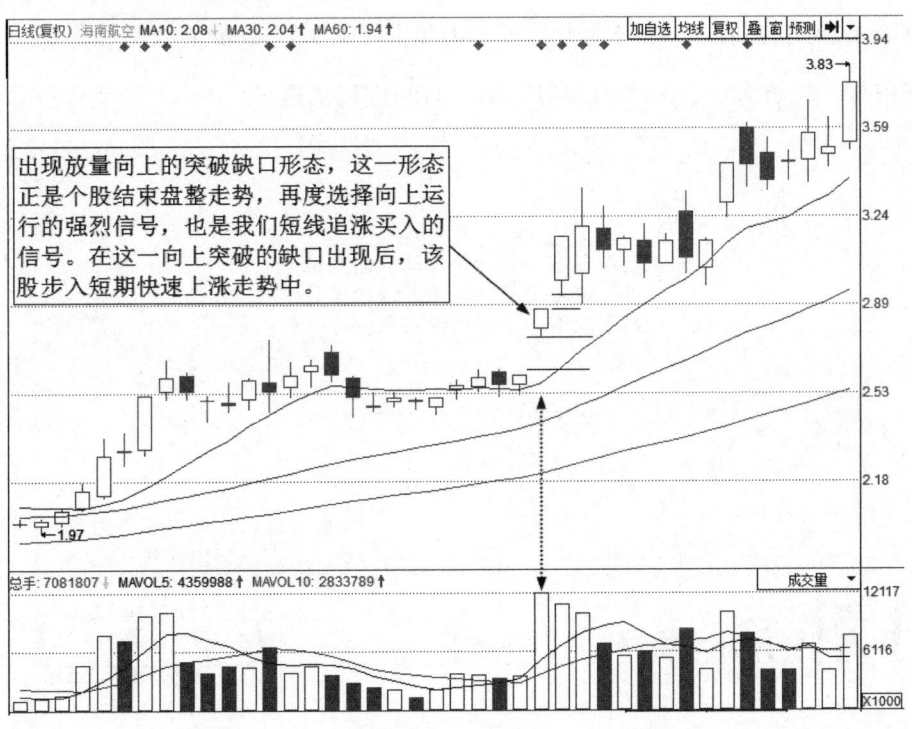

图7-14　海南航空（600221）日K线图

图7-14是海南航空（600221）的日K线图，该股经过一波上涨行情后，开始

了横盘盘整走势，这种盘整走势后，股价方向应如何选择呢？在盘整走势仍在进行且没有明确信号时，我们难以做出准确判断。

在图7-14中箭头处，该股的股价跳空高开，留下了一个缺口。

次日该股继续跳空高开，并再次封上涨停板，在K线图上出现连续的跳空空白。

由于这两个跳空缺口是在股价突破前期高点时出现，由此可以判断，该股未来走高的可能性很大。

图7-15是大东方（600327）的日K线图。该股在经过一段时间的下跌后止跌回升，股价在这一低位区振荡缓升。

那么，该股何时步入快速上升通道中呢？答案就体现在向上突破缺口形态上。

如图7-15中箭头标注所示，出现了一个高开高走的向上跳空缺口，该缺口一举突破了前期的高点，说明盘中的多方力量非常强劲，股价上涨动能充足，发出看涨信号，投资者可在缺口出现时，第一时间进场买进。

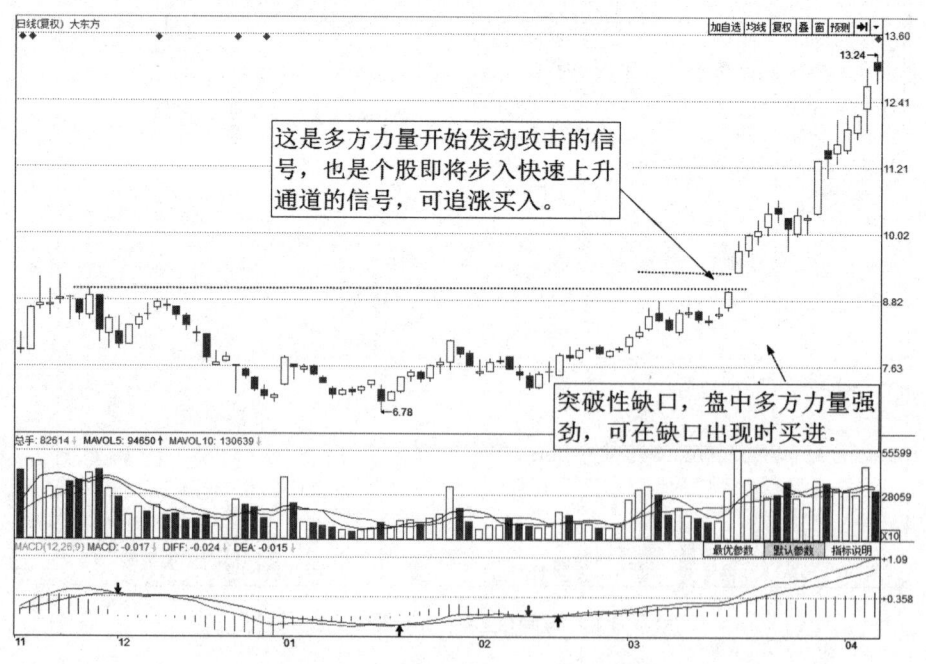

图7-15　大东方（600327）日K线图

图7-16是武钢股份（600005）的日K线图，图中箭头处该股高开高走，并成功地封上涨停板，在日K线图上出现了一个巨大的跳空空白。再观察一下该股的成交量就可以看到，出现跳空缺口的同时，成交量出现异常放大的迹象，可以预测后市还有较大涨幅，我们可以积极跟进。后市该股果然维持了较强的升势，涨幅不小。

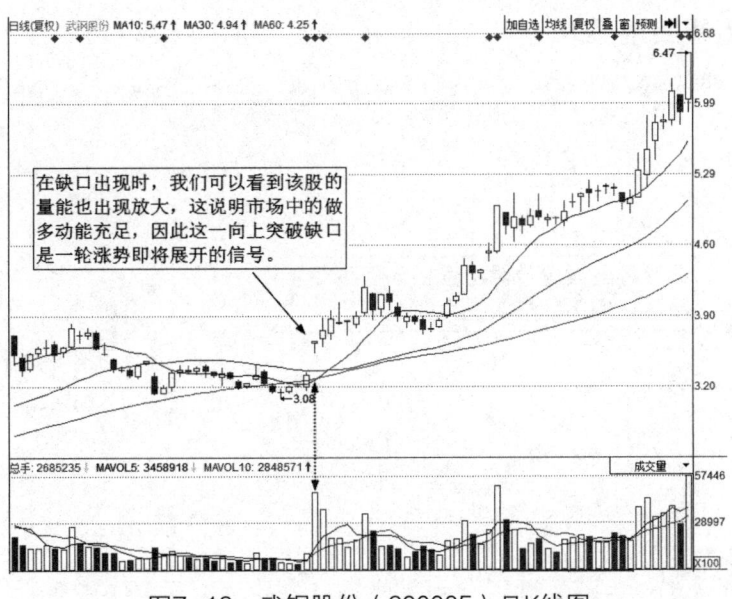

图7-16　武钢股份（600005）日K线图

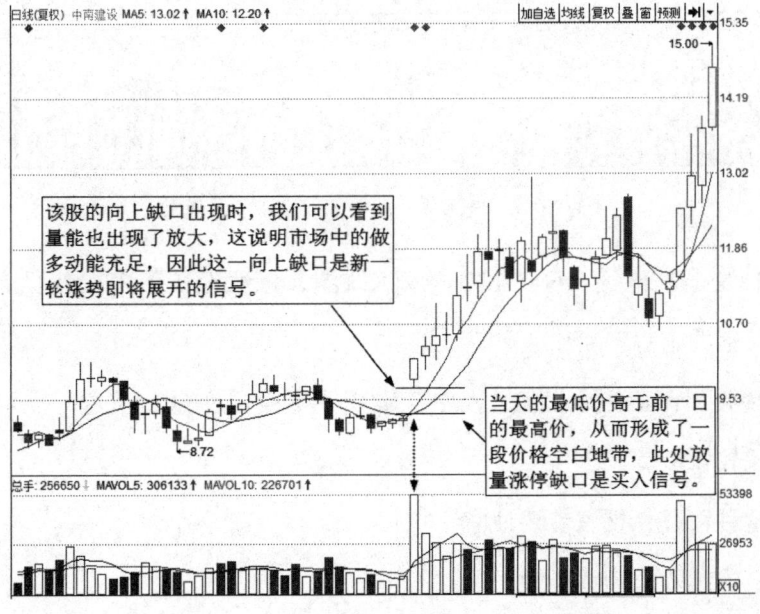

图7-17　中南建设（000961）日K线图

图7-17是中南建设（000961）的日K线图，在图中箭头处该股跳空上涨，成交量放大，具有宣告启动行情的意义。此前该股横盘震荡，具有典型的洗盘蓄势特征。此后该股强势上升，留下的缺口没有回踩，继续上涨，更显强势特征，投资者应该在盘中积极参与。

五、缩量回调买入

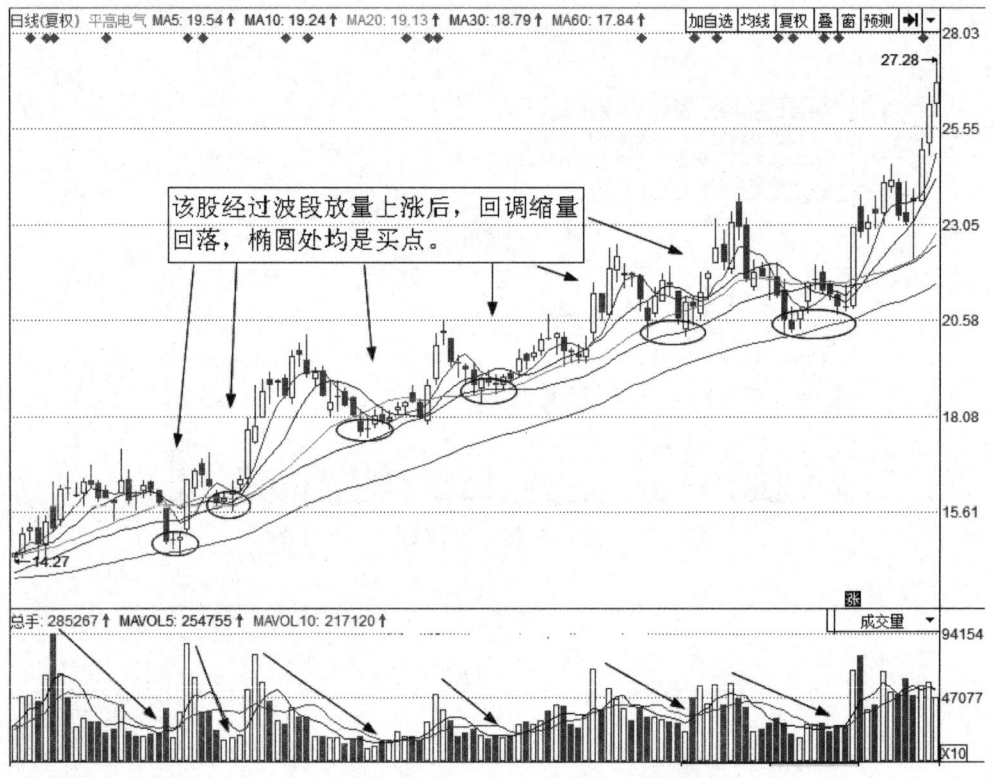

图7-18 平高电气（600312）日K线图

图7-18是平高电气（600312）的日K线图，该股经历了多次波段上涨之后，出现缩量回落的走势。

在连续收出阳K线的上涨过程中，堆积了不少成交量，从这一点可以看出进场的资金比较积极。

遇到这种情况，投资者要注意三点：

首先，连续收出阳线上攻；

其次，在连续上涨的过程中必须要有量的配合；

最后，在回落的过程中必须是缩量的。满足以上三个条件的股票，投资者可买入。

有的股票在上涨过程中，会反复出现这种波段放量上涨后缩量回调的走势，其原因之一是主力在洗盘，把浮动筹码清理出去。

投资者若在实战过程中遇到这种情况，在缩量回落时，是买入的时机。

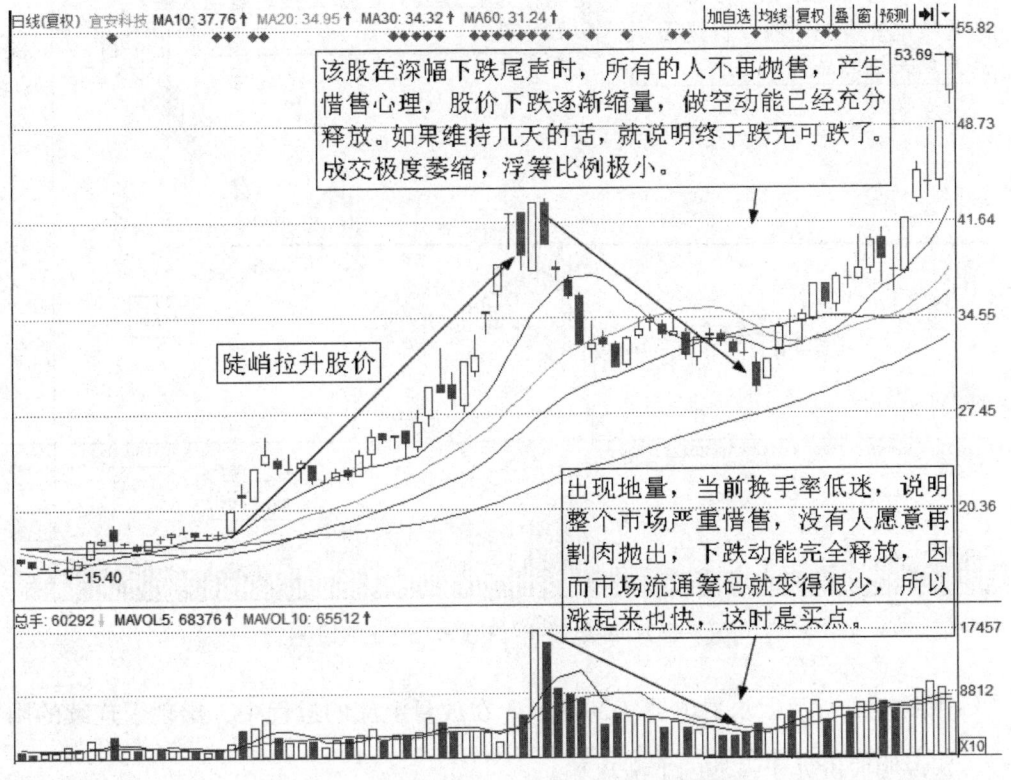

图7-19　宜安科技（300328）日K线图

图7-19是宜安科技（300328）的日K线图，当股价经过一波涨幅时，获利盘涌出，使股价继续上升受阻，须先经过一段调整才能继续上升。

此时成交量逐步萎缩到一个较低的位置，股价也下跌至一个相对低点，这时应是明确的买入时机。

当成交量重新开始放大，后市将展开又一浪升势。

图7-20是湘电股份（600416）的日K线图，该股冲高之后，股价展开调整，在回调到前期的高点时，获得有效支撑，这是较好的买点。

随后股价继续上涨。该买点属于支撑位买入法，安全保守，止损空间小，获利空间大。

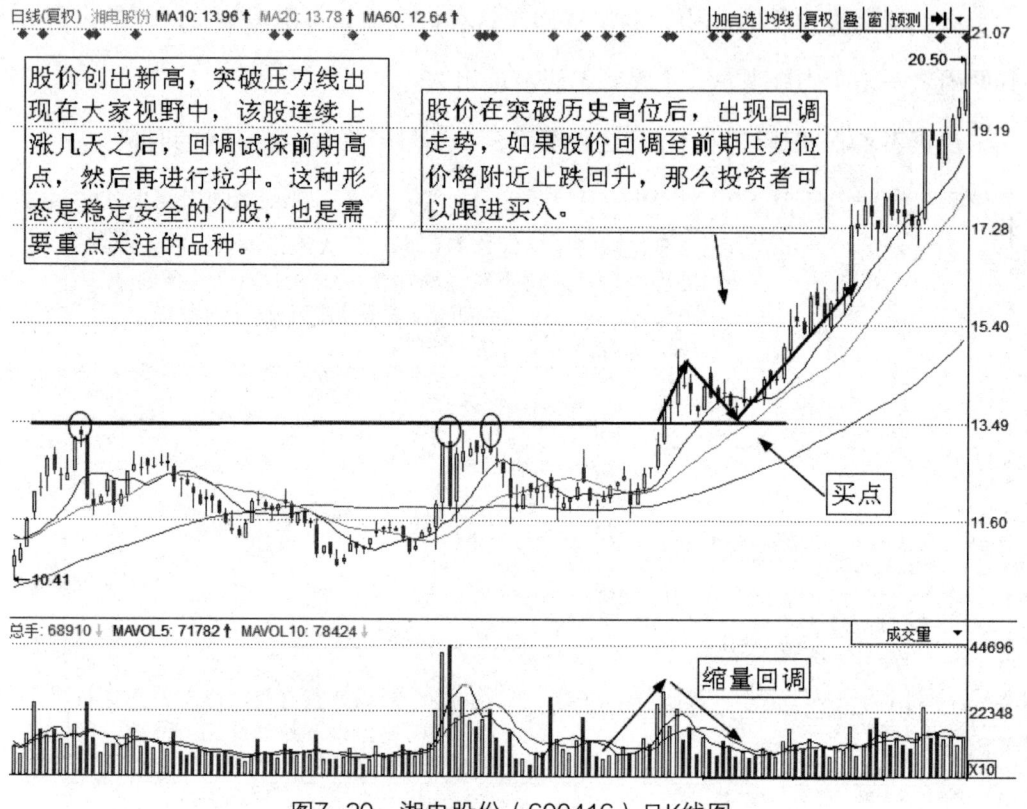

图7-20 湘电股份（600416）日K线图

如图7-21所示，永贵电器（300351）在放量上涨的过程中，出现了连续的阳线，这说明股价处于强烈的上涨攻势。

经过放量上涨后，股价开始缩量回调。

此时投资者可以趁机进场，把握这个机会，后市会有上涨行情。

当股价上涨到高位后，会遇到上方很大的抛压，这时洗盘震仓回调是必须的。

通过打压股价，洗去大量的投资者和吓跑散户，为后续的继续拉升做好准备。

第七章 正确认识短线交易的秘密

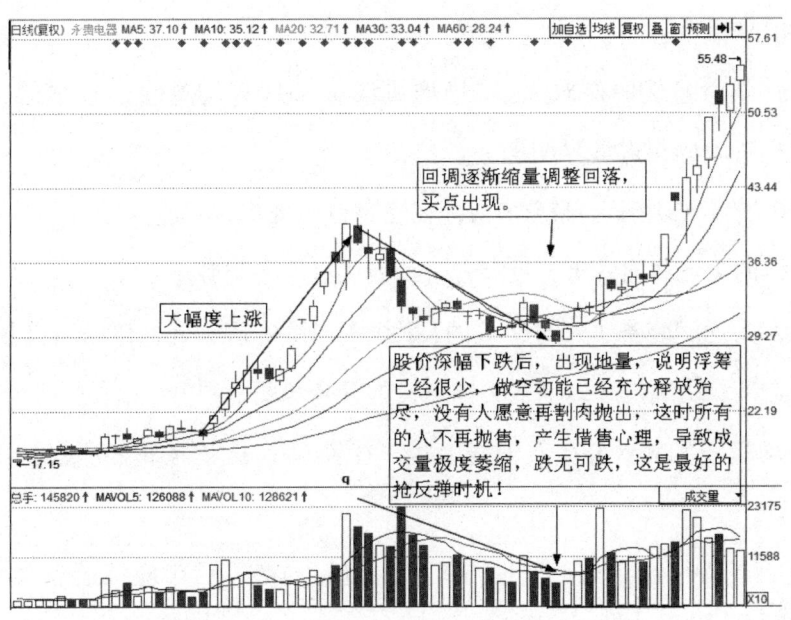

图7-21 永贵电器（300351）日K线图

六、三线共振买点

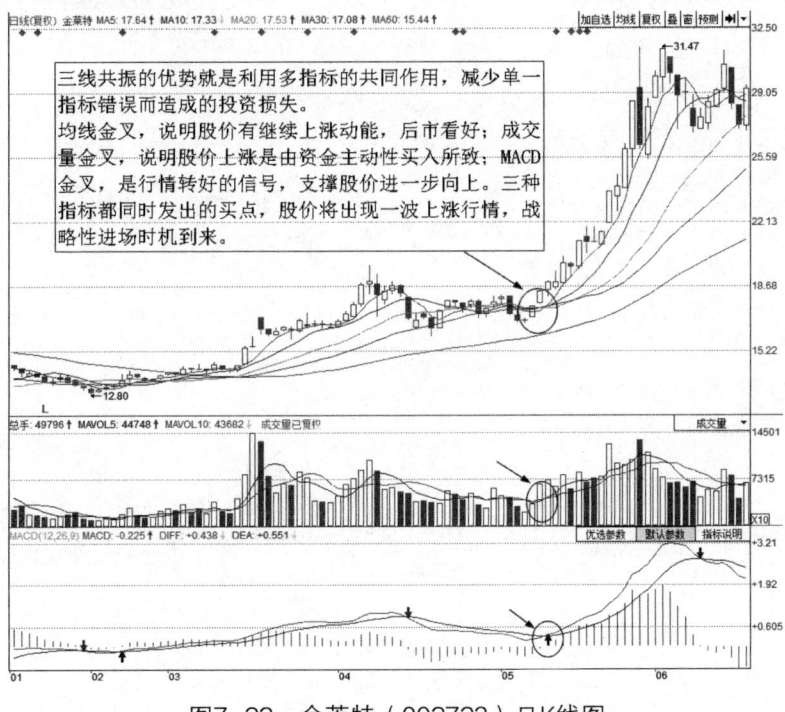

图7-22 金莱特（002723）日K线图

图7-22是金莱特（002723）的日K线图，该股出现均线黏合后的金叉向上发

散，买点信号明显。

下方伴随着量能明显放大，5日均量线金叉10日均量线，行情的支撑性良好，支持投资者的买进信号明确。

我们再看MACD指标，MACD指标在这时也出现明显买进信号。

三指标的买点共同发出，投资者可积极买进，参与其中。

图7-23是通润装备（002150）的日K线图，图中箭头处，该股5日均线与10日均线产生金叉，均线也开始呈多头排列，上升趋势明显展开。

同时均量线和MACD在零轴线上也产生金叉，这就是我们所说的三线金叉共振。

这表明市场一致看多，呈量增价涨的良好局势，后市应该还有较大涨幅。更为重要的是，三个信号同时产生，会产生巨大的共振效应，刺激投资者一致做多，把握住这种行情的投资者将获利不菲。

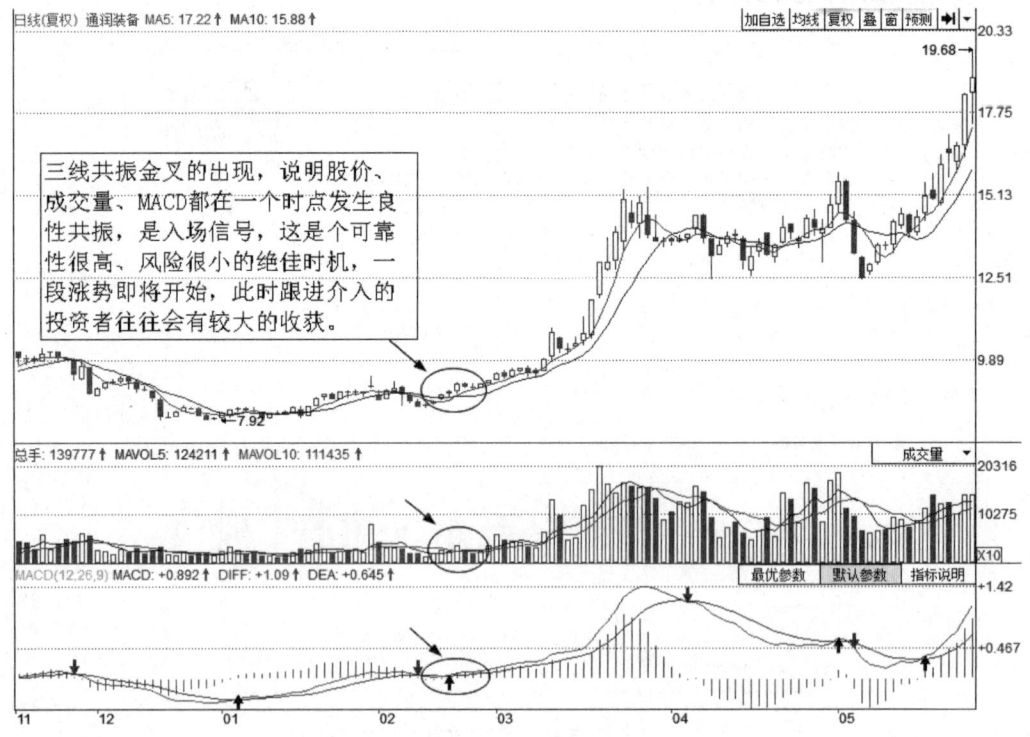

图7-23 通润装备（002150）日K线图

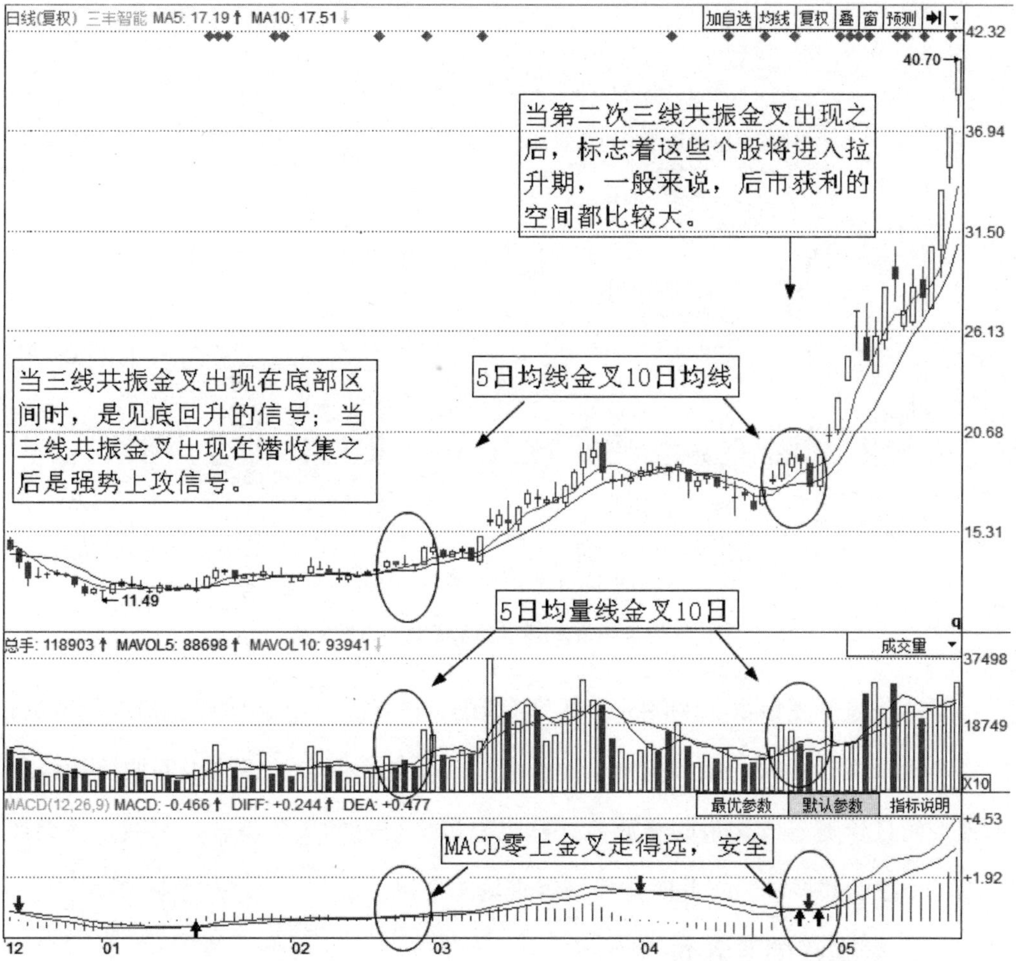

第七章 正确认识短线交易的秘密

图7-24 三丰智能（300276）日K线图

图7-24是三丰智能（300276）的日K线图，该股出现两次三线金叉共振，都有一波上扬行情，特别是第二次的三线金叉共振，将再次加快股价的上涨速度，是股价的第二个买点，也是股价强势上攻阶段。我们再来看看当时的成交量情况，图7-24中两次三线共振金叉出现之后，成交量都逐渐放大，股价也跟着同步上涨，这是有资金主动入场的信号。

本例中该股出现两次均线、均量线和MACD零轴线上金叉后，股价均出现上涨，投资者可据此作出买卖参考，获取投资收益。

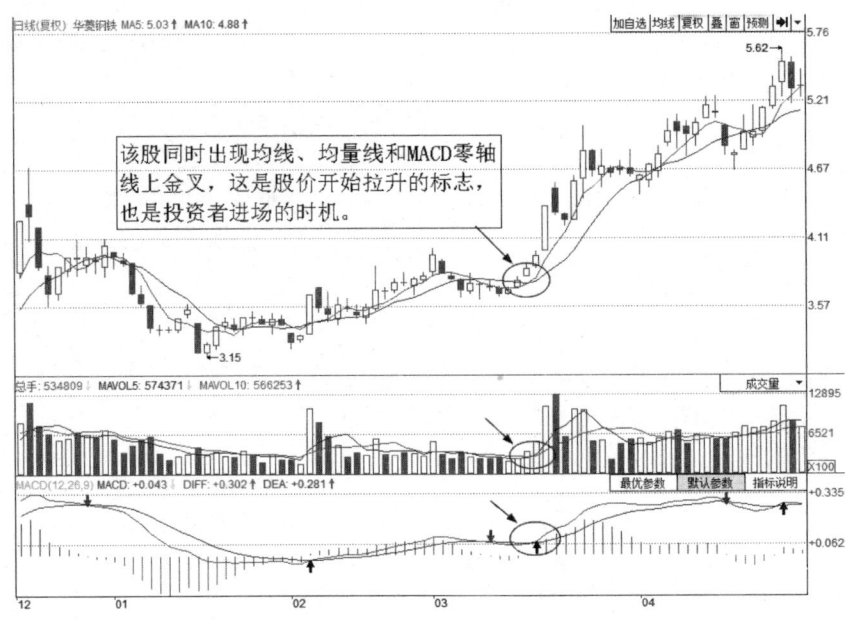

图7-25 华菱钢铁（000932）日K线图

图7-25是华菱钢铁（000932）的日K线图，图中箭头处，该股5日均线和10日均线产生金叉，同时均量线与MACD也在零轴线上产生金叉，这说明股价短线将走强，而且伴随着成交量明显放大，这也是量价配合的最佳组合。三线金叉会产生不可小视的共振威力，此时是投资者进场的良机。

七、最赚钱的买入位

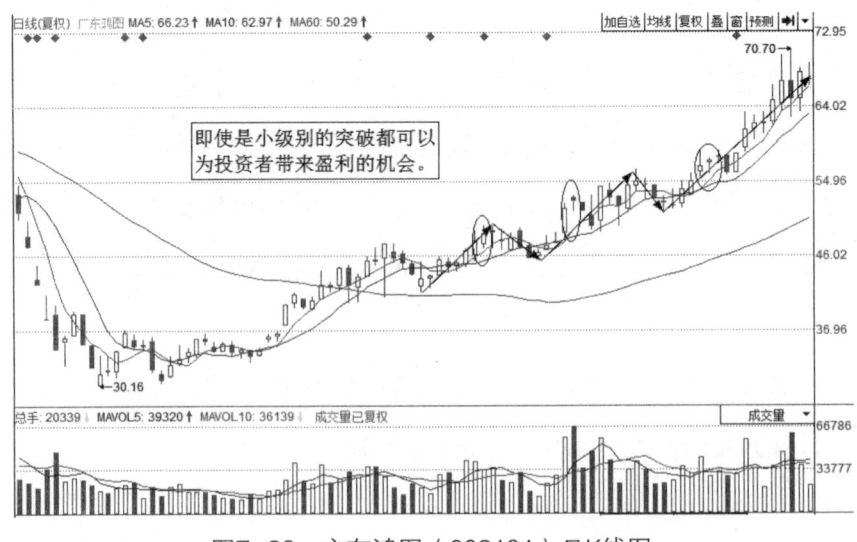

图7-26 广东鸿图（002101）日K线图

第七章 正确认识短线交易的秘密

图7-26是广东鸿图（002101）的日K线图，该股在图中形成了多次突破的走势，这些突破走势都具有一个特点，那就是每一次短线突破走势形成以后，股价都产生了上涨行情。从图中来看，股价都对短线的回调进行了绝对突破，虽然波动的级别较小，但突破依然可以为投资者带来可靠的获利机会。

图7-27　农发种业（600313）日K线图

图7-27是农发种业（600313）的日K线图，随着成交量不断地放大，股价的波动重心不断上移。在图中可以看到，股价三次形成的突破有一个明显的共性，那就是在股价创下了近期新高的时候，突破K线指标都随之发出了买点提示，指标的提示说明此时的短线突破是真实可靠的，量能放大的性质是资金在不断地建仓。小级别的突破在于股价突破了新高，以及股价突破了小级别的横盘调整走势，虽然这种走势很常见并不起眼，但一旦突破走势形成给投资者带来的获利机会却是很稳定的。

八、双线交叉买点

当股价在低位区域，10日均线拉阳上穿30日均线形成金叉时，投资者可于此时买入股票。10日均线和30日均线的金叉和死叉可以使投资者捕捉到买卖点，同时也能回避风险，该方法可作为投资者的分析工具，因为这两条均线的周期长短合适，把握行情还是不错的。按此双线交叉的方法交易，长期坚持下来，它的好处就会慢慢地体现出来了。需要特别说明的是，当市场横盘震荡的时候，这个方法会失效。

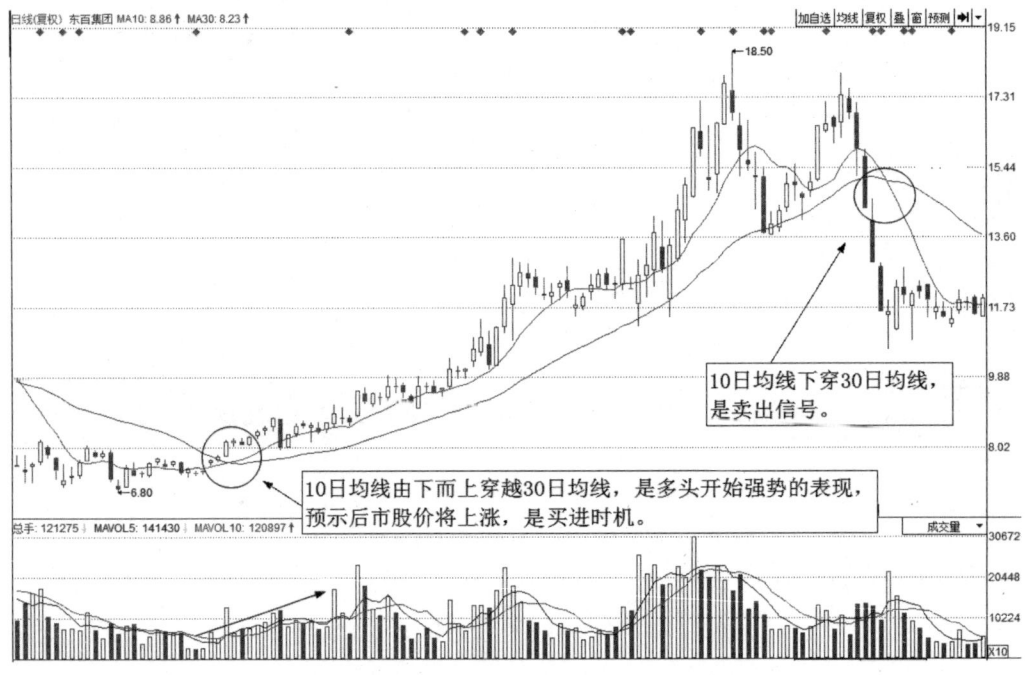

图7-28 东百集团（600693）日K线图

图7-28是东百集团（600693）的日K线图，图中的两条均线分别是10日均线和30日均线。当股价处在低位横盘过程中，且在较小的幅度中上下震荡的时候，均线会逐渐靠拢，呈黏合状态，此时说明多空趋于平衡，是面临方向性选择的时候了，如果此时股价上涨，则均线会开始向上发散，这是股价开始走强的标志，后市通常会引发一波拉升，这是买入良机。均线开始发散后就呈现多头排列，这是良好的持股信号。

图7-29 中电电机（603988）日K线图

图7-29是中电电机（603988）的日K线图，该股10日、30日均线金叉，成交量也随之放大，随后展开稳健的上涨，一直到两条均线死叉的时候再考虑卖出，坚持原则、简单投资、快乐炒股。当10日均线金叉30日均线，说明多方力量增强，有效突破空方的压力，后市上涨的可能性大，是买入股票的机会。如果成交量能够随之同步放大，这将进一步增加股票上涨的概率。当股价经过一段较长时间的扬升之后，10日均线下穿30日均线是行情结束的信号，可果断清仓卖出，持币等待下一波行情的到来。

九、假阴洗盘买点

假阴K线主要是指当天收盘价低于开盘价，但却高于上个交易日的收盘价，K线虽然呈阴线，但是股价却是正的。比如说，一只股票昨天的收盘价是10元。它今天的开盘价是11元，收盘价是10.6元，那它今天就收了阴线，但是今天的收盘价10.6元实际上是比昨天的价格高的，这就是我们所说的假阴线。

假阴线的出现，说明主力也不想让股价下跌，又要洗出心态不稳的跟风投资者，于是，刻意做出这种阴线以达到快速洗盘的目的。

投资者碰上这种假阴线后，千万别被它所蒙骗而卖出股票或者不敢介入。

当次日股价上涨突破了假阴线的开盘价，我们就可确认假阴线是一次快速的洗盘。

图7-30　长电科技（600584）日K线图

图7-30是长电科技（600584）的日K线图，该股再度来到前高的位置，可是收出一根巨量阴线，看似上升走势再度受阻，这足以让信心不足的投资者抛售筹码。

次日该股低开快速拉升至涨停，主力做盘手法可谓经验老道，此举既洗出了不坚定的持股者，也避免了追涨者。

本例中，该股狡猾精明的主力在前期高点时玩了小花招，来一根放量假阴线，吓退意志不坚定者，以使投资者看不清后市的方向，此后才拉升股价，骗倒了不少人。

既然主力费尽心机做盘，我们也不能错过这样的机会，该股后市的涨幅也证明追涨是值得的。

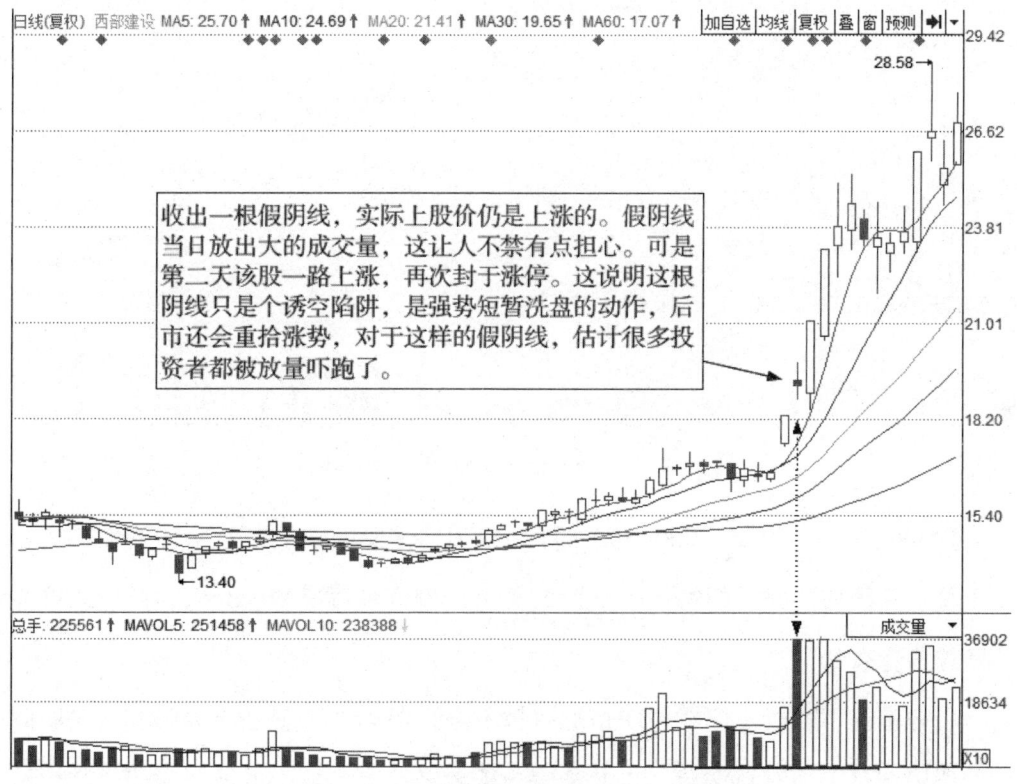

图7-31　西部建设（002302）日K线图

图7-31是西部建设（002302）的日K线图，图中箭头处，该股跳空高开走出假阴线，要涨不涨，有点筹码出逃的架势，还伴随着巨量，看似吓人，但只要跳空缺口仍在，则说明依然是多头强势。

要不然空头不至于连缺口都回补不上，事实上这样的假阴线多是强势洗盘行为。

因此只要出现假阴线之后股价再度走强，投资者就可以继续追进。

次日该股略微低开后强势上涨，最后牢牢封于涨停，一根大阳线把前日假阴线全部包裹，形成阳包阴的组合图形，后市该股继续上涨。

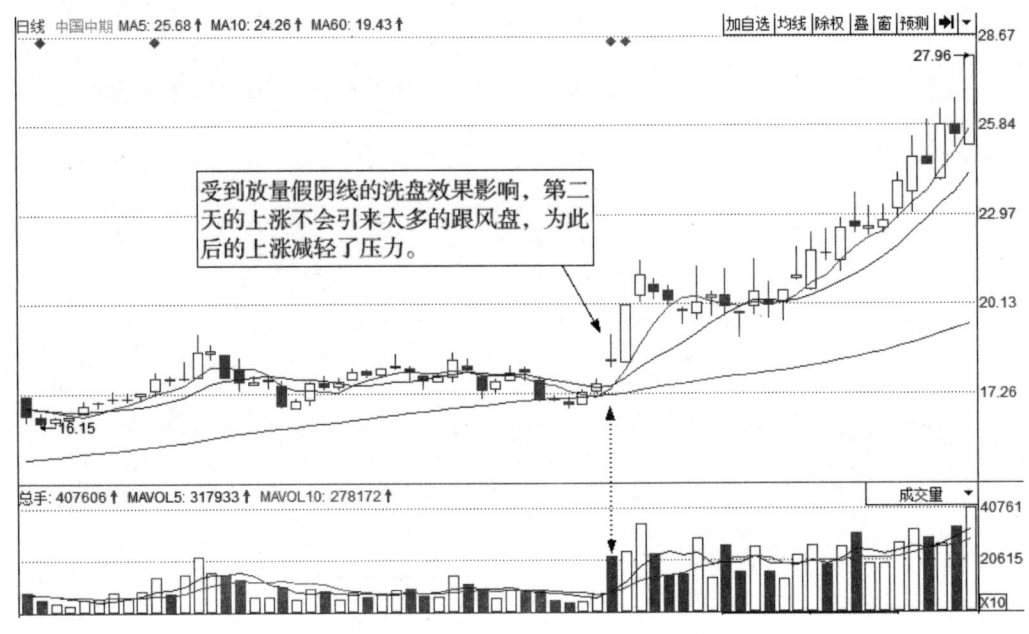

图7-32 中国中期（000996）日K线图

图7-32是中国中期（000996）的日K线图，该股处在上升途中，图中箭头处收出跳空上涨假阴线，但第二天该股就大涨，投资者可以积极介入。此后，该股不断震荡走高。

一般情况下，收出阴线说明市场行情不强，但第二天就涨停大阳线，说明此前的假阴线是主力有意洗盘，以此蒙骗投资者来获取市场中的廉价筹码，减少后期拉升的阻力。大阳线的出现表明主力短暂洗盘的工作已完成，新的上涨势头即将开始。

图7-33是兆驰股份（002429）的日K线图，图中箭头处，该股收出一根跳空上涨的阴线，表面为阴线，实为假阴线，因为股价是上涨的。这根假阴线显示多空双方的分歧，难以判断谁强谁弱。

不过从整体来看，这根假阴线很可能是上升的中继，因为该股此前涨停大阳线刚突破前高的压力，上涨幅度不太大，理应还有上升空间。

后市的上涨可能性更大，这根假阴线只是上升途中的暂时休息，我们可以继续持有该股。

第七章 正确认识短线交易的秘密

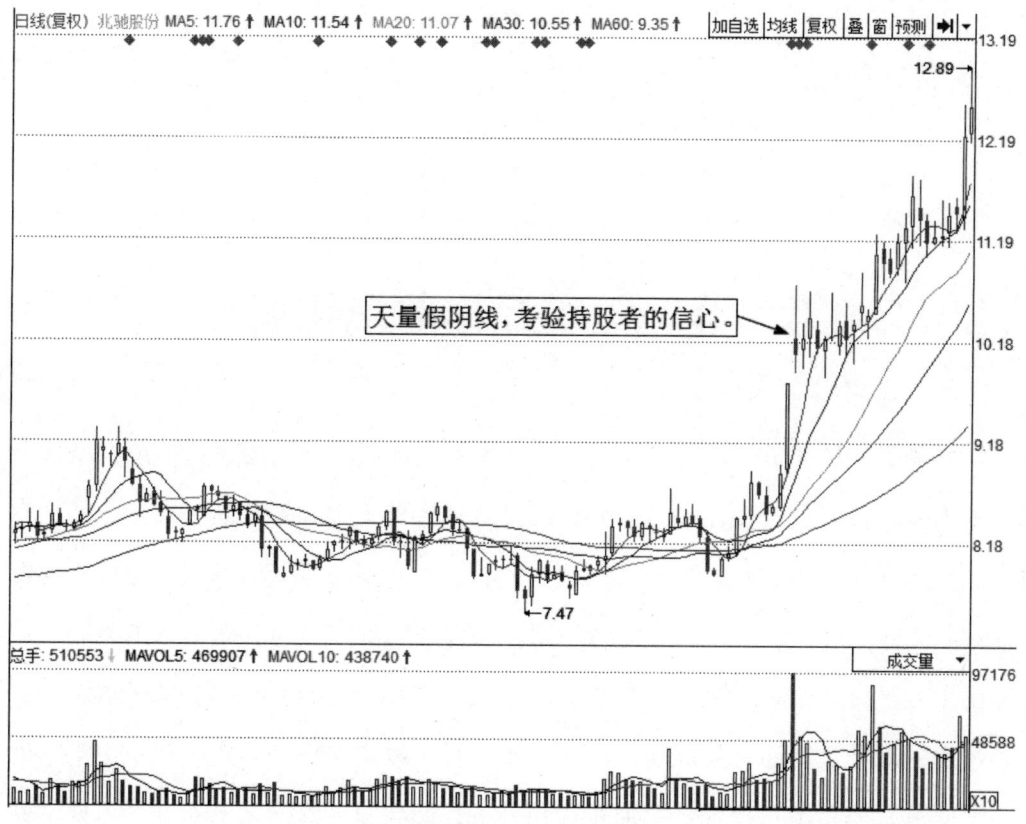

图7-33 兆驰股份（002429）日K线图

看盘口做短线

第二节 短线操作的绝佳卖点

离场是交易的重要部分，在进场之前你就应该清楚地知道自己的离场条件，无论你是纯技术投资者还是综合分析投资者。另外，大家不要忘记的一点是，本文的操作方法只是个示范参考，不能死板地照搬，背后的原理是关键，是决定能否盈利的关键。只有你根据原理和实践发展出适合自己的方法才是最有效的策略。策略的主要目的是让你摆脱盲目性和冲动性，让交易具有指导意义和可操作性。

出货对于主力而言是成功的最后一步，对于散户来说是制定股票卖出策略的重要时刻，希望散户投资者多加注意和分析，做到第一时间"逃跑"，不要"站岗"。下面笔者总结了十几年来短线操作的绝佳卖点，供大家学习。

一、回光返照卖点

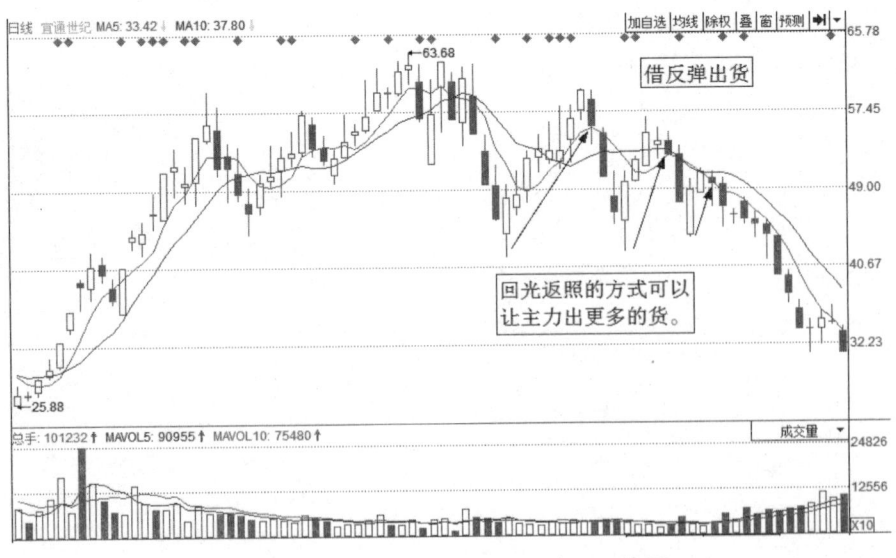

图7-34　宜通世纪（300310）日K线图

图7-34是宜通世纪（300310）的日K线图，该股从低位上涨，走出翻倍行情，如何出货呢？主力这时使用的方法就是：制造一个下跌反弹的走势来误导散户，散户看见股价反弹起来了，就会觉得没什么危险，而主力却在下跌和反弹的过程中，已经悄悄地开始出货了。

主力比较狡猾，先出货把股价杀下来，中途借抢反弹以散户的力量护一下盘，稳定一下散户情绪，再继续派发。而跟进稍晚，出逃稍有犹豫的散户，恐怕就要遭受套牢之苦了。

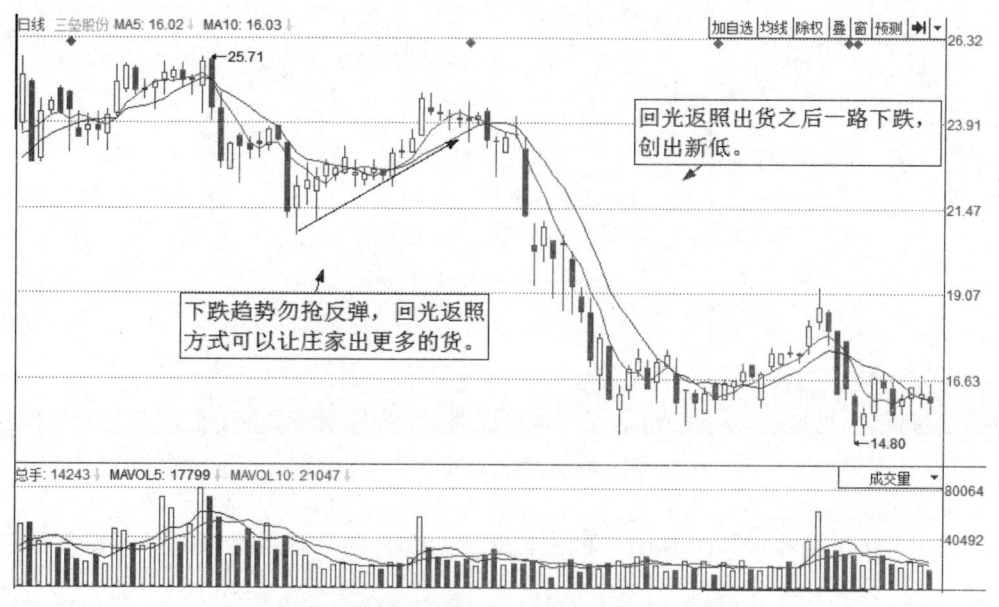

图7-35　三垒股份（002621）日K线图

图7-35是三垒股份（002621）的日K线图，这种回光返照的出货最害人了，造成拉升的假象，这样许多散户会追进去，被套其中。

该股原本已经是下跌趋势，却突然力挽狂澜，出现上涨状态，给人再次上涨的假象。主力利用回光返照的方式，其实是希望把价格卖得再高些，但是出货的目的不改变。这样的出货，说明主力前期出货不够彻底，许多筹码仍然没有及时地转化成为现金，所以再次拉高出货，给人以回光返照的样子。

二、区间震荡出货

当主力的持仓量比较大，且出货时间比较充足时，一般都会采用区间震荡出货的方法。股价经过大幅拉升，到达目标价位后，主力开始将股价控制在一个区域内上下震荡。在这个震荡区域内，股价上涨时主力顺势出货，股价下跌时主力为了不让形态出现破位进行少量买入护盘，从而稳住其他投资者，在震荡中派发掉手中的筹码。

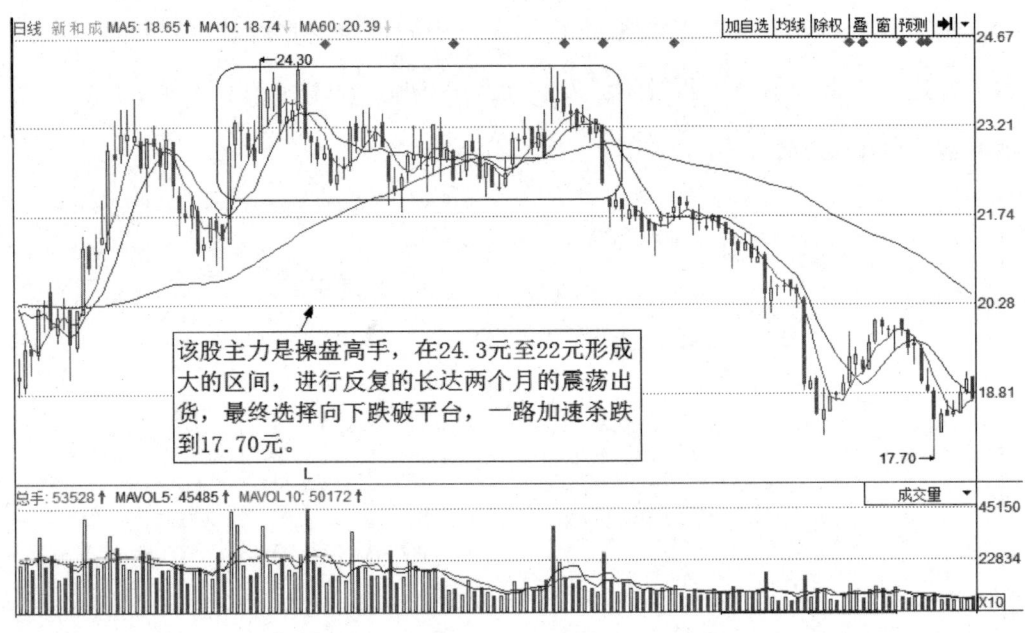

图7-36　新和成（002001）日K线图

图7-36是新和成（002001）的日K线图，该股在一个价格区间进行反复的震荡，表现为不大涨也不大跌，该价格区间一般会维持数周或数月不等。最后还是选择向下突破，开始大规模、快速的下跌。这是比较安全、有效的出货，也是时间与价格完美结合的出货方式。市场上，高明的主力多采取这样的方式出货。

图7-37是白云电器（603861）的日K线图，该股在连续上涨之后出现了区间震荡走势，而且K线走势出现了高位横盘的形态。股价筑顶阶段经常采用反复震荡的走势，好像要涨但是股价就是没有再创新高，注意不要被主力迷惑。该股维持时间在3个月左右，这种大幅上涨后的震荡意味着主力在逐步抛出手中筹码，该股在跌破震荡区间后，一直跌到24.68元才停止。投资者需要注意的是，当股价跌破震荡区间后，应该立即进行清仓。

第七章 正确认识短线交易的秘密

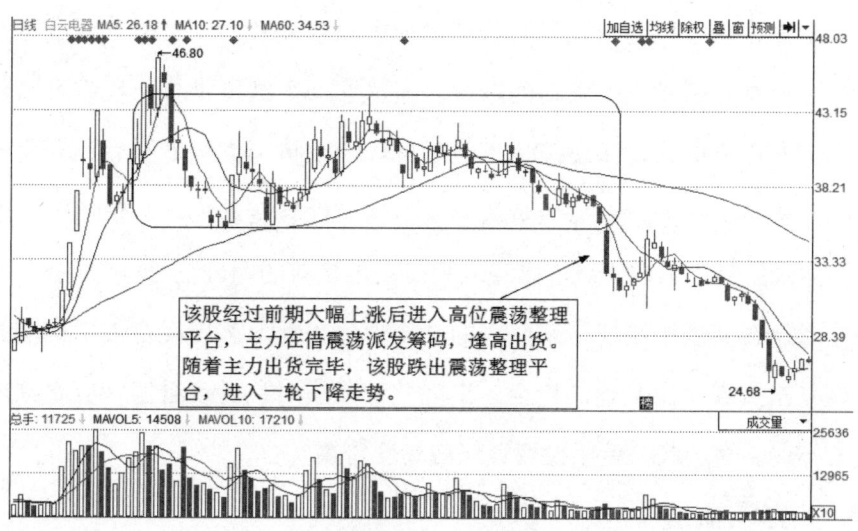

图7-37 白云电器（603861）日K线图

区间震荡出货，一般的表现形式是股价经过大幅拉升，到达目标价位后，主力控制股价在一个区域内上下震荡，逢高出货，股价下跌到某一支撑位时，主力就会出来护盘，因为再往下跌破支撑位，人气就会受到较大影响。在这个过程中，完成高卖低买，卖远远多于买的出货行为。

三、跌停板出货

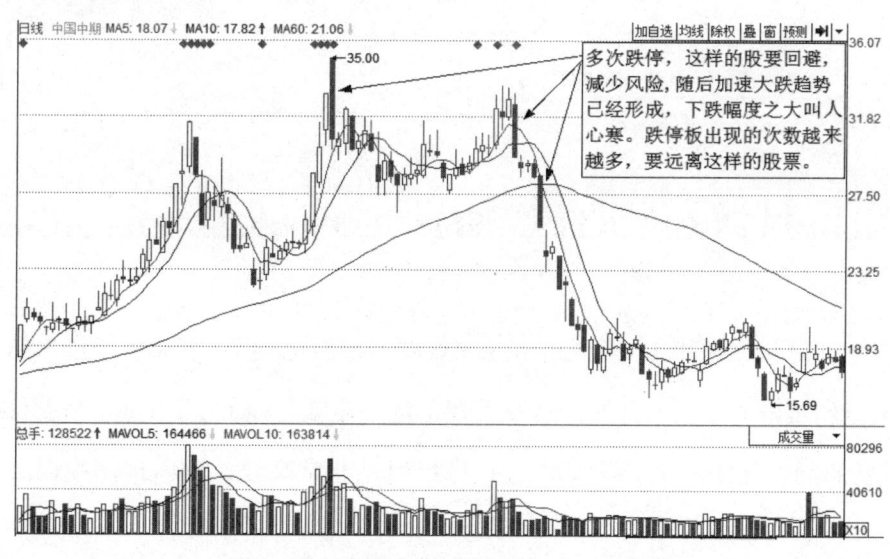

图7-38 中国中期（000996）日K线图

图7-38是中国中期（000996）的日K线图，此股由于前期的大涨使得市场获

利盘数量众多，跌停板的出现说明获利盘抛售愿望强烈，这是空方力量突然转强的显著标志。跌停板是空方发动的进攻，通过这一个跌停走势，我们可以预料该股随后仍会在空方的强抛压下出现下跌。可以说，持续大幅上涨后，在途中突然出现的跌停板是市场多空双方力量快速发生实质性转变的表现，预示个股随后仍将在空方力量的打压下而下跌，是我们短线卖出该股的明确信号。

跌停形态在实战中屡屡带来巨大的杀伤力，当此形态出现在创出行情的高点之后，这是投资者卖出平仓的机会。出现此种形态时，后市看淡，应立刻逃命，否则性命不保。对于此，希望投资者保持高度警惕。

四、N形卖出法

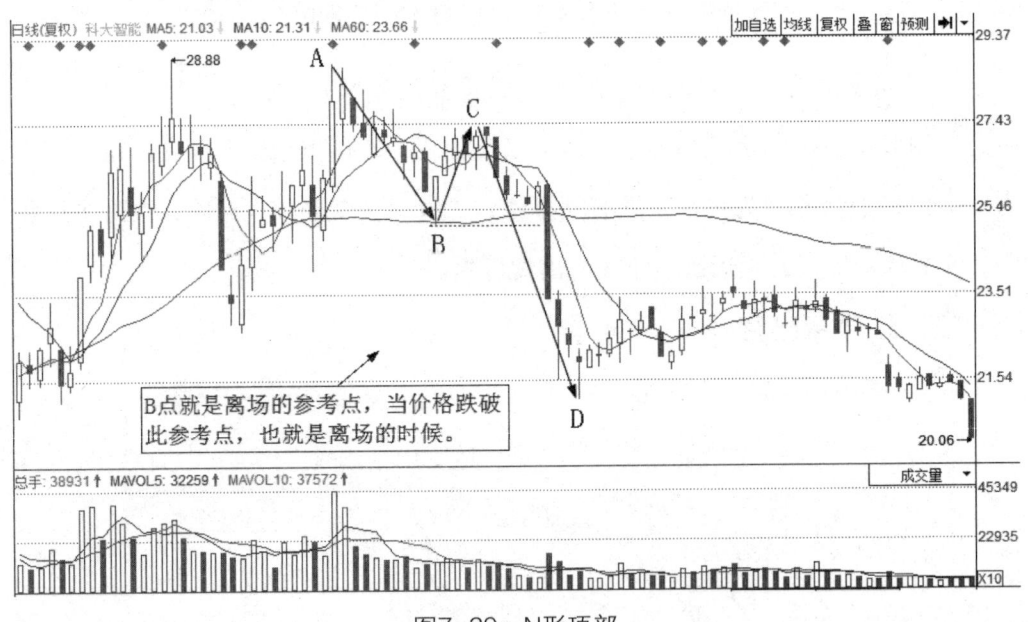

图7-39　N形顶部

图7-39是科大智能（300222）的日K线图，该股出现了一个向下的N形结构，最为关键的是BC两点，C点处于一波反弹走势的末端，C点低于A点。当股价跌破B点时就离场，这是一个离场策略，它简单但是非常高效，可以提高我们的出场成绩。

下降N字是高效的出场信号，跌破B点就出场。对交易而言，离场比进场更为重要，如果你明白这个道理，你就可以操作得更好。离场是交易非常重要的环节，做交易最忌讳的就是不知道离场条件的时候就进场，新手往往醉心于如何进场，对于离场没有过多思考，更谈不上什么交易系统。其实，最后决定盈亏的还是离场决定，只有你离场之后才能评估一笔交易的盈亏状况。

五、阻力位卖点

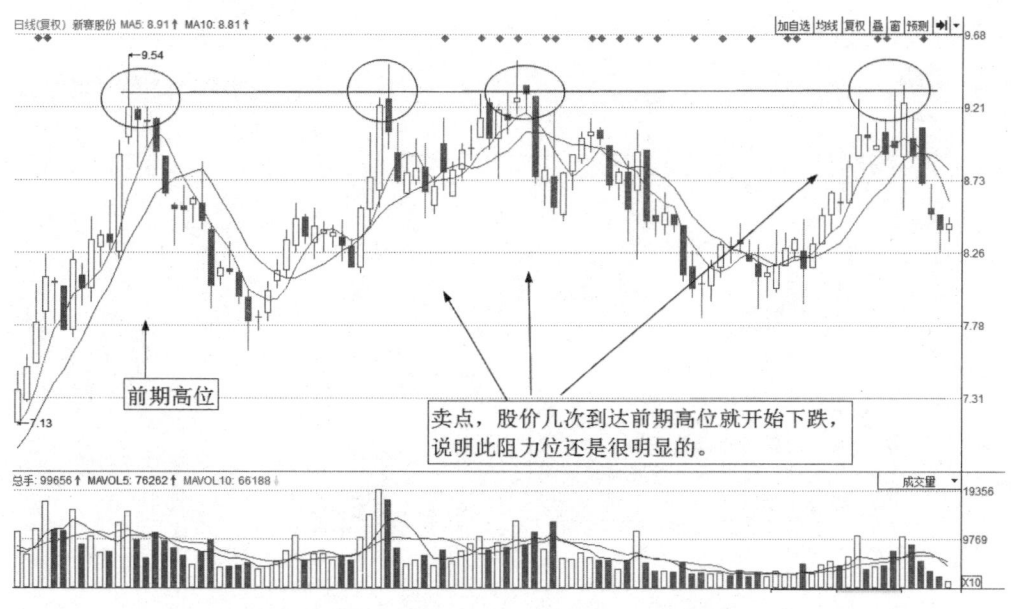

图7-40　新赛股份（600540）日K线图

图7-40是新赛股份（600540）的日K线图，该股股价在上涨到前期高位时不能有效突破，在3个箭头处都遇阻回落，这就说明前期高位这个重要位置有很大的阻力。作为短线投资者应该回避这个前期高位可能会带来的下跌风险，宜卖出手中的筹码。

阶段性高点是我们要重点进行分析并要掌握的阻力位，通过观察股票的行情走势，我们会发现一个现象，即很多阶段性高点会对个股的走势形成压制性的格局，这就是阻力位对当前个股走势造成的影响。寻找这种阻力位的方法就是将过往发生的走势中的阶段高点先找出来，然后大致确定每个高点的空间距离，再将当前股票走势与阻力位进行比较，可得出上升的空间。当然，最初由于不是很熟悉，可能要花很多时间，但随着对行情、个股走势的认识不断地深化，还有经验的不断地增加，所花费的时间会大大缩短。当然，进行这种分析的前提是其走势没有创新高。

在进行买卖股票操作之前，我们要清楚阻力位，估算好上方的上涨空间，在股价临近这些阻力位时，作好卖出股票的准备。阻力位卖出法相对其他卖出法来说，要显得略微简单一些。要判断一个位置是否有压力，主要是依据前期高点处来判断。

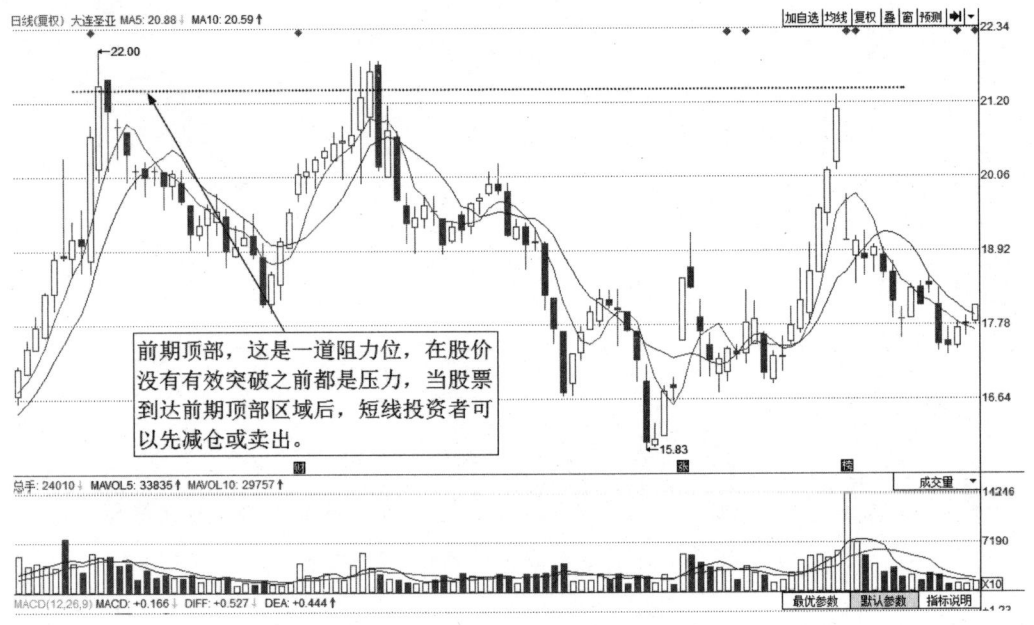

图7-41　大连圣亚（600593）日K线图

图7-41是大连圣亚（600593）的日K线图。该股股价上升至前期顶部区域时，两次均回落，这就说明前期高位这个重要位置面临很大的阻力。短线投资者应该回避这个顶部区域可能会带来的下跌风险，此时最好卖出手中持有的筹码。

短线交易的特殊性决定了阻力位是我们看盘的重要参考，阻力位卖点对我们短线操作卖出时机具有重要的参考意义，因此，我们要对阻力位进行了解和认识。

六、M头卖点

阻力位卖点和M头卖点有些接近，下面我们来介绍一下M头。M头是形态理论中较为常见、实用的反转形态之一，它是一种看跌形态，该形态由两个较为相近的高点构成，因其形状类似于英文字母"M"而得名，也称双顶或双重顶。

第七章 正确认识短线交易的秘密

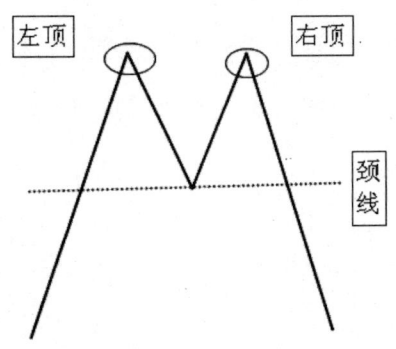

图7-42 M头卖点示意图

如图7-42所示，M头形态是在股价上涨至一定阶段之后，形态上出现两个顶峰，分别是左顶和右顶。在第一个左顶形成回落的低点，通过这个位置画条水平线，就是我们经常所说的颈线。当股价再度冲高至右顶，回落并跌破颈线时，M头形态正式宣告形成。

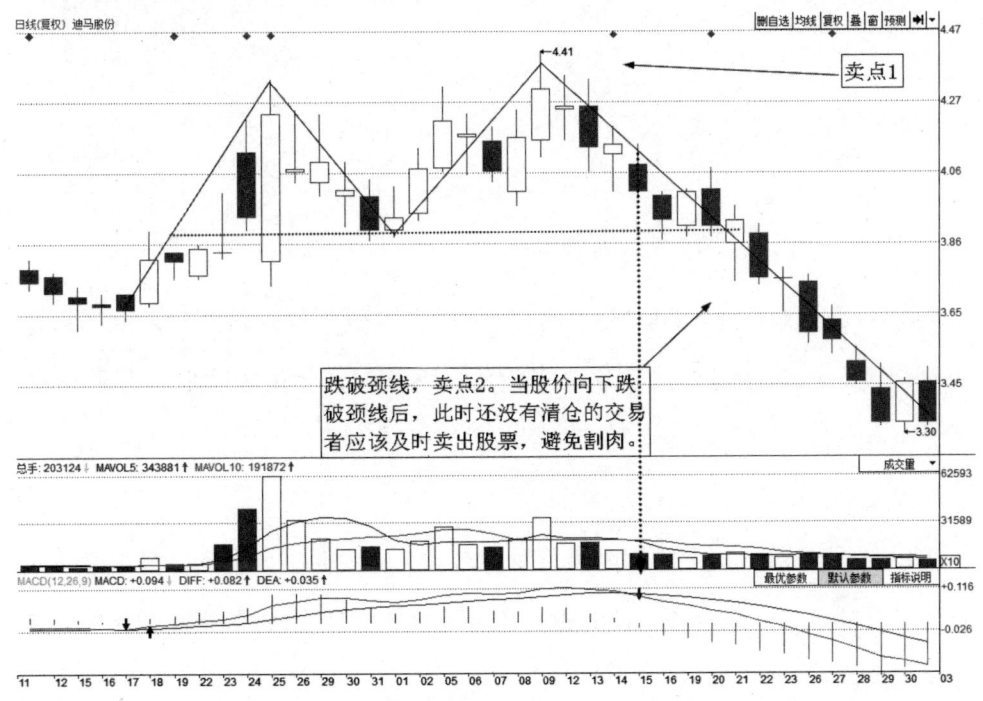

图7-43 迪马股份（600565）日K线图

图7-43是迪马股份（600565）的日K线图。该股股价上攻，但在前期高点附

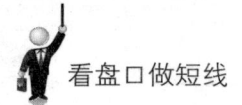

近遇阻回落，表明盘中的多方力量不足，卖点1出现。随后该股股价一路下跌，继续走弱，同时MACD指标出现死叉，预示着短期内股价将要走弱。待股价跌破颈线时，卖点2出现，还未清仓的投资者应该及时卖出股票，避免深跌割肉。

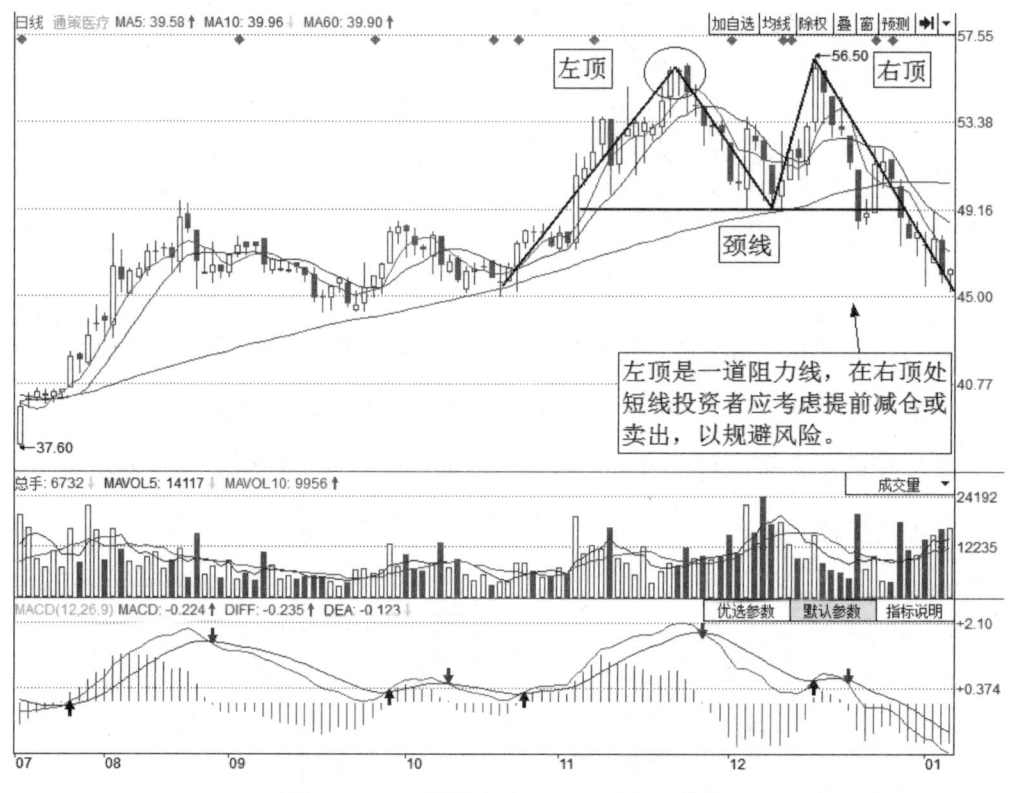

图7-44 通策医疗（600763）日K线图

图7-44是通策医疗（600763）的日K线图，该股股价一路上升，至56元左右无力创新高，回落调整形成左顶。当股价回落至49.5元位置时股价开始恢复上涨，升至右顶处56.50元时受阻而回，股价跌破颈线。

实战技巧：

（1）当股价第二次上涨遇阻回落时（右顶），说明多方力量已经消耗殆尽，股价随时可能进入下跌走势，此时投资者可配合MACD、KDJ等指标的死叉来判断第一个卖点。

（2）当股价向下跌破M头的颈线时，此时还没有卖出股票的投资者应该及时清仓离场，此时为第二个卖点。

七、三线共振卖点

三线共振死叉是指均线死叉、均量线死叉和MACD死叉。当5日均线死叉10日均线时，短线投资者要卖出股票；如果这时均量线也同时死叉，那么说明市场的交易活跃度也相应明显减弱；要是再有MACD死叉，三线共振死叉基本可以确认短线走势已变坏，而且通常后市的下跌幅度不会小，此时我们唯一能做的就是及时出局，等待下次进场的时机。

当然，并不是所有的三线共振死叉都是卖出信号，这需要结合其他信息来综合分析研判。比如，在上升趋势的初期和中期，三线共振死叉则经常被主力用来设置诱空陷阱，我们需要细心观察。即使三线死叉后被洗盘出局，一旦股价回稳还可以再度介入。通常来说，在高位的三线死叉发出的卖出信号比较准确。

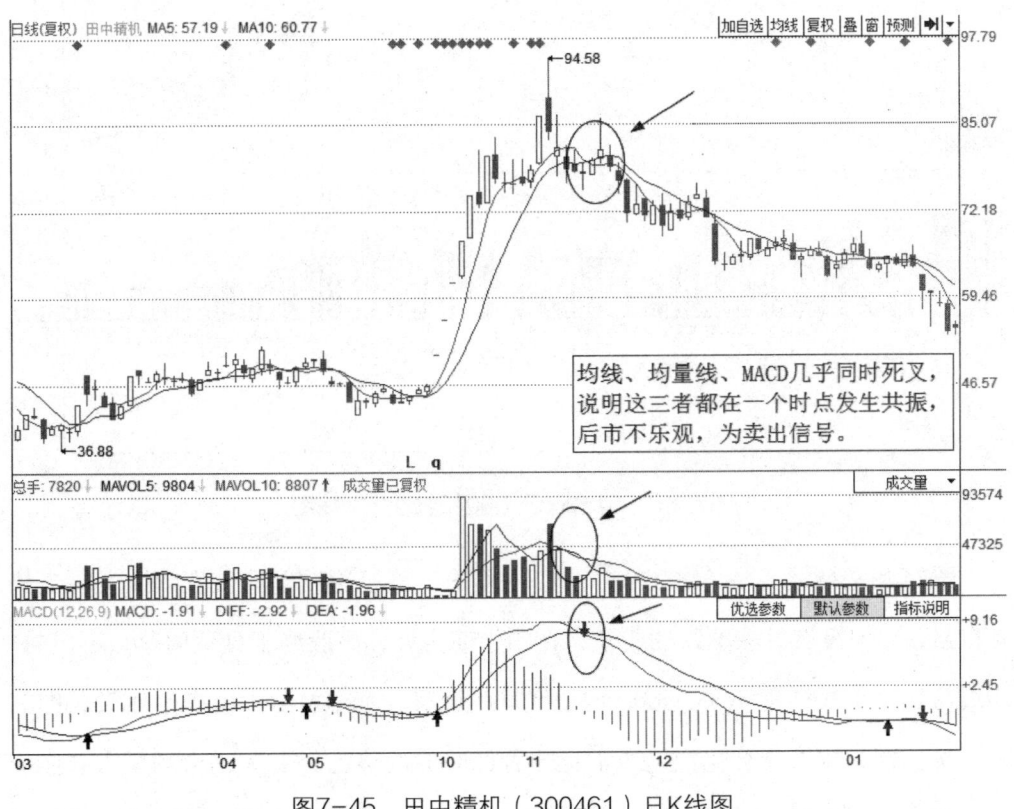

图7-45 田中精机（300461）日K线图

图7-45是田中精机（300461）的日K线图，该股前期快速上涨，涨幅惊人。图中箭头处，5日均线与10日均线产生死叉，同时均量线和MACD也产生死叉，这

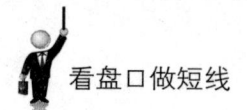

就是所谓的三线共振死叉，说明股价走弱，市场买进意愿淡薄，导致成交量明显下滑，后市股价极可能继续走低。投资者应在三线共振死叉时及时出局，不可心存侥幸。

该股三线共振死叉后果然如期继续下跌，短期跌幅较大。三线共振死叉是股价走势转坏较为准确的信号，投资者应高度戒备，及时离场观望为妙。

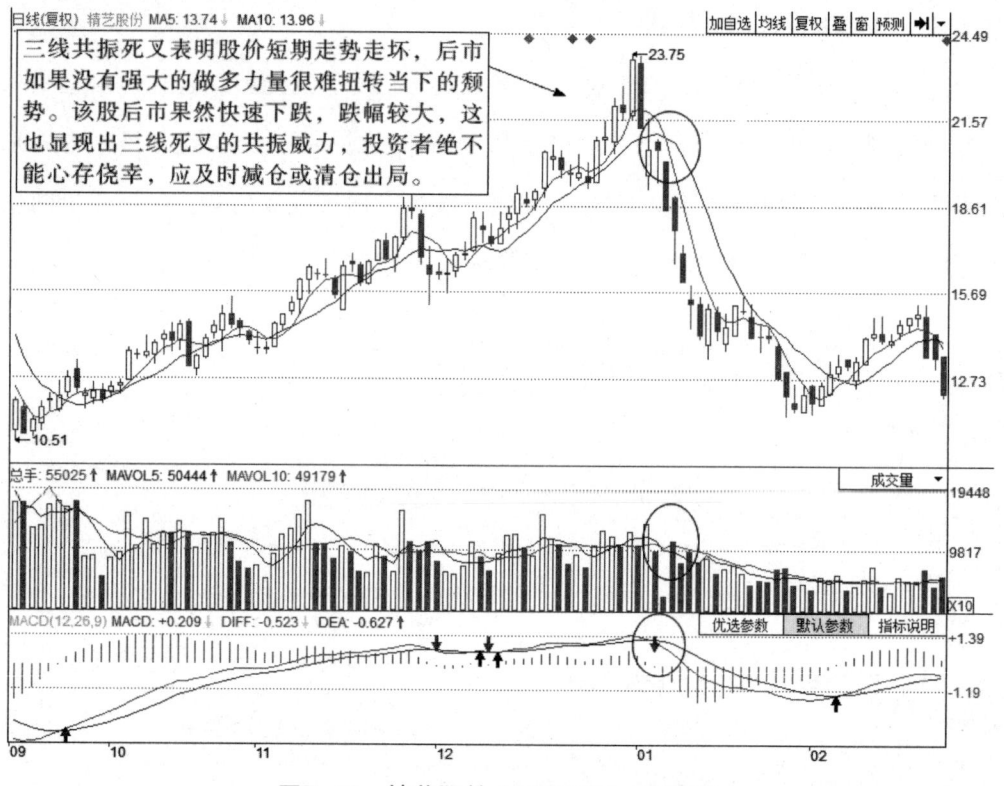

图7-46　精艺股份（002295）日K线图

图7-46是精艺股份（002295）的日K线图，该股逐波上涨，涨幅巨大，走势实在强劲。但没有只涨不跌的股票，在图中箭头处，该股终于见顶回落。不但5日均线与10日均线产生死叉，同时均量线产生死叉，而且MACD也产生死叉，即三线死叉，这意味着什么呢？这通常意味着此时的局势已经变坏，市场买入意愿变弱，空头逐渐占据上风，短期股价走势已经走坏，后市很可能继续下跌，而且下跌幅度不会很小。另外三线死叉也会产生巨大的共振作用，会放大空头信号，对后市走势极为不利。

根据历史经验，三线死叉后股价很可能大幅度下跌，是短线卖出的较好时机。通常三线死叉是一个准确度较高的卖出信号，投资者见此信号可及时退出观望。本例中，该股在三线死叉后快速下跌，短期跌幅巨大，如果在三线死叉时，投资者能及时卖出，即可避免后市的巨大损失。

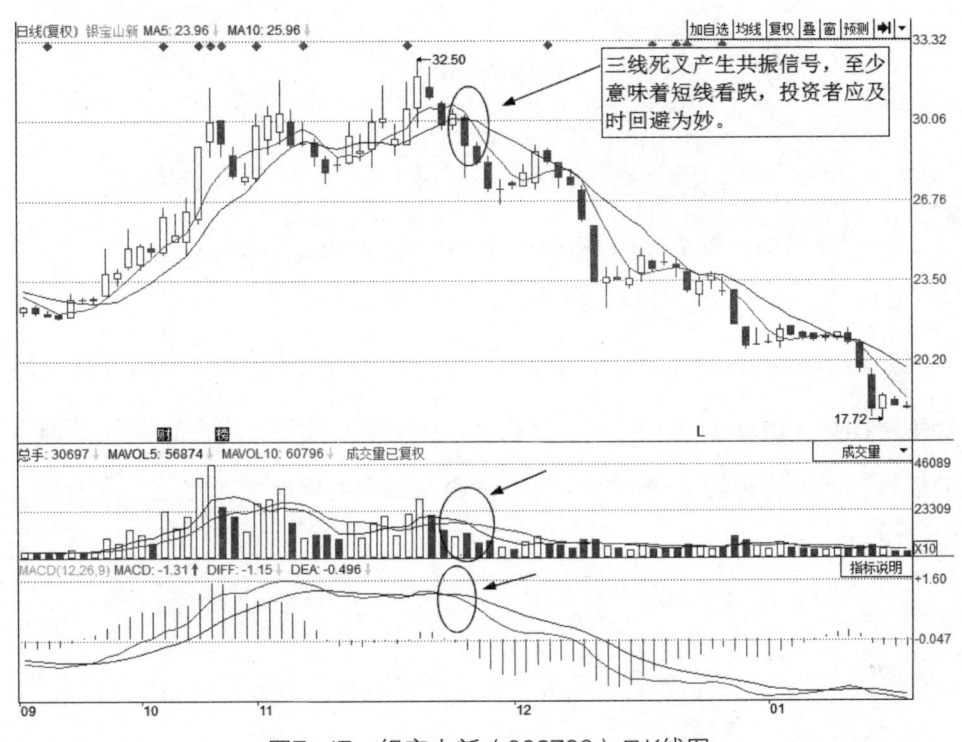

图7-47　银宝山新（002786）日K线图

图7-47是银宝山新（002786）的日K线图，该股前期大幅上涨，在图中箭头处，该股5日均线与10日均线产生死叉，这说明短线走势已经走坏，更为糟糕的是，此时成交量平均线和MACD也几乎同步产生死叉，这说明近期成交量越来越低迷。更重要的是三线死叉产生了强烈的共振作用，其产生的空头效应不是单个指标所能比拟的，会对投资者的心理造成巨大的打击。该股三线共振死叉后果然继续下跌，短线跌幅较大，可见杀伤力不小，三线共振死叉是短线出局的较好信号。

当股价处于高位区域时，三种信号在同一天或间隔一两天的时间里出现死叉走势，此时卖出股票虽然已经错过相对高点，但可以躲过随之而来更为凶猛的下跌行情。

八、向下缺口卖点

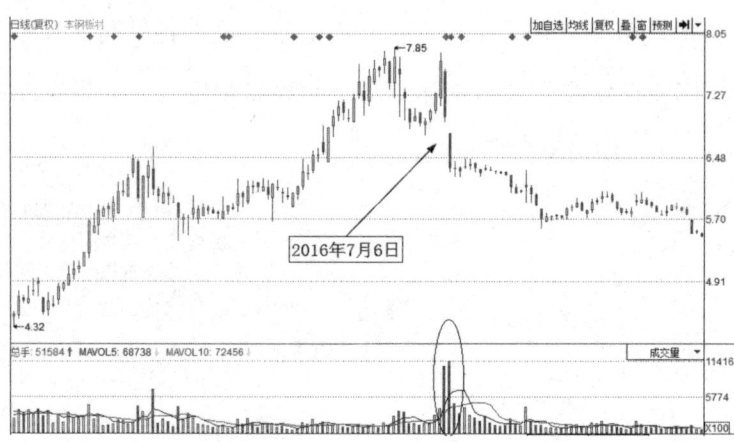

图7-48　本钢板材（000761）日K线图

图7-48是本钢板材（000761）的日K线图，该股出现了较大幅度的上涨，2016年7月6日，出现了一个向下放量缺口。向下缺口出现在高位区是跌势即将出现的信号，因为这种向下缺口是空方力量明显占据主导地位，也是多方无力支撑股价的体现。

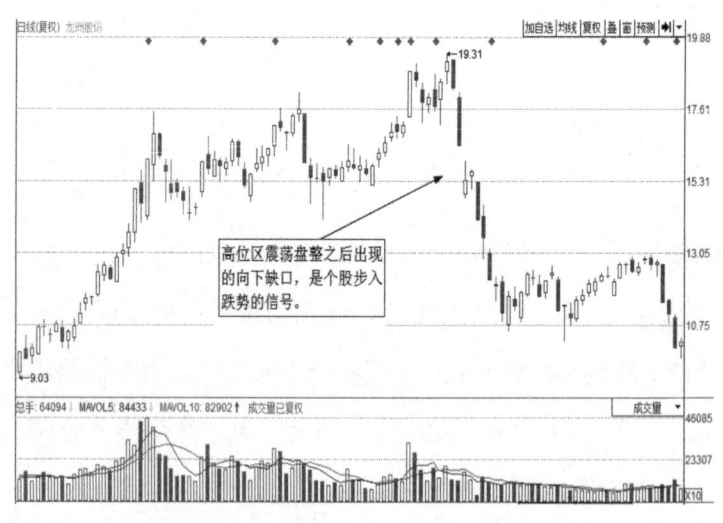

图7-49　龙洲股份（002682）日K线图

图7-49是龙洲股份（002682）的日K线图，该股之前出现了大幅上涨走势，从9.03元上涨到19.31元，个股已经累计出现了较大涨幅。图中箭头处，该股出现了一个向下的缺口，这一向下缺口出现在高位区盘整之后，是个股步入跌势的强

烈信号。空方力量开始占据优势地位,从图中可以看出,在这一向下缺口出现后,该股步入了快速下跌走势。

当向下跳空缺口出现在个股长期顶部震荡之后,是个股顶部震荡结束的标志,也是个股开始下跌的信号。有时候,由于个股在顶部区域震荡时间过长,很多投资者认为市场的持仓成本都位于这一区域,从而放松对个股走势的警惕。然而事实证明,正是这种疏于防范及存有侥幸的心态,才使得个股出现明显的向下缺口形态时,很多投资者仍没有作出果断卖出的决定。

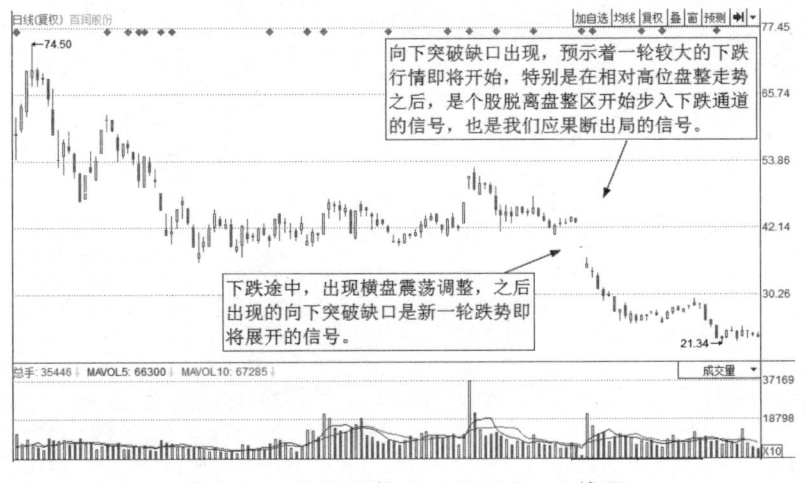

图7-50　百润股份(002568)日K线图

图7-50是百润股份(002568)的日K线图,如图中所示,在下跌途中的一段横盘盘整走势之后,该股出现了向下跳空缺口。这一缺口形态的出现说明市场中占据主导地位的仍是空方力量,也说明下跌趋势并没有见底,之前的横盘盘整走势并非个股见底的形态。如果投资者在横盘盘整走势时买入了该股,当这一缺口形态出现后,即使出现一定程度的亏损,也应果断止损出局。从图中可以看到,该股在这一向下突破缺口出现后,就结束了盘整走势,开始了新一轮的下跌。

盘整之后的向下突破缺口,预示新一轮下跌走势的开始,该缺口是逃命信号。可以说,向下的突破缺口是跌势加快的典型信号之一,投资者应果断出局、持币观望,因为这种向下的突破性缺口一旦出现在横盘震荡之后,往往是一轮急速深幅下跌走势即将出现的信号。